一本"百年老相册"

一本"风雨飘摇中的中国历史书"

一本"外国人描绘中国的书信集"

看东方

1905年美国政府代表团访华之行揭秘

Looking East

W. H. Taft and the 1905 U.S. Diplomatic Mission to Asia
The Photographs of Harry Fowler Woods

马戈·塔夫脱·斯蒂弗
沈　弘　詹姆斯·塔夫脱·斯蒂弗

浙江大学出版社

目录
Contents

序　言

1905 年,中国迎来首个美国大型官方代表团
——250 张老照片揭示晚清一段鲜为人知的外交盛事

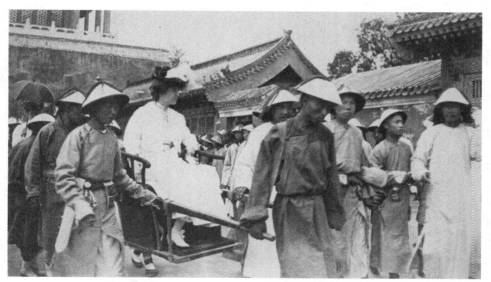

CH3805[①] 爱丽丝·罗斯福小姐作为慈禧太后的尊贵客人坐轿椅进入紫禁城

　　1905年7月8日,由美利坚合众国陆军部长威廉·霍华德·塔夫脱所率领的一个美国政府代表团从旧金山登上了"满洲里号"远洋轮,准备对远东地区的日本、菲律宾和中国这3个国家进行为期3个月的正式友好访问。

---

　　① 本书中出现的插图编号,如此处的"CH3805",是哈里·福勒·伍兹相册中的原始编号。

　　这个总人数高达83位成员的政府代表团中包括了西奥多·罗斯福总统的长女和私人代表，在国际上颇受欢迎的社会活动家爱丽丝·罗斯福，7位参议员，35位众议员、外交官、企业家和一些代表团成员的夫人们。在代表团成员中有一位名叫哈里·福勒·伍兹的纸业公司老板，他同时也是一位业余摄影爱好者。正是他在旅途中拍摄的上千张照片，比较完整地保存并展示了这次具有历史意义的美国代表团远东访问全过程。

1905年美国代表团远东之行的两大目标

　　美国之所以选择在这个时候派出一个大型的政府代表团访问远东，主要是为了解决两个问题：第一，1904年2月至1905年3月，日本与俄国在中国的东北地区举行了一场死伤十分惨烈的战争。由于在旅顺口和对马海峡经受了两次惨败，俄军伤亡和损失惨重，不得不跟日本坐下来和平谈判。可是双方都不愿意放弃各自在中国东北地区的利益，所以谈判一度陷入僵局。美国总统罗斯福决定充当这两个国家的调停人，他派出陆军部长塔夫脱率团访问日本，以说服日本政府跟俄国政府一起派出代表于1905年8月到美国新罕布什尔州朴次茅斯谈判签订和约的条件。经过一番唇枪舌剑的交锋和美国政府的斡旋，日俄双方终于达成了协议。在此后得到两国政府批准的"朴次茅斯和约"中，俄国承认了日本在朝鲜的特殊地位，将其在旅顺口和辽东的权力转交给了日本，并且将俄国在满洲里的铁路也让给了日本。双方都同意在18个月之内撤离满洲里。成功调停日俄战争一

PH 1304　塔夫脱代表团于1905年8月5日到达马尼拉

事使西奥多·罗斯福总统获得了1906年诺贝尔和平奖。

　　以塔夫脱为首的美国代表团所乘坐的"满洲里号"远洋轮横穿太平洋花费了17天的时间，于7月25日到达日本的横滨。代表团首先从横滨赶往东京，接着又先后访问了本州岛和九州岛。在东京期间，塔夫脱与日本首相桂太郎进行了正式的会晤和谈判，并且签署了一份重要协议——《桂太郎—塔夫脱密约》。在该协议中，美国政府承认日本对朝鲜具有自由处置权；而日本政府则承诺保证菲律宾的安全和尊重美国政府的远东"门户开放政策"。菲律宾是20世纪初美国唯一的海外殖民地，而塔夫脱在出任陆军部长之前，曾于1900—1904年间担任过菲律宾总督这一职务。

　　美国代表团要解决的第二个棘手的问题是中国社会各界于1905年发起的抵制美国货运动。这次抵制运动的导火索是美国国会推出的一系列排华法案。19世纪后半期，为了开发美国西部、建造横贯美国东西的太平洋铁路干线，美国资本家从中国招募了大量的华人苦力，后者为美国当时的西部开发工作，尤其是修建横贯北美大陆的铁路大动脉，作出了卓越的贡献。当第一条太平洋铁路干线于1869年建成之后，美国的东西交通状况大为改善。然而在70年代中期，美国出现了严重的经济危机，劳资矛盾日益激化，为了缓解美国工人的就业问题，美国各地都掀起了排华浪潮。1882年5月6日，美国国会推出了臭名昭著的排华法案，对在美华工的人身自由进行了许多歧视性的限制，如为他们设定离开美国的时限，不准新的华工再进入美国；已经获得美国合法居留身份的华人在离开美国时必须领取回美证明，否则就不能够再次入境；中国政府所颁发的赴美证明必须经过美方海关关员的认证；中国人无权加入美国国籍等。此后，美国国会又分别于1888年、1892年和1902年不断提出新的法案，对排华法案的原有条款进行修订和增补，使得对华人的限制变得越来越严厉和苛刻，如居留美国的华工一旦离开美国，就不准再回来；在美国的所有华人都必须注册登记；华人原来享有的人身保护令特权被取消，就连原排华法案中明令可自由往来的教师、学生、旅游者、商人和官员等享有特权的人来美国也会受到各种限制和刁难。

　　这些限制和歧视激起了中国各界人士的极大愤慨和不满，美中关系也一度降到了冰点。自从抵制美国货的运动在各地开展之后，大量的美国运往中国的货物被积压在各个口岸城市的港口。美国的外交和对外商业贸易均受到了沉重的打击。为了改善美中关系，尽快结束因中国抵制美国货而造成的中美贸易僵局，罗斯福总统在派出高规格政府代表团的同时，也特意派自己的女儿作为亲善特使，想让其跟当时与美国公使夫人萨拉·康格已经关系很熟的慈禧太后建立私人间的友好关系。

此举正中慈禧太后的下怀，因为自1902年从西安返京之后，慈禧太后一直致力于改善大清政府跟西方国家之间的关系，尤其是跟美国的外交关系。为此她曾主动邀请美国驻华公使夫人萨拉·康格以及其他外国驻华公使夫人进入紫禁城做客，并派自己的养女率各王府的格格和福晋们去美国公使馆做客。这些都为她后来邀请罗斯福小姐和美国代表团其他成员进入颐和园，紫禁城和储秀、长春二宫参观做客铺平了道路。

笔者在查阅《申报》关于塔夫脱美国政府代表团和罗斯福小姐来访的报道内容时发现了一个有趣的现象：塔夫脱代表团访华和罗斯福小姐应邀进京、并进入到颐和园和紫禁城内去做客的同时，清廷也选派了四大臣出洋，赴美国等国考察。

例如，在最早报道"派员接待美总统之女"的1905年9月6日《申报》第二版上，我们看见有"粤督派员游历详情"和"出洋随员已入奏"这两个报道。次日《申报》第二版上有"出洋大臣奏调随员名单"和"出洋大臣分途考察并出都日期近"这两个消息，而第四版上则有"美总统女公子抵广东"的报道。9月10日的《申报》宣称，"戴、端两大臣定期由沪赴美"，启程日期就定在9月12日；第四版便紧接着有"美总统女公子莅沪"的最新消息。这些并行发布的报道，使人不得不联想到，塔夫脱代表团的来华访问实际上是一次清廷早有准备，并经过精心安排的外交互访。

塔夫脱代表团与广州、上海两地清朝官员的会谈和爱丽丝·罗斯福小姐的北京亲善之旅所带来的一个直接后果就是大大缓和了中美之间的外交僵局，清廷随即下令禁止各地如火如荼的抵制美国货运动。塔夫脱陆军部长回到美国首都华盛顿之后向罗斯福总统详细汇报了这次访问的成果。而收到了慈禧太后和袁世凯等人礼物满载而归的爱丽丝小姐，也肯定会向她父亲传达清政府急切想要改善中美关系的愿望。之后便顺理成章地出现了罗斯福总统下令检讨排华法案和在1906年将近一半的庚子赔款归还给中国的决定。而在归还庚子赔款的基础上，才有了以培养和输送中国留美学生为目标的清华学堂。今年正好是清华大学建校一百周年,我们在此时来回顾这一段往事,有着特殊的历史意义。

1905年塔夫脱代表团的访华之行通过和平友好的外交访问和面对面的高层会晤来化解中美两国之间的敌对情绪和外交僵局,为此后一百多年的中美外交史树立了一根迄今仍具有重要参考意义的标杆。令人遗憾的是,长期以来,我们的历史学家们对美国大型政府代表团1905年的首次访华之行并没有引起应有的关注。

美国代表团在中国的行踪成谜

清政府对由塔夫脱和爱丽丝小姐率领的美国政府代表团采取了外松内紧的接待方式。一方面,清政府给予了美国代表团前所未有的高规格接待;另一方面,迫于全国上下对美国的愤怒声讨和抵制,清政府没有通过媒体对这次来访大肆渲染,在报道上显得十分低调。以当时上海最大的中文报纸《申报》为例,我们几乎找不到任何有关这次访问的专题特写,只是偶尔能在时事新闻的夹缝中看到片言只语的报道。例如在1905年9月6日《申报》的第四版上,我们找到了简单的两行字:"派员接待美总统之女。美总统之女公子于初九日过沪,已纪昨报兹。江督已派罗观察忠尧于昨日到沪优礼接待。"在第二天的《申报》第四版上,我们又看到一段简短的报道:

美总统女公子抵广东。初七日香港电云:美总统罗斯福之女公子及其参赞塔甫脱君已回抵广东省城。两广督臣暨水师、陆军各大员当于今日在该处设宴款待,并于今晚燃放花炮,以示欢迎。译字林报。

紧接着,在9月10日的《申报》第四版上,又刊登了美国代表团抵达上海的消息:

美总统女公子莅沪。昨午后一点半钟,美总统罗斯福之女阿丽斯女公子及兵部大臣塔虎脱等由淞口乘美国兵轮至日本邮船株式会码头登岸。美总领事等率同各美商欢迎。登岸即入美领事署稍憩至2点30分,赴礼查客馆午餐。

然而,第二天《申报》第四版却刊登了一则纠误的报道:

美总统女公子已赴北京。昨报记美总统罗斯福君女公子阿丽斯与兵部大臣塔虎脱至沪游历一则。兹悉此次与塔大臣回来者约上议院议员五人,下议院议员二十,并随行男、妇多名。至女公子,则已由香港径往北京,并未过沪。昨报所言,告者之误也。合亟更正。

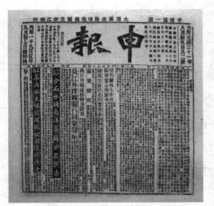
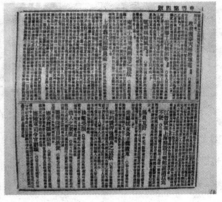

《申报》1905年9月7日报道:"美总统女公子抵广东"

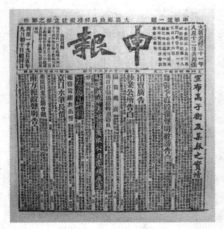

《申报》1905年9月10日报道:"美总统女公子莅沪"

如果《申报》9月11日的报道是正确的话,那么美国政府代表团在从香港进入中国大陆之时起便已经兵分两路。塔夫脱作为政府官员和代表团的负责人,领了谈判的苦差事,率5名参议员和20名众议员奔赴中国最大的两个口岸城市广州和上海,以便与当地官员进行关于结束抵制美国货运动的游说和谈判;而爱丽丝·罗斯福作为美国总统的亲善特使和慈禧太后的尊贵客人,不必参与这类官方谈判。她与手下的一行人从香港坐船途经山东烟台和天津塘沽,直奔京师北京。从老照片中我们可以看到,爱丽丝率美国代表团坐远洋轮到达天津之后,清政府派出了新军的仪仗队和军乐队,向客人们表示隆重欢迎。当爱丽丝·罗斯福登上火车,准备前往北京时,排列在火车站月台上的军乐队甚至还奏起了美国国歌——"星条旗永不落"。这分明是国家元首的待遇,因为爱丽丝代表了她父亲——美国总统西奥多·罗斯福。

可是令人感到困惑的是,拍摄这些老照片的伍兹究竟是跟塔夫脱一行人走的,还是跟爱丽丝·罗斯福小姐走的呢?他在中国境内所拍摄的约250张照片中,都看不到塔夫脱的身影,这似乎证明他是跟爱丽丝一行人走的。可是他的老照片中分明有广州镇海楼和珠江的6张照片,以及上海的23张照片,其中除了外滩和南京路等繁华地段外,还包括了《申报》报道中所提到过的吴淞口、上海港、代表团登岸的日本邮船株式会码头,以及他们在上海下榻和进第一顿午餐的礼查客馆。可要是他先跟

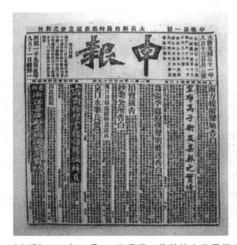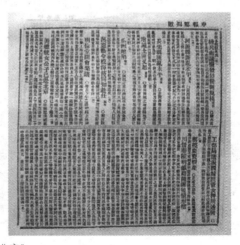

《申报》1905年9月11日报道:"美总统女公子已赴北京"

塔夫脱一行人走,然后再跟爱丽丝一行会合的话,又怎么能拍到山东芝罘(烟台)的景观,以及爱丽丝在天津塘沽下船登陆和换乘火车前往北京等珍贵历史镜头呢?

在9月13日的《申报》第二至第三版上,我们又找到了下面这两条消息,其中后一条消息似乎否定了前面的说法:

> 美总统女公子抵北京。十三日北京电云:美总统之女公子已抵北京,将于明日觐见两宫。并闻女公子已定十七日离京。译字林报。

> 美总统女公子到粤详纪(广东)。初五日晚,美总统之女公子乘金山夜船抵省。六日晨登岸,随行者为美兵部大臣塔虎脱君,上议院员七人,下议院员二十四人,并女伴三人。先至沙面美领事署小住。省宪旋派洋务委员驰往迎接。除女公子及女伴外,达君偕同美领事随往石围塘查看。车路总工程司叶士梅君、行车总管连德君、总办黄赞延观察接待甚欢。路经佛山、狮子窦西南三水四处皆停车摄影。途次某议员向黄观察道及抵制美约一事,谓前此禁工之约,美人亦自谓不公。故现在正议修改。此次来粤游历,粤人不应揭帖侮辱。观察答,以此乃无知愚民所为,已经大宪实力查禁。某议员点首称是。旋即换乘小轮,往八旗会馆筵讌。岑督因病不赴,其余如学院左右都统、司道及洋务处委员、首府、两县均在座陪饮。两点钟始散。

根据上面第二篇较为翔实的报道,我们基本上可以肯定爱丽丝确实是跟塔夫

《申报》1905年9月10日报道:"美总统女公子抵北京";"美总统女公子抵粤详记"

脱一行共同去了广州。那么,他们后来是否分道扬镳,爱丽丝一行究竟有没有去上海。这些问题似乎成谜。

这些谜底在最新发现的另一位代表团成员和一路作为伍兹同伴的弗罗斯特所写的日记中一一被解开。原来在美国代表团访问香港期间,爱丽丝与代表团中的部分女性成员确实从香港乘船访问了广州,但是她们并不是跟塔夫脱一起走的,也没有参与塔夫脱一行跟广州官方的正式会谈。由于考虑到广州市民在抵制美国货运动中可能对于美国人怀有较强的敌对情绪,所以代表团的女性成员们并未贸然进入广州城,而是在城墙外的沙面租界内作了短暂的停留,近距离地观察了广州城的外貌。回到香港之后,爱丽丝率领代表团中的部分成员,包括伍兹和弗罗斯特,乘轮船从海路北上,经旅顺、大沽到达塘沽,然后换乘火车专列经天津抵达北京。塔夫脱陆军部长则率领代表团的其他成员在结束对广州和香港的访问之后,又坐船去了上海,跟上海的道台进行了关于解除抵制美国货的正式会谈。此后他们便离开中国,途经日本回国。

爱丽丝一行到达北京之后,不是全都住在一起,并集体行动的。作为慈禧太后的贵宾,爱丽丝和少数随行的女伴被安排住在庆亲王的王府之内。她在颐和园觐见慈禧太后之后,还特意被太后留在园内住了一夜,以示优待。代表团的其他成员们则分别住在北京城里仅有的两个涉外宾馆,即位于使馆区的六国饭店和外城的"北方客栈"。

清末的实权派人物和改革家,直隶总督袁世凯,也没有放过这个千载难逢的外交良机,他给爱丽丝一行全体成员都发了请帖,并在天津设下盛宴,隆重欢迎美国政府代表团的到访。

伍兹和弗罗斯特属于代表团中的另类人物,他们在参观完紫禁城旦的清廷皇宫之后,便决定离团自由活动。他们没有像其他人那样到天津去赴宴,而是踏上参观八达岭长城、十三陵和小汤山温泉的路程。他们原打算从天津坐船到山东芝罘,再搭船去朝鲜和日本。但是他们苦苦等待的那趟轮船已经改道去了别的地方,无奈之下,他们只好改乘别的船南下上海,然后再从上海坐船去日本。

这就解释了为什么伍兹拍摄了芝罘和上海的照片,但照片中却没有其他代表团成员身影的原因。

一百零六年前北京城的老百姓和景观

　　伍兹所拍摄1905年美国代表团中国之行的照片共有253张，其核心部分是他在北京拍摄的165张老照片。它们涉及了老北京的方方面面，既有前门大栅栏普通老百姓的平凡市井生活，又有紫禁城内的隐秘宫廷内景。跟2008年前来参加奥运会的各国运动员、官员和观众们一样，爱丽丝·罗斯福所率领的美国代表团成员们对1905年的北京城充满了好奇心。除了觐见慈禧太后和光绪皇帝之外，他们在北京所做的主要事情似乎就是游览和观赏。伍兹的老照片表明，在短短的四五天时间里，他们的足迹踏遍了北京城的几乎每一个角落，除天坛、国子监、雍和宫、大钟寺、黄寺、五塔寺、鼓楼、钟楼等经典的名胜古迹之外，就连南口、八达岭长城、十三陵、小汤山温泉寺院等一些著名的郊区周边景点也没有落下。

　　106年之前的北京城老照片如今看来恍若隔世。京师的主要街道宽敞笔直，每隔不了多远就能看到一座横跨街道的牌坊。虽说街道两旁没有高楼大厦，但那些古

CH2202　北京街道上的景色

CH2004　1905年北京的一个涉外宾馆——北方客栈

色古香的店铺门面的确风韵十足,煞是耐看。街道上跑的并非汽车,而是骆驼队、骡车和黄包车。不时也能见到市民们三五成群地骑马上街兜风、昂首阔步,那气势又岂是一个"酷"字所能概括。

当时的北京城里并没有如今随处可见的富丽堂皇的星级饭店,但却也能够找到两个专供外国人居住的涉外宾馆。包括伍兹在内的部分代表团成员就住在一个从外面看并不那么起眼的涉外宾馆——北方客栈。从照片中我们可以看到,所谓的涉外宾馆,也就是在靠街平房的外面建一个有点西洋风格的门楼,然后再用法语写上宾馆的名称"Hotel du Nord"(北方客栈)而已。门口停着的黄包车看来是专做洋人生意的。在门前我们可以看到,有一群黄包车夫正围着一个外国人,可能是正在拉他的生意。

大门之内,别有洞天。这是一个典型的四合院,庭院内一溜的青砖黑瓦房,就连地面也是用砖铺就的,有好看的花纹图案。由于是9月,秋老虎尚在发威,所以院子

CH2104　北方客栈内的一个庭院

CH2403　1905年位于北京小报房胡同的大清邮政总局大门

的上方还盖着遮阳的天棚。庭院中央留有花坛，种着盛开的月季花；木结构的窗格组成了漂亮的图案，上密下疏，从内往外贴着窗纸，窗纸上有各种表现民俗的图画，显得既优雅又恬静，其舒适程度想来应在2008年的北京"奥运人家"之上。

老照片中还有许多如今已经绝迹的历史景观。有一张照片表现了这样的场景：宽敞的大街旁有一组类似于道观的寺院建筑，拥挤局促，看上去并不怎么起眼。可是大门上方挂有一块横匾，上面有英文和中文赫然写道："Chinese Imperial Post Office——大清邮政总局"。原来这儿就是崇文门内大街的小报房胡同，即1905—1907年间大清海关属下的邮政总局办公场所。现在，为了迎接人文奥运，这儿已经重新建起了北京邮政博物馆，据说馆内还有老照片的收藏。但是原来的建筑群和大门口场景却已经荡然无存，而且我相信类似这张能反映大清邮政总局原貌的老照片也并没有收藏在邮政博物馆中。

老照片中令人印象最为深刻的还属慈禧太后的夏宫颐和园和冬宫西苑，以及光绪皇帝所居住的紫禁城。作为慈禧太后的尊贵客人，爱丽丝·罗斯福和其他三位代表团成员的夫人们乘坐轿椅，由太监们抬着进入宫内，而代表团的男士们则随后鱼贯而入，颇有点像是奥运会上的美国代表团。他们不像中国代表团那样队伍齐整

CH3902 　中南海紫光阁宴会厅

和动作划一,而是三五成群,东张西望,手里拿着大大小小的照相机,不时地还会离开队伍,对着眼前这块皇家禁地猛拍一阵。由于季节的关系,紫禁城内宽敞院落内都搭着遮阳的天棚,其规模之宏大,看上去颇有点像是如今的奥运场馆。颐和园的觐见仪式之后,清廷还在中南海紫光阁设宴招待了来自大西洋对岸的美国客人。从老照片中我们可以看到,在紫光阁内,有一个宴会厅挂有西式水晶吊灯,并用西式家具、摆设和餐具来布置,这可能是专为招待外国来宾而设的。宴会厅旁边的侧房里居然还摆放着一张考究的台球桌。莫非真如电视剧《壮士出征》所示,慈禧太后对于观赏西洋竞技有特殊的癖好?

另一个令人印象深刻的景观出现在伍兹从位于北京城中轴线上的鼓楼顶上拍摄北京城的三张照片中。其中第一张照片(CH2501)是向东俯瞰鼓楼东大街,远处的东直门在照片中隐约可见。北京当时的街道虽然又宽又直,但却都是泥地。一旦下雨,就会变得泥泞不堪;由于没有下水道系统,人们就在街道两旁挖一些沟,作为污水排泄之处。这些水沟便成为了孳生蚊蝇和影响市容的臭水沟。城里的民居大都低矮简陋,但是店铺的门面却精雕细琢,显得十分奢华。第二张照片(CH2502)是向南远眺地安门的,远处的景山和北海也清晰可见。地安门外大街是当时北京内城最热闹的商业街,街道两旁全是店铺和饭馆。第三张照片是朝北拍摄与鼓楼遥相呼应的钟楼,后者是北京城里最古老的一个建筑,自马可·波罗的时代以来,它基本上就没有发生过重大的变化。

最后需要强调指出的是伍兹所拍摄的一组共20张反映八达岭长城的照片。在这些图像中既有气势宏大的长城远景照片,又有表现长城城墙和烽火台当时状况和各种细节的近景照片,还有代表团部分成员在长城上的合影和单独活动的照片。研究长城老照片的人都知道,像这样成规模,能够反映八达岭长城在20世纪初真实状况的老照片收藏是相当罕见的。

这批老照片现已来到中国

上述有关1905年美国大型政府代表团访问远东三国的1100多张老照片过去从来没有发表过,所以知道它们存在的人屈指可数,尤其是在其拍摄者哈里·福勒·伍

CH2501　从鼓楼上朝东远眺北京景色

CH2502　从鼓楼远眺北京景色,朝南看景山

兹于1955年去世之后更是一度湮没无闻。2004年夏天,伍兹家族的一位后代,主修欧美历史的21岁大学生詹姆斯·塔夫脱·斯蒂弗在家族狩猎营地的小屋内偶然发现了伍兹珍藏在那儿的五大本相册,相册中那些发黄的老照片立即引起了他的浓厚兴趣。詹姆斯出身于一个殷实的家庭,父亲是一位著名的律师,母亲马戈·塔夫脱·斯蒂弗是美国的一位获奖诗人、社会活动家和哈得孙河谷作家中心的创始人,而且还是伍兹家族基金会的现任主席。她与儿子詹姆斯花费数年时间对这批照片进行了研究,同时又募集了一笔捐款和资金,将这批照片全部制作成了电子版的映像。2007年,从这批照片中精选出来的70多幅图像所组成的展览“看东方:威廉·霍华德·塔夫

CH5402　站在八达岭长城废墟上的一位美国代表团成员

脱与1905年出访亚洲的美国代表团"在纽约市曼哈顿的日本俱乐部展出之后,立即引起了轰动,包括《纽约时报》在内的多家有影响的报纸都以较大的篇幅刊登了这批珍贵历史照片重新面世的消息。

浙江大学外语学院、丹麦的哥本哈根大学和英国的爱丁堡大学于2008年10月24至26日在杭州联合举办了"海外汉学与中外文化交流研究国际研讨会"的消息在网上公布之后,马戈和詹姆斯母子俩便给大会寄来了有关这批照片研究的论文摘要。作为大会的组织者之一,我有幸在第一时间就此事跟他们进行了交流,并建议他们将有关中国的253张照片,加上旅途中有代表性的另外50张照片带到中国,于会议期间将它们在浙江大学紫金港校区进行展出。马戈·塔夫脱·斯蒂弗正好也有将这批照片拿到海外进行巡回展览的想法,所以双方一拍即合,在较短的时间内就此事达成了协议。H. F.伍兹狩猎营地基金会还决定将这批根据原版照片电子文本复制的图片在展览结束之后捐赠给浙江大学。

经过我们紧张的策划和准备,以及在浙江大学校方和外语学院领导的大力支持下,关于1905年塔夫脱代表团访华之行的伍兹老照片展终于如期于2008年10月24日在浙江大学紫金港校区正式开展。此次的展览十分成功,前来参观这些照片的观

美国诗人马戈·塔夫脱·斯蒂弗和布朗大学历史系研究生詹姆斯·斯蒂弗

众既有浙大的师生和领导,也有喜欢历史和老照片的杭州市民,甚至还有来自北京的专家和来自境外和海外的学者。杭州的平面媒体也派来记者,对这次老照片展览进行了专题报道。

受到伍兹老照片展成功展出的鼓舞,我不失时机地向马戈·塔夫脱·斯蒂弗提出了对这批老照片及其背后的故事进行梳理和挖掘,合作写一本书,以便在中国大陆出版的设想,得到了对方的积极回应。她回国之后,便到美国国会图书馆仔细查阅了关于1905年塔夫脱率领美国政府代表团访华之行的档案材料,并且亲自采访了一些著名的美国历史学家,请他们谈了对这次外交访问的看法和评论。此外,她还拜访了几位相关的伍兹家族和弗罗斯特家族的后代,找到了能够解开这次访华之行谜底的相关弗罗斯特日记信件和老照片,并且对弗罗斯特家族的一位后代进行了详细的采访。

与此同时,我也在杭州对马戈从美国寄过来的信件、日记手稿和剪报等档案材料的复印件进行了梳理、辨认和翻译工作,并且开始构思这本书的内容结构。接触过档案材料的人可能都知道,辨认手稿这项工作的难度极大。首先信件和日记手稿中的字迹十分潦草,而且有的部分模糊不清,加上对于日本、菲律宾和中国的一些

2008 年 10 月 24 日,浙江大学紫金港校区,准备就绪的伍兹老照片展

专有名词、地名和人名的拼写方式极不规则,如果不熟悉历史和地理等领域的知识背景,则无法理解这些词的意思,翻译起来会难上加难。在解决这些难题的方面,我跟马戈·塔夫脱·斯蒂弗进行了卓有成效的合作。英语是她的母语,对于英语字迹和拼写的辨认能力,她自然要比我强,而对于一些跟中国有关的专有名词,我比她熟悉。经过耐心仔细的逐个辨认和艰苦复杂的背景调查,我们终于顺利解决了手稿复印件中遇到的几乎所有难题,并最终将它们全部翻译成了中文。我的两位硕士研究生,仇铃铃和邢锋萍,参与翻译了部分手稿的初稿,对本书也有很大贡献。

此次我们与马戈·塔夫脱·斯蒂弗母子的合作为中外文化交流打开了一个新的局面。类似于哈里·福勒·伍兹在中国拍摄的这些老照片目前在国外为数不少,其中有很大一部分散落在民间,或束之高阁,或压在了箱底。我相信,随着中国在国际社会中的迅速崛起,世界各国对中国的兴趣与日俱增,这些深藏不露的中国老照片也必将逐渐地浮出水面。我们要尽一切努力,让这些承载着珍贵历史记忆的老照片回归故里,以便发挥它们最大的效益,或体现它们真正的价值。

沈 弘

2011年5月19日于哈佛大学

2008年10月24日,浙江大学紫金港校区,准备就绪的伍兹老照片展

1905 年美国政府代表团亚洲之行的路线示意图

(迪伦·杰拉德设计)

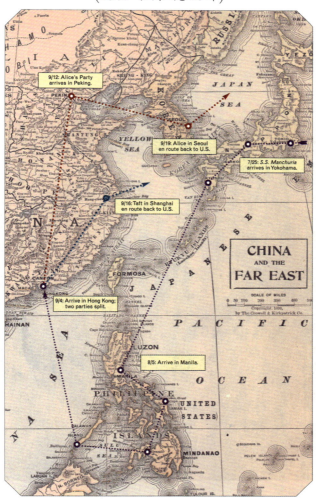

注:图中的蓝线代表 1905 年美国政府代表团途经日本和菲律宾来到中国香港的路线。从香港,代表团兵分两路:绿线代表塔夫脱率领大多数成员前往上海,并从上海回国。红线代表爱丽丝·罗斯福率领代表团部分成员到北京访问,见过慈禧太后之后便途经朝鲜和日本回国。

双重曝光^①

诗人:杰弗里·哈里森

译者:沈弘

哈里·伍兹中国相册的封面

①　选自伍兹后代杰弗里·哈里森的诗集《事物的名称》(伦敦:里程计出版社,2006 年)。该诗作最早刊登在诗人的另一本诗集《到达的标志》(普罗维登斯:紫叶山毛榉出版社,1996 年)之中。

我曾祖父哈里·伍兹的相册
记录了 1905 年的环球之旅
仿麂皮封面上用烫金的字体
印着他的名字,发脆的册页
散乱零落,显示他在菲律宾
与身宽体胖,堪比大象的
威廉·霍华德·塔夫脱一起游历,
接着又在印度,骑着大象,
头戴太阳帽,神情专注,
从浓黑的胡须后面凝视着前方 ,
仿佛拥有这整个世界。

这世界
我无法辨认(香港鳞次栉比,
摩肩接踵般的摩天大楼
消融于一片低矮棚户之中),
照片中这个人我从不认识,
除了我的中间名字和基因遗传,
我感觉与他几乎毫不相干,
即便是基因,也如手头翻动
的书页,经过了重新组合。

但且慢! 这儿还有
张瓦尔纳西的小景,正如一年前
我所见的那样——蓦然间我是
用他的眼睛在看那照相机上
的取景器,黑色皮腔向前伸出
然后放下相机,在颈部后面
感受到它的重量,而此刻的图像

已经被胶片捕捉——火焰中的躯体

如下面的柴堆那样噼啪作响

砰然塌陷——其映像进入脑子

无法控制,只能任凭那火势

蔓延,直至穿透所有的内脏,

又殃及四肢,直到他双膝发软

不得不坐在地上。

他坐在那里

许久,茫然,不知发生了何事,

然后起身,把我留在石阶上,

刚好是在他站起的地方,而他

则沿着山路,幽灵般飘然而去,

消失在石笋般堆积的庙宇阴影里,

加入了数目众多的幽灵行列,

后者穿越世纪,游历至此,

又逐渐消失在一片薄雾之中,

那是从葬礼柴堆上升起的青烟

和感光乳剂的银灰色光泽。

看东方:威廉·霍华德·塔夫脱与 1905年美国政府代表团的亚洲之行

——记哈里·福勒·伍兹所拍摄的随行照片①

CH3903　美国代表团成员们正在离开北京的紫禁城

① 马戈·斯蒂弗、詹姆斯·斯蒂弗著,沈弘,译。本书所采用的部分照片在哈里·福勒·伍兹本人的相册和弗朗西斯·W.弗罗斯特为其亚洲之行所收集的纪念品(信件、相册、明信片、书籍和小册子的片断等)中都曾出现过。由于对于这些完全一样的照片复本来源并没有文字说明,所以无法确定他俩之间究竟是哪一位拍了这些照片。目前伍兹和弗罗斯特的照片收藏都已经捐献给了耶鲁大学拜内克善本书(目录编号:GEN MSS 653)和手稿图书馆。本书中包括这些复本在内所有照片的版权,已经在美国版权事务局注册,属于哈里·福勒·伍兹狩猎营地基金会的董事们。

引 言

1905年,西奥多·罗斯福总统派遣他所信任的谈判家,时任美国陆军部长的威廉·霍华德·塔夫脱和他自己那位红得发紫的千金爱丽丝·罗斯福,一批美国参议员和众议员,13位议员夫人,还有实业家及其仆人远赴菲律宾、日本和中国,这是当时出访亚洲规模最大的一个美国外交代表团。在全世界出现社会大变动的背景下,1905年的这次美国外交访问在菲律宾、日本和中国开启了具有开创性的外交局面,并且为如何处理20世纪的国际事务确立了一个方向。然而这次外交代表团访华之行却在很大程度上被遗忘了整整一个世纪。

在这次访问结束之后,塔夫脱代表团的所有随行人员[①]都将对东西方关系施加相当大的影响。代表团成员中包括罗斯福小姐的追求者,众议员尼古拉斯·朗沃思,他后来即将成为美国众议院一位杰出的发言人。这次访问结束后不久,罗斯福小姐与他就在白宫举行了一场受到高度关注的婚礼。[②]从日本御苑史无前例地接受外国人来访,到美国代表团成员觐见中国的慈禧太后,这次远东外交开拓之旅的参与者们所建立的同盟和所酝酿的冲突都在可以预见的未来影响到了整个世界。本书探讨此次出访的历史环境、两位美国业余摄影爱好者哈里·福勒·伍兹和弗朗西斯·W.弗罗斯特的家庭背景,纪实性摄影和便携式照相机的兴起,美国扩张主义的根源,海上力量的重要性;此外本书还要综述美国代表团途径旧金山、夏威夷、日本和菲律宾的行程概要,20世纪初美国对种族问题的看法,弗罗斯特和伍兹所拍摄的庚子事变后果,辛丑条约和庚子赔款、1905年中国抵制美国货运动的背景和塔夫脱一行在抵制美国货运动中的经历,以及他们穿越中国和返回美国的旅行。

在人类历史上。1905年是具有重要意义的一年。爱因斯坦发展出光的量子理论,并帮助确认了原子的存在,从而为下一个世纪解答了许多科学疑问。爱因斯坦

---

① Ishbel Ross, *An American Family: The Tafts—1678 to 1964* (Cleveland and New York: The World Publishing Company, 1964), 167.

② Stacy A. Cordery, *Alice: Alice Roosevelt Longworth from White House Princess to Washington Power Broker* (New York: Viking, 2007), 162–178.

的发现完全颠覆了传统的空间概念,阐释了布朗运动,从而创造了世界上最具前瞻性的科学公式。[①]在 1904—1905 年的日俄战争中,日本因打败了俄国而使全世界感到震惊,彻底推翻了亚洲军事力量处于劣势的旧观念。

1905 年,在令人吃惊的庚子事变爆发五年之后,中国人启动了一场成功抵制美国货的运动,以此来抗议中国移民在美国所受到的待遇——这是在驱除外国势力、推进中国现代化这条艰辛道路上所迈出的第一步。也是在 1905 年,美国为镇压菲律宾的叛乱而陷入了一场历时持久、代价高昂,但最终仍是徒劳的冲突,使其试图为"教化"使命合法化和稳固在亚洲的行政和经济据点的努力归于失败。

对于那些并不知道此行目的的美国人来说,这次访问完全是多此一举。从 1900 到 1908 年,即塔夫脱任菲律宾总督和美国陆军部长期间,他出访马尼拉、罗马、古巴和巴拿马的行程,包括他在美国国内的旅行,总计将达到十万英里。[②]塔夫脱私下认为,美国从没有派出如此庞大的代表团去那么远的地方。他希望代表团中有这么多的议员随行这一事实将会提高美国公众对于菲律宾的兴趣,[③]而当时美国对菲律宾的占领在国内外正引起越来越强烈的不满情绪。[④]

作为一位半推半就的美国总统候选人,塔夫脱却在 1905 年夏天得到了罗斯福总统的承诺:即支持他成为 1908 年共和党的总统提名人。塔夫脱的摄影师亨利·F.普林戈尔指出:"1905 至 1906 年间,他得到了一切可以得到的承诺,即除了没有公开宣布之外,西奥多·罗斯福总统将对他提供积极的支持。"[⑤]1905 年之行为塔夫脱施展其才干提供了舞台,人们将会看到他作为领袖和强硬谈判家的一面,这两个特点后来他在参加 1908 年总统竞选时被表现得淋漓尽致。

20 世纪初俄亥俄州在美国国家事务中的重要性得到了突出的体现,这个由 83

---

① Walter Isaacson, *Einstein: His Life and Universe* (New York: Simon & Schuster, 2007), 140.

② Henry F. Pringle, *The Life and Times of William Howard Taft* (New York and Toronto: Farrar and Rinehart, Inc., 1993), 291.

③ *Ibid.*, 293.

④ Frank Ninkovich, *The Wilsonian Century* (Chicago and London: The University of Chicago Press, 1999), 25.

⑤ Pringle, *Life and Times of William Howard Taft*, 311.

人组成的美国政府代表团中有很多成员是都是俄亥俄州人，而且他们中的大部分人，包括塔夫脱自己，都来自辛辛那提。其他辛辛那提人有尼古拉斯·朗沃斯，塔夫脱的私人朋友、曾于1902年同塔夫脱一起去过罗马[1]的银行家兼慈善家施米德拉普，施米德拉普的女儿夏洛蒂，她的朋友米诺·克里滕，企业家兼业余摄影爱好者哈里·福勒·伍兹，代表辛辛那提最杰出富有家庭的 R. 克拉夫·安德森，以及一位居住在辛辛那提的日本商人杉本。同在1905年代表团中的还有众议员查尔斯·格罗夫纳，他来自俄亥俄州的雅典。[2]根据人口普查记录，建造在古老冲积平原上的辛辛那提城，其人口在1840至1850期间增长了一倍半。[3]尽管辛辛那提在19世纪中还是一座新兴的城市，但这个急速发展城市中的精英阶层在社会地位和品位上均以美国东部和欧洲的马首是瞻。卡尔·S. 安东尼在《内莉·塔夫脱：散拍乐时代标新立异的第一夫人》(*Nellie Taft: The Unconventional First Lady of the Ragtime Era*, 2005)中以简洁的笔触描述了当时辛辛那提的尴尬处境：

真实情况是，无论这儿的博物馆多么精致完备，或这儿的公园多么美丽漂亮，对纽约和波士顿的社会精英人士而言，辛辛那提一直是一个穷乡僻壤。这就使得辛辛那提人更加努力地希望证明他们很有教养。司多洛家族、芬德雷家族、塔夫脱家族、辛顿家族、朗沃斯家族和安德森家族等都去欧洲旅游，为女儿们举办初次社交舞会，并在新英格兰购置避暑的宅邸。[4]

无论富裕的辛辛那提人和这一地区的外地人是否真如上面描述的那样，他们中的大部分人确实是从美国东部搬迁过来，而且不用上溯很多代便可知道，他们都

① Cincinnati Times-Star, "Just One Ship Sighted by Taft Party in Voyage from Honolulu to Yokahama, Japan", *Ohio Historical Society*, Vol.145, No. 110, August 19, 1905, 2.

② Cincinnati Times-Star, "Just One Ship Sighted by Taft Party in Voyage from Honolulu to Yokahama, Japan", *Ohio Historical Society*, Vol.145, No. 110, August 19, 1905, 2.

③ Charles Cist, *Sketches and Statistics of Cincinnati in 1851* (Cincinnati: William H. Moore & Co., 1851), 4.

④ Carl Sferrazza Anthony, *Nellie Taft: The Unconventional First Lady of the Ragtime Era* (New York: William Morrow, 2005), 5.

是来自欧洲或英国的移民。因此,他们自然想要寻根,甚至寻找亲戚。他们会试图探索已被忘却的过去所遗留下来的痕迹。①不过,到了20世纪初,随着铁路的发展,以养猪、文艺和酿酒业而闻名的辛辛那提开始逐渐让位于芝加哥这样更靠近西部的新兴城市。

哈里·福勒·伍兹、弗朗西斯·W.弗罗斯特和新型便携式照相机

业余摄影师哈里·福勒·伍兹是一名来自辛辛那提的企业家,也是塔夫脱的朋友;弗朗西斯·W.弗罗斯特是代表团中比较年轻的一位成员,他的家庭拥有新泽西和纽约的两大报纸。他俩各以数百张照片记录了1905年美国政府代表团的出访旅行。伍兹把715张图片整理成三本带有皮制封面的影集,并且用打字机给每张图片都加上标题。弗朗西斯·W.弗罗斯特也将其照片和旅途中收到的文件、邀请函一起整合成了相册。②无论他俩是否是致力于和平的外交家、愚鲁的帝国主义者、光荣的冒险家,或者兼而有之,我们在考察哈里·福勒·伍兹和弗朗西斯·W.弗罗斯特的出身和观点时,应该把他们看作个体的艺术家和1905年外交代表团中典型的游客代表,从而分析这些照片和信件是如何经过这个棱镜的折射而被创造出来的。一个世纪是一段很漫长的时光,因此他们那些没有被记录下来的许多生活细节已经不可避免地丢失了。

1905年出访的使命之一是向美国实业家们介绍亚洲,从而激发起他们对亚洲国家的了解并且激发其开展贸易活动的兴趣。弗罗斯特和伍兹这两人的家族与美国工业化有着广泛联系,这两个家族所涉足的职业领域包括工程、通信和贸易等。伍兹被邀请参加此次出访旅行,满足了三方面的条件——首先他是塔夫托的朋友,

① Charles Dickens, *American Notes*(New York: St. Martin's Press, 1985), 147. 英国19世纪小说家狄更斯在《美国札记》中这样描述1885年的辛辛那提:"辛辛那提是一个美丽、欢乐、繁荣和生气勃勃的城市。我从未见过哪个地方能像它那样给一个陌生人留下美好和愉快的第一印象;无论是它干净的、红白相间的建筑,铺设整齐的道路,还是颜色鲜亮的砖砌人行道。即使在你对它有了更为深入的了解之后,这种美好的印象也不会消退。街道宽阔而通风,商店里的商品琳琅满目,私人住宅优雅而整洁。"(第147页)

② 伍兹和弗罗斯特有关本次旅行的相册都在2009年4月捐赠给了康奈克敌州纽黑文的耶鲁大学拜内克善本书和手稿图书馆。由于伍兹和弗罗斯特在这次旅行中从头到尾都是结伴而行的,所以他们的照片内容十分相似。

其次他来自辛辛那提的名门望族,最后他代表了一家成功的美国企业,查特菲尔德与伍兹公司。哈里·福勒·伍兹于 1859 年 3 月 2 日出生在辛辛那提,是威廉·K.伍兹和伊丽莎白·马丁·夏普·伍兹的儿子。他的曾祖父,同样名为威廉·伍兹,1760 年出生于爱尔兰利特里姆郡的卡拉加兰,后来移民到美国,在马里兰州的巴尔的摩市成了商人和船东。他的祖父发财致富,继而又破产去世后,他的父亲威廉于 1839 年搬到了辛辛那提,并在希利托,伯内特和普伦公司的干货店里找了一份工作。后来他成为了公司合伙人,并且从那个行业退休。此后,他又跟合伙人、妹夫艾伯特·查特菲尔德创办了查特菲尔德与伍兹公司,成为阿勒格尼山以西地区纸业贸易的开拓者。

1880 年,哈里·福勒·伍兹加入这家由他父亲和姑父艾伯特·查特菲尔德创办的查特菲尔德与伍兹造纸公司。哈里于 1918 年升任该公司的总裁,在该职位上工作了十年,并在 1928 年成为董事长。1951 年他才卸去董事长之职。在早期,这家公司是俄亥俄河谷最大的纸张制造商。最终它与俄亥俄州代顿市的米德造纸公司合并,这个新公司又同维斯瓦科公司联合成立了米德·维斯瓦科公司。哈里同时还兼任了查特菲尔德与伍兹麻袋公司的副总裁和安全仓储公司的总裁。①

哈里·伍兹娶了凯瑟琳·朗沃斯·安德森为妻,并育有三个女儿和一个儿子。凯瑟琳是老尼古拉斯·朗沃斯的曾孙女。这位尼古拉斯·朗沃斯是一位律师和地产投机商,同时也是当时最富有的人之一。他还是当时举世闻名的植物学家,因为他首次在温室里培育出了可帮助预防坏血病的泡草莓,而且他还酿造了第一瓶美国汽酒。②朗沃斯还被冠以"美国葡萄酒之父"的称号,他用卡托巴葡萄酿酒,部分原因就是为了使当时的许多俄亥俄人减轻酒精中毒的折磨。他还是著名的艺术赞助商,建造了美国中西部最漂亮的花园。③凯瑟琳是小尼古拉斯·朗沃斯的表妹,也是 R. 克拉夫·安德森的堂妹,小尼古拉斯·朗沃斯和 R. 克拉夫·安德森都参加了 1905 年的出访旅行。凯瑟琳于 1938 年去世。

---

① *Cincinnati Times Star*, "Retired Firm Head—Funeral Services Set for Harry F. Woods," 95, February 21, 1955, 14, Cols. 2 & 3.

② Rose Angela Boehle, O.S.U., *Maria: A Biography of Maria Longworth* (Dayton, Ohio: Landfall Press, Inc., 1990), 17.

③ *Ibid.*, 16–19.

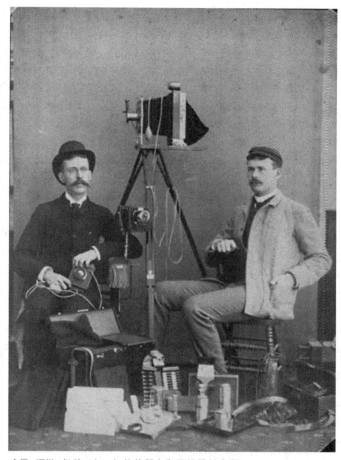

哈里·福勒·伍兹（左）与他的朋友和照相器材合影

伍兹在青年时代有机会选择周游世界或者上大学，他选择了前者。他的大量旅游经历就包括1905年对亚洲的外交访问，紧接着这次访问，他又同朋友弗朗西斯·W.弗罗斯特一起游历了缅甸、印度、埃及和希腊。此后不久，伍兹在纽约的阿迪朗达克山上购买了一片露营地，每年他都会在那儿度过大半个夏天，乘坐精雕细刻的阿迪朗达克导游船钓鱼和探险。伍兹是个颇有才华的摄影发烧友，他还是许多董事会的理事，其中包括儿童之家、辛辛那提市艺术博物馆、俄亥俄州历史和哲学学会、鲁克伍德陶瓷厂。他被提名为儿童之家和辛辛那提市艺术博物馆的荣誉理事，他还是当时女王城市俱乐部在世最年长的成员和第32级的共济会会员。他开创了专供男人们讨论重要时事话题的午餐会,名为"缝纫圈",因为他们的妻子们在同一天有一个缝纫心得交流会。1955年伍兹以95岁高龄去世。①

弗朗西斯·W.弗罗斯特(1876.3.23—1935.12.14)是塔夫脱代表团中比较年轻的成员。他代表着弗罗斯特家族的两大报纸,同时也代表了他的父亲乔治·H.弗罗斯特。后者支持共和党的事业,并热衷于政治,其职业是一名工程师,曾经在麦吉尔大学学习工程学。乔治的父亲埃比尼泽·弗罗斯特是一个铁匠,他离开加拿大,"日夜兼程,赶往有待开垦的疆土"②,而当时的这片疆土就是纽约。在乔治作为工程师的多姿多彩和极具创新性的职业生涯中,他曾创办了《工程学新闻评论》(*Engineering News Review*),这份报纸最初只是由"简易说明书"所组成,目的是为了帮助和指导外行人建造一些简易建筑物,如临时性的桥梁。乔治·弗罗斯特应邀去芝加哥地区帮助修建路基和桥梁。当他发现南北战争中缺乏受过专门训练、从事工程建设的工程师时,他受到启发而创办了一份时事通讯——这最终成为了一门重要的生意,至今它仍然是美国首要的工程学报刊之一,这就是《工程新闻记录》(*Engineering News-Record*)。他的一位旁系后代埃里克·贝奇指出:"美国北方的许多金属桥梁就是这个时候建成的。所以这是一个相当具有创新精神的时代,而他(乔治)起初非正式地、随后正式地以文本形式记录了美国北方在工程领域方面的大量革新。"③在乔治退休以后,他把产业卖给了一个名叫希尔的男人,希尔与麦格劳合作,建立了麦格劳·希尔印刷厂。这家印刷厂至今仍是美国一家重要的出版企业。

弗朗西斯·W.弗罗斯特当时年纪太轻,还不能承担乔治的业务。他父亲在新泽西的普兰恩菲尔德市买下了两家地方报社。在那儿,全家都依靠弗朗西斯的哥哥查尔斯·弗罗斯特而生活,后来弗朗西斯·W.弗罗斯特掌管了这些报纸,他在1905年出访旅行中以写文章和拍照片的形式代表这些报纸。这些报纸最后被卖给甘尼特家族,这是他们的第一份纽约之外的报纸,而现在那家报业公司已成为美国最强大

---

① *Cincinnati Enquirer*, "Harry F. Woods Dies at 95; Formerly Active Paper Executive, Active in Art, Philanthropy," February 21, 1955, 26, Cols. 7 & 8.

② Interview, Eric Besch, Collateral Descendant of F.W. Frost, April 22, 2009.

③ *Ibid.*

的报业集团之一。在 1905 年与伍兹一起旅游过缅甸、印度、埃及和希腊之后,弗朗西斯·W. 弗罗斯特结了婚,还开始做进出口贸易,他的公司弗朗西斯·W. 弗罗斯特公司就在华尔街 60 号。伍兹是弗罗斯特婚礼上的男傧相。热爱旅游的弗罗斯特至少进行了两次环游世界的旅行。他经常去日本和中国,根据家族文件记载,他曾资助这两个国家中年轻有为的学生到美国深造。

弗罗斯特的信件,还有他和伍兹拍摄的照片着重体现了上世纪初西方人对中国的看法。作为档案实物,这些信件和照片不仅生动地反映了美国政府代表团 1905 年的出访情况,同时也深刻地反映了亚洲民族的生活场景。弗罗斯特的一些信件传达着西方人隐含的恩赐态度和"看看我们是多么优越"这样的教化话语,这样的话语在那个时期是很典型的。弗罗斯特的描述是他作出评价的基础,而在他的描述中最普遍的牢骚就是关于他察觉到的环境肮脏、生活水平低劣、有害气体、崎岖路面,普遍陌生感和一个辉煌文明出现极度衰落的迹象。关于广州,他这样写道:"然而广州最糟糕的是那无处躲避的恶臭味,尤其是当我们经过那些小饭馆时,这种恶臭味尤为浓烈,但在其他地方也能闻到这同一种或混杂其他味的恶臭"。(00320)①关于中国的客栈,他也指出:"最好的中国客栈也不适合用作避暑旅馆。这些客栈通常都是单层,厨房里散发着恶臭……"(00349)②

另一位旅行者亨利·C. 科尔宾将军是驻菲律宾美军的副官长,他在"洛根号"运输船上为塔夫脱代表团前往北京提供了舱位。他对于中国也抱有类似的看法。他在 6 月 7 日写给塔夫脱的信中提到,他参加这次旅行的目的是想去看望美国驻华公使馆的警卫队,因为他们已经有一年多没接受视察了。③科尔宾给斯蒂夫桑特·菲什写的一封信是经过他的儿子小斯蒂夫桑特·菲什转交的,小斯蒂夫桑特·菲什也参加了1905 年的这次出访。科尔宾将军在信中评论道:

---

① 本文中所引用的文件内容后的数字编号,如此处的"(00320)",是弗罗斯特档案文件的页码编号。

② 弗罗斯特的访华日记一开头就宣称:"在这次必将载入史册的旅行即将收尾,其重头戏刚刚结束之际"。(00269)而访华结束的时候,他又写道:"总的说来,离开中国我很高兴,对不是专门研究它的人而言,中国是个令人沮丧的地方,但整个中国之行给了我很多有用的经验,我很高兴我到过那儿"。(00365)这些话暗示,弗罗斯特并不相信美国政府代表团的访华之行跟访问日本和菲律宾一样重要。

③ Letter of Henry C. Corbin to William Howard Taft, June 7, 1905, William H. Taft Papers, Library of Congress, Manuscript Division, Reel 51, Series 3, 1.

我们对北京的访问非常有趣。年老的太后和明显痴呆或近于痴呆的年幼皇帝必定会在短期内使中国政府发生重大变化。到处都昭示着这个国家的衰落。甚至在一些最神圣的殿堂里所见之处也是杂草丛生，这些杂草比视野范围内任何植物都要茁壮成长，并且完全覆盖了殿堂的地面。宏伟的殿堂和高耸的城墙见证了这个民族早已不复存在的繁荣和富强，或者说，如果它们真的还存在的话，那就是被遮盖住了，无法被漫不经心的观察者所看到。然而中华民族的特色是勤奋。①

具有讽刺意味的是，弗罗斯特关于在中国遇到难闻气味的描述让人想起弗朗西丝·特罗洛普对辛辛那提的评论。辛辛那提正是1905年外交出访中许多游客的故乡，这些人包括塔夫脱、朗沃斯和伍兹。特罗洛普夫人是著名的英国小说家安东尼·特罗洛普的母亲，她撰写《美国人的家庭生活方式》(*The Domestic Manners of the Americans*)一书的时间距离后来的1905年出访旅行还不到75年。这本书最初出版于1832年，其中对美国的家庭生活方式作了严厉的抨击。弗朗西丝·特罗洛普居住在辛辛那提，在那里她试图创办一个大型购物中心，这肯定是美国最早的购物中心之一，而当此事失败之后，这个购物中心被称之为"特罗洛普的蠢事"。她通过出版自己的这部游记，挽救了自己濒临破产的局面，并且立即成为年轻的美国最出名和最受憎恨的作家。她已经习惯了比较优雅的英国生活方式，因而对于美国这个穷乡僻壤竭尽嬉笑怒骂之能事，用讥诮和极端负面的词语来描写辛辛那提。

在书中的一段描写中，她回忆起自己曾经登上辛辛那提的一座塔糖山，想去欣赏一下美景，可展现在眼前却是一幅不堪入目的场景：

> 山脚下我们必经的小河由于汇合了从生猪屠宰场里出来的水流而变成了红色。而迎接我们鼻子的不是"青山环抱中百里香的香味"，而是我不想描述、也衷心地希望我的读者们不要去猜想的气味。我们的双脚在离开

① Henry C. Corbin to S. Fish, Sr., Manila, September, 25, 1905, included in 1600–1914, by S. Fish (New York: Privately Printed by J.J. Little & Ives Company, 1942), Desmond-Fish Library, Garrison, N.Y., 235.

城市的时候就盼望着踩上开满小花的草地,然而实际上却被猪尾巴和猪颚骨给绊住了。因此,这种最愉快的郊区散步被永远禁止了。①

　　如果塔夫脱的远亲,伟大的19世纪美国诗人和散文家拉尔夫·沃尔多·爱默生的断言——"我们对一个人的评价主要是看他记住了多少"——的确属实的话,那么对整个人类的评价就要看人们遗忘了多少。②弗朗西斯·W. 弗罗斯特在信中不仅描绘了当时在中国令人厌恶、有时甚至是无法忍受的气味和景象,他还经常提到在惊鸿一瞥之间所看到的辉煌过去。在北京时,弗罗斯特记录了他们游览鼓楼的情形,他在信中描述鼓楼"与其他景点一样,年久失修,破败不堪"。当游览先农坛时,他说"无论到哪里,都是一片疏于管理和杂草丛生的景象,茂密的野草覆盖了原本宏伟壮观的石板大道和赏心悦目的花园"。(00341)在黄庙,他发现"这地方过去很美,但现在却破败不堪,在这方面中国的寺庙与日本的很不一样"。(00342)

　　在去长城的途中,他描述了路上经过的城镇:"稍大一点的城镇就有高大的城墙和笨重的城门。这儿和北京一样,也能看到过去御道的痕迹。"(00348)后来在明十三陵,他说道:"此处已经逝去的辉煌要比其他任何地方都更让我感到震惊。五条宽阔的石板路上长满了杂草,年久失修的辉煌汉白玉桥都已经倒塌,被河水冲刷得只剩下零零散散的桥拱。"(00352)

　　当时弗罗斯特并不知道,大多数中国人或其他国家的人也不知道,中国对人类的科学、植物学和主要的文化进步究竟作出了多大的贡献。这一点直到1937年李约瑟出版了《中国的科学与文明》(*Science and Civilization in China*)第一卷才被充分认

---

　　① Frances Trollope, *Domestic Manners of the Americans* (New York: Alfred A. Knopf, 1949), 88, 89.
　　在弗朗西丝·特罗洛普的幽默描写和一位于1835年访问过辛辛那提的达特茅斯学院学生赛勒斯·P.布拉德利所作的注解中,都有大量类似的描写。特罗洛普的日记述了在这个"猪都"大街上闲逛的猪猡们所引起的戏剧性冲突。布拉德利也指出:"街道上有很多泥土,多得不得了,还有很多臭水洼;假如引起霍乱的话,大家都吃不了,兜着走。街上猪猡很多,不过这也难怪,因为这儿有一个很大的猪肉市场。"他又继续写道:"……这些畜牲放肆得很。它们只知道给马车让路,但是对于行人来说,总是要被猪挤出街道,即使来一个团的士兵,这些猪也不会让路,而且没人会愿意跟这些龌龊的猪猡进行身体接触"(《美国人的家庭生活方式》,第88页)。
　　② Mark P. Painter, *William Howard Taft: President and Chief Justice* (Cincinnati: Jarndyce & Jarndyce Press, 2004), 8.

CH4103　北京的街景

CH4501　去长城途中经过的一座石桥

识到。①李约瑟辛苦编撰的十七卷书,是他成为最伟大的百科全书编纂者之一的标志。他的书中充满了对中国早期发明和科技进步的描述,其中包括印刷术、火药、造纸和吊桥。西蒙·温彻斯特的新书《一个热爱中国的人》(*The Man Who Loved China*,2008)写的就是李约瑟非同寻常、特立独行的生活经历和所作出的各种发现,大多数人完全不知道这一段科学史和科学史前史,而且对中国所作出的贡献有多大也一无所知。②

便携式照相机的兴起

伍兹和弗罗斯特的影集展现了当时旧金山、檀香山、日本、菲律宾和中国的风貌。从历史角度来看,这些照片记载了西方历史上欧洲殖民时代终结、美国帝国主义崛起的时刻。这些照片同样反映出人们使用刚在市面上出现的便携式照相机,在很早就把摄影术作为一种记录手段。这种新式的照相机可以随时随地捕捉镜头,进行拍摄,因而伍兹的照片与当时著名的官方摄影师伯尔·麦金托什所拍摄的登报照片一样重要。在中国拍摄的照片尤为独特,因为它们不仅是1905 年美国外交之行的记录,而且提供了当时西方人视角下的中国风土人情,照片中许多地方现在早已不复存在。

在 1888 年柯达便携式照相机问世之前,摄影是专业人士独享的领域。1860 年第二次鸦片战争之后,英国和法国通过不平等条约获得了派遣传教士、商人、冒险家和摄影师们深入中国内地的权利。③在临时搭建的简易暗室里,摄影师们小心谨慎地使用玻璃负片和相纸覆膜用的铂金冲洗, 由此得到照片。随着 1879 年干板负片(这种底片可用于拍摄即时快照)和 1888 年新的轻便式照相机的诞生,摄影对于美国大众来说,就成了不可缺少、人人参与的时兴消遣方式。正如学者玛丽·艾森所

① Joseph Needham, *Science and Civilization in China*, Vol. 24. (Cambridge: Cambridge University Press, 1954–2004).

② Simon Winchester, *The Man Who Loved China: The Fantastic Story of the Eccentric Scientist Who Unlocked the Mysteries of the Middle Kingdom* (New York: Harper Collins, 2008).

③ Jeffrey Simpson, Cultural Reflections: Period Photography Richly Documented the Complexity of Chinese Life in the 19th Century, *Architectural Digest*, August, 2008, 147.

PH0803　在"满洲里号"远洋轮上的一群摄影发烧友

CH3904　美国政府代表团的成员手里都拿着便携式照相机

说："到了 1895 年……每张照片的价格降至 5 美元，拍照就成了普通人生活的一部分。"①

早期摄影师面临的困难还常因一些中国人的观念而加剧，尤其是那些居住在农村的中国人的看法。他们认为照相会摄走人的灵魂，被拍照者如果不是立即死亡，也会在一个月或两年内死亡。②在 1905 年出访旅行期间，弗朗西斯·W. 弗罗斯特描述自己在广州拍照的情形时就曾提及这种因迷信而造成的恐惧。他这样告诉我们："……当地人也并不喜欢被人拍照。在镇海楼时，我本想拍一张我们一行人坐在轿子上的照片，但我刚摆好相机，那群轿夫就立马放下轿子闪到一边了，所以我也没有强迫他们拍照。"(00322)弗罗斯特同样细致地描写了他在汤山喇嘛庙遇见一对夫妻的事，这对夫妻负责照看这些殿堂，那个头戴"最令人惊叹的头饰"的妻子婉言谢绝弗罗斯特替她拍照。(00356)这种普遍盛行的迷信态度也许能解释为什么弗罗斯特和伍兹没有拍到太多关于中国农民的照片。

美 国 扩 张 主 义 的 根 源

为了更好地了解为什么运载高加索人、盎格鲁-撒克逊人等白人男性政治家及其夫人和仆人，还有军官、商人和总统千金的"满洲里号"远洋轮会漂洋过海来到地球的另一端，并且这一行动在回国后被广泛地认为是一次充满善意的旅行，我们有必要先考察一下当时美国在全世界地位的变化。在 19 世纪中，美国的政治地位飞升，从先前广袤荒原上的"新欧洲移民团体"③摇身一变，变成了几乎能够统治全球的国家，这一切都归功于它飞速发展的工业。

1905 年的美国政府访华代表团肩负数命：推进日俄和约谈判；展示美国在菲律宾的成就；支持美国在华的"门户开放"政策；促进美国在华贸易；更宽泛地说来，还

---

① Mary M. Ison, Uriah Hunt Painter and the "Marvelous Kodak Camera", *Washington History*, Fall/Winter, 1990–1991, 32–33.

② *Ibid.*, 164.

③ Michael Hunt, *The American Ascendancy: How the United States Gained & Wielded Global Dominance* (Chapel Hill: University of North Carolina Press, 2007), 4.

包括扩大美国在远东的竞争力。[1]在麦金利总统执政期间,维持菲律宾的和平局面被视为是得以在中国立足的必要条件。[2]

美国学者韩德以如下方式描写了把这些美国人从家里吸引到"满洲里号"远洋轮上,继而又到达亚洲的这股力量:"财富、信心和领导能力这三者的结合为取得可持续的国际性胜利奠定了基础,这反过来又形成一个良性循环,增强了信心,坚定了民族信念,并且产生能够被广泛接受的政策法规。"[3]20世纪初,美国加入了英国、葡萄牙、西班牙、法国和荷兰早已投身其中的帝国主义扩张行动。[4]

在19世纪末和20世纪初发生的所有让人眼花缭乱的新发现、科技进步和全球力量的重新排序中,没有一件的影响大于美国的迅速崛起。[5]到了20世纪末期,

PH0102　加利福尼亚州旧金山市,人们正在向"满洲里号"远洋轮上装行李

①　Whitney Griswold, *The Far Eastern Policy of the United States* (New York: Harcourt, Brace and Company, 1938), 89; Ralph Minger, William Howard Taft and United States Foreign Policy (Chicago and London: University of Illinois Press, 1975), 139-140.

②　David H. Burton, *William Howard Taft: Confident Peacemaker* (Philadelphia: St Joseph's University Press and New York: Fordham University Press, 2004), 29.

③　Hunt, *Ascendancy*, 2.

④　*Ibid.*, 4.

⑤　Paul Kennedy, *The Rise and Fall of the Great Powers*(New York: Random House, 1987), 242.

全球化的加速发展使人普遍感觉
到世界几大强国之间出现的不稳
定局面。随着电报、轮船、铁路和现
代印刷工艺等新技术的发展,全球
化贸易和通信系统只用了短短几
年时间就把新发明从一个大陆传
播到另一个大陆。① 与其他因素相
比较,也许科技进步是美国占据国
际主导地位最重要的推动力。② 韩
德在《美国的崛起》(*The American
Ascendancy*)一书中指出:"与世界
其他地区相比,新技术是北大西
洋地区财富和力量的首要来源,
是新兴国家不可或缺的手段,也是
使社会和经济生活不断现代化的
推动器。"③

PH0105   "满洲里号"远洋轮上的旅客

　　1905 年的出访旅行工具之所以选择这艘被媒体称为"漂浮的宫殿"④ 的"满洲里号"远洋轮,正是因为这种既快速又便宜,而且让人具有一定舒适感的旅行方式在当时突然变得可行了。以前这样的旅行机会是富人们所独享的,但到 20 世纪初,越来越多的中产阶级开始通过"去遥远的地方旅行"这种方式来得到关于整个世界的知识和启迪。⑤

　　1879 年,西德尼·吉尔克里斯特·托马斯发明了一种用廉价磷矿石炼钢的方法。仅仅五年内,西欧和中欧就以该种炼钢法为基础建造了 84 座转炉,这种炼钢法还

---

①　Paul Kennedy, *The Rise and Fall of the Great Powers*(New York: Random House, 1987), 198.

②　Hunt, *Ascendancy*, 6.

③　*Ibid.*,

④　Carol Felsenthal, *Princess Alice: The Life and Times of Alice Roosevelt Longworth* (New York: St. Martin's Press, 1988), 81.

⑤　Hunt, *Ascendancy*, 18.

被介绍到了大西洋彼岸。① 到 1901 年,当安德鲁·卡内基把他的企业卖给 J. P. 摩根的巨型联合钢铁公司时,卡内基的钢铁产量比英国所有钢铁公司产量的总和还要多。② 在麦金利执政期间,与新技术发展齐头并进的还有飞速增长的农业和工业,其产量经常超过需求量,从而导致了灾难性的经济后果,这种情况可以用经常发生的盛衰循环周期来概括。

南北战争为电报、轮船和火车的使用提供了一个展示的舞台,证明了这些新技术在快速调动军队、使战争现代化方面的高效率。鱼雷、地雷和更加精准、更有威力的大炮也在为当时被运用于战争。③ 19 世纪后期的军备竞赛使得克虏伯公司成为欧洲最大的企业,这个企业是由一个有着四百年历史的德国家族开创的,专门生产军火和军事装备。在当时的历史背景下,军事工业无法摆脱地与民族主义交织在一起,因此几乎是不可能被抑制的。④ 在南北战争结束后的重建过程中,美国利用了许多新技术来开采原料,开垦利用近乎无限的农用土地。此外,相对安全的北美洲地理环境以及规范的社会秩序都有助于加速美国工业化的步伐。⑤

在 19 世纪中叶及之后的时间里,工业化使美国精神病患者急剧增加,人们甚至刻板地将患有精神病的人群同种族问题联系在一起。罗伯特·惠特克在《美国的精神病人》(*Mad in America*)一书中写道:"在 1850 年,美国人口普查显示在 2 千 1 百万总人口中有 15610 人患有精神病,即说每 1345 人中有一个精神病人。30 年后,5 千万人口中有 91997 人患有精神病,即每 554 人中就有一个精神病人。"⑥ 在 30 年间,美国被认为患有精神病的人数增加了一倍。白种人认为穷人最容易发生精神错乱,因而简单地把优生学作为一种解决办法,有人甚至建议禁止那些被认为比较劣等的人种生育。⑦

---

① Kennedy, *Great Powers*, 198.

② *Ibid.*, 243.

③ Hunt, *Ascendancy*, 48.

④ Kathleen Dalton, *Theodore Roosevelt: A Strenuous Life* (New York: Random House, 2002), 128–129.

⑤ Kennedy, *Great Powers*, 242.

⑥ Robert Whitaker, *Mad in America: Bad Science, Bad Medicine, and the Mistreatment of the Mentally Ⅲ* (New York: Basic Books, 2002), 46.

⑦ *Ibid.*

PH0705　塔夫脱陆军部长与部分代表团成员在"满洲里号"远洋轮上合影

　　与此同时,白种人的中上阶层定义了属于他们自己的一种精神疾病"神经衰弱症",这一病症最早是由乔治·M.比尔德在1869年提出来的,[1] 其症状包括酗酒、精神压力大、行为失控及情绪混乱,它成了对部分神经过于紧张的美国人的典型精神诊断,他们接受了过多的教育,承担了过于繁重的工作,过度劳累,并且过于讲究。[2] 根据比尔德的观点,尽管欧洲人也有类似病例,但这种疾病更容易侵袭那些高度敏感的美国人。在他看来,那些艰苦工作的美国人更可能患上精神病,因为美国缺乏带有贵族头衔的社会结构,也不存在类似于欧洲的那种国家教会,不能为那些因艰苦的个

---

　　① George M. Rosen, *Madness in Society: Chapters in the Historical Sociology of Mental Illness* (New York: Harper and Row, 1969), 282.

　　② Ronald Takaki, *Iron Cages: Race and Culture in 19th Century America* (New York: Knopf, 1979; Seattle, University of Washington Press, 1985), 260.

人奋斗而遭受精神折磨的人们提供避难所。①

在威廉·霍华德·塔夫脱家族里，他的同父异母兄弟彼得·劳森·塔夫脱在耶鲁时是他们班上当年致毕业典礼告别辞的学生代表（1867年），被媒体称为耶鲁最优秀的毕业生，②但他却被诊断为神经衰弱。毕业后三个月，彼德患上几乎致命的伤寒，康复后到欧洲游学一年多成为律师并结婚生子。就在彼得·塔夫脱在他孩子出生那年，他被诊断出患有神经衰弱症而被送进辛辛那提疗养院，这是一家专门收治精神病人的私立医院。他在19世纪后期盛衰循环周期的萧条年代中，为了养家糊口而工作得太辛苦，但回报却很少。也许是因为他曾经住过精神病医院，这在当时是一种无法克服的社会耻辱，他的妻子跟他提出了离婚，而他本人则在年纪还很轻的时候就无声无息地故去了。

格特鲁德·泰勒是西奥多·罗斯福的第二任妻子，同时也是伊迪丝·罗斯福的母亲，她同样被诊断为患有神经衰弱。③罗斯福的母亲也患有这种可怕的疾病，甚至罗斯福本人在幼年时，也曾被诊断为患有神经衰弱，尽管他实际上患有哮喘。当放血和其他极端的治疗方式都没法减轻他的症状时，罗斯福的家人把这个病怏怏的小孩送到了乔治·比尔德博士和他的合作伙伴阿方索·D.洛克威尔那里。罗斯福的家庭医生约翰·梅特卡夫推荐了比尔德。④比尔德认为的、引起神经衰弱的因素似乎囊括了所有现代化的东西——女性从事脑力劳动，轮船、电报、周刊和科学发明。⑤洛克威尔用电击手段来治疗罗斯福，这个当然对哮喘没有任何效果。于是他认定罗斯福正承受着"极度文明所带来的不幸"⑥。比尔德写道，神经衰弱是"那些精致的上流社会人士进化成为具有自制力的高级生物而付出的代价"⑦。他把非洲人、印第安人和土著构想成处在阶梯的底部，而白种人艰难地从野蛮之地开辟出一条路，前往"文

---

① Lynn Gamwell and Nancy Tomes, *Madness in America* (New York: Cornell University Press, 1995), 134–135.

② *Record of the Yale Class of 1867* (New York: J.G.C. Bonney, 1867), 277, 278.

③ Mark Bartlett, *The President's Wife and the Librarian, Letters at an Exhibition* (New York: The New York Society Library, 2009), 8.

④ Dalton, *Theodore Roosevelt*, 36, 37.

⑤ *Ibid.*, 37.

⑥ *Ibid.*

⑦ *Ibid.*

明"的较高领域。他的观点在其畅销书《美国人的紧张情绪:其原因和后果》(1881)
(*American Nervousness: Its Causes and Consequences*)中得以体现。洛克威尔后来改
进了他的电击治疗法,甚至还发明了专门用于电刑的设备。①

　　罗斯福所提倡的男子汉气概、兄弟情谊和英雄主义在 1898 年美西战争中罗斯
福所招募的"第一志愿骑兵团"的一系列胜利中得到了最好的体现,②他在执政期间
也始终体现了这些特质。而造成这一点的部分原因很可能就是他幼时体弱多病而
且被诊断为患有神经衰弱。正如道尔顿在《西奥多·罗斯福,艰苦卓绝的人生》
(*Theodore Roosevelt, A Strenuous Life*, 2003)中所描述的那样:"他把这些骑兵视作
罗斯福圆桌上的骑士,而这些骑兵就像亚瑟王的忠诚团队,他们在战斗中同死共
生……"③罗斯福在预见到对"野蛮"文明有必要进行教化时,显然使用了 20 世纪早
期相关的男子气概的观念。④1899 年 4 月 10 日,他在芝加哥的汉密尔顿俱乐部作了
一个题为"艰苦卓绝的人生"的演讲,其中明确表达了他对男子气概和帝国主义这两
者之间关系的看法:

　　　　胆怯的人、懒惰的人、不信任祖国的人、因过度文雅而丧失了斗争精
　　神和英雄气概的人、无知的人,心灵迟钝和无法感知"帝国开创者"之内心
　　冲动的人——所有这些人自然不敢面对国家所承受的新职责,害怕看到我
　　们建立一支强大的海军和陆军,害怕看到我们分担国际事务,使那些幅员
　　辽阔、风景美丽的热带岛屿从混乱走向有序。我们英勇的战士和水兵们从
　　这些岛屿上赶走了西班牙舰队。⑤

　　尽管 19 世纪末在美国有关帝国主义与反帝国主义的争论此起彼伏,但在 1898
年的美西战争中,美方兵不血刃取得了胜利,这使海外扩张观点在美国国内深得人

---

① Dalton, *Theodore Roosevelt*, 37.
② *Ibid.*
③ *Ibid.*
④ Takaki, *Iron Cages*, 278, 279.
⑤ *Ibid.*, 278.

心。不太受欢迎的反帝国主义派别则认为，殖民地无法变成州，所以会危及合众国的理想。况且，美国南部的反帝国主义者担心来自非白种人群的竞争。[①]虽然美国人对于帝国主义的看法不一致，但当时人们普遍认为应该加强海外扩张的力度，因为一方面这有利于促进美国的社会福利，另一方面也可以利用殖民地丰富的资源，来获取丰厚的利润。[②]

美国经过艰苦的斗争才摆脱了英国这个富有侵略性国家的统治。独立战争刚过去不久，美国便突然出现这种新的和自相矛盾的帝国主义倾向，其部分原因是为本国生产过剩寻找新市场，因为生产过剩经常会导致反复且严重的经济衰退现象。[③]19 世纪 70 年代和 80 年代的经济衰退后来演变为 19 世纪 90 年代的经济危机和 1893 年的大恐慌，直到 1898 年，美国才走出经济危机的困境。[④]在这次经济衰退期间，有 500 家银行和 15 000 家企业倒闭，导致四百万人失业。[⑤]无论是保守派还是改革派都相信，他们必须采取强硬的行动来避免社会的反常和混乱。威廉·阿普曼·威廉斯在《美国外交的悲剧》(*The Tragedy of American Diplomacy*，1959)一书中解释说："扩张主义的外交政策可以减轻压力和预防危机，这种认识成了针对一系列普遍危机所作出的反应中内在和至关重要的部分。"[⑥]

引发中日甲午战争(1894—1895)的几个事件使美国人警觉到亚洲各势力之间不稳定的关系，以及这次战争可能对其潜在的亚洲市场造成的影响。[⑦]"天定命运论"的信条是一种政治上的意识形态，它将宗教美德和社会力量结合在一起，为新的美帝国主义者及其十字军东征精神的发展提供了理论基础。公理会传教士乔塞亚·斯特朗总结了这种狂热的，具有宗教色彩的帝国主义论调。在他看来，"美国是由

---

① Michael Lind, *The American Way of Strategy* (New York: Oxford University Press, 2006), 87.

② Emily S. Rosenberg, *Financial Missionaries to the World: The Politics and Culture of Dollar Diplomacy 1900–1930* (Durham, N.C., and London: Duke University Press, 2003), 19–20.

③ Hunt, *Ascendancy*, 51.

④ William Appleman Williams, *The Tragedy of American Diplomacy* (New York: W.W. Norton & Co., 1959), 29.

⑤ *Ibid.*

⑥ *Ibid.*

⑦ *Ibid.*, 38–40.

上帝亲自挑选出来,以带领盎格鲁–撒克逊人改造世界。"[1]在1896年秋季,有一批中国人访问美国,希望与这个对中国没有领土野心的大国建立联盟。中国代表团讨论了转让铁路使用权的可能性,这更引起了美国的关注。[2]

为了取得在中国的市场,总统麦金利和国务卿海约翰在1900年12月颁发了"门户开放"俩照会中的第一个照会,这使得美国在中国享有和其他列强同等的权利。麦金利担心,由于先前欧洲国家瓜分中国领土,中国这个潜在的巨大市场可能会排斥美国。[3]因此,为了制定"门户开放"政策,海约翰曾经向美驻华全权公使柔克义这位罗斯福身边最重要的中国专家寻求帮助,但仅仅在一年之后,就爆发了庚子事变。[4]美国历史学家威廉斯声称:"帝国主义理论和实践是由西奥多·罗斯福总统及其继任者们所开创的,其具体体现在门户开放政策,这是20世纪美国外交政策的主要特征。"[5]门户开放的观念看上去似乎对中国是仁慈和理想化的,甚至还表现出保护主义的态度,但实际上,这项策略意图强迫中国为包括美国在内的所有大国"平等"地敞开大门。[6]在20世纪初,美国就以"仁慈而进步的警察"这一公认的新形象出现在世界舞台上。[7]

海军的重要性

长久以来,到欧洲和更具异国情调的国家旅游一直是美国上层社会的主流活动,这种长途旅行是许多富裕的年轻人所受教育的一部分。新轮船的发明以其舒适、便宜、快速和方便的特点使越来越多的中产阶级成员也能够加入到这种旅游活

---

[1]　William Appleman Williams, *The Tragedy of American Diplomacy* (New York: W.W. Norton & Co., 1959), 60.

[2]　Williams, *Tragedy*, 40.

[3]　Hunt, *Ascendancy*, 47.

[4]　Shaller, *The United States and China*, 30–33.

[5]　Williams, *Tragedy*, 59.

[6]　Barbara W. Tuchman, *Sand against the Winds: Sitwell and the American Experience in China, 1911–1945* (London: Macdonald Future Publishers, 1981), 34.

[7]　Rosenberg, *Financial Missionaries to the World*, 19–20.

CH0704　法国"萨拉济号"远洋客轮的壮丽景观

动中来。① 在 1870 年,有 3 万 5 千名美国游客横渡大西洋,而在 1885 年已经有 10 万美国人出国旅游。② 20 世纪初,轮船可以在一星期内横渡大西洋,其速度比 19 世纪中叶时快了一倍。而单程的船票价格却从 19 世纪中叶的 200 美元降至 19 世纪末期的 100 美元,且船上的娱乐设施和餐饮服务堪与豪华饭店媲美。③ 克里斯多弗·恩迪在他的一篇文章,"旅游和世界大国(Travel and World Power)"中详细描述了人们出国旅行的动机:

> 出国旅行作为一种耗时耗钱的活动,是人们进入社会精英阶层的一种仪式,其具有的仪式性质使它成为通往更高地位的途径的功能得到强化。所谓的旅行艺术主要在于掌握有关外国风俗和旅游礼节方面的繁复细节。④

伍兹和弗罗斯特的许多照片,如"法国'萨拉济号'远洋客轮的壮丽景观"(CH0704),显示出菲律宾和中国精致而富有异国情调的小船与西方技术先进的战舰和巨轮之间的强烈对比。为了寻求帝国主义扩张势力,罗斯福总统在执政期间大

---

① Hunt, *Ascendancy*, 49.

② Christopher Endy, Travel and World Power, Americans in Europe, 1890–1917, *Diplomatic History* (Malden, Mass. and Oxford: Blackwell Publishers), SHAFR, Vol. 22, No. 4, Fall, 1998, 567.

③ *Ibid.*

④ *Ibid.*, 569.

力建造巨轮、组建海军。①19 世纪末以前,蒸汽技术所取得的巨大进步使得轮船在中途不增添煤炭的情况下仍能长途航行。②这些进步加剧了西方各国的帝国主义扩张——1905 年的远东之旅是一个特例,而美国扩张主义则是一个普遍事实。

发展美国海军的倡议者们强烈要求在加勒比海和太平洋建立一批海军基地,以增强美国的力量,万一发生冲突时,还能与德国、日本等强国相抗衡。③这种重视海军发展的外交政策变更深受 1890 年出版的《海军对于历史的影响》(*The Influence of Sea Power upon History*)一书的影响,其作者艾尔弗雷德·塞耶·马汉是位职业海军军官和历史学家,而且极有可能是 20 世纪影响美国外交政策的最重要人物之一。马汉在这本书中批评美国弱小的海军,并警告说海军力量将决定国家的未来。④

直到 19 世纪 90 年代,美国人才最终认可自己的国家是一个海上国家。在此之前,他们普遍都认为美国是很安全的。当时的美国海军还只有帆船,主要用于访问一些友好国家的港口。在当时,有 11 个国家的海军比美国更强大。⑤随着 19 世纪 80 年代轮船的发展和普遍使用,加上技术上的重大发明和海军工程技术的进步,以及全球力量平衡上所发生的变化,马汉提出必须对美国海军进行改造。因为轮船无条件地需要加煤站,德国和英国努力在世界各地获取殖民地,所以帝国主义国家之间的竞争给本来就不稳定的世界秩序注入了新的不安定因素。⑥

1890 年到 1914 年间,美国的海军实力在世界上的排名从第 12 名上升到第 3 名。在此期间,基于马汉和"马汉派"——如西奥多·罗斯福、罗伯特·M.立福莱特和平民党人士杰里·辛普森等人——提出的观点,美国海军进行了重组,将自身改造成为具有攻击性而非防御性的力量,不是依靠巡洋舰,而是把重点放在战舰上。⑦乔

---

① Stephen Kinzer, *Overthrow: America's Century of Regime Change from Hawaii to Iraq* (New York: Henry Holt and Company, 2006), 78.

② John D. Alden (Commander, U.S. Navy). *The American Steel Navy: A Photographic History of the U.S. Navy from the Introduction of the Steel Hull in 1833 to the Cruise of the Great White Fleet, 1907 to 1909* (New York: American Heritage Press, 1971), 93–127.

③ Lind, *The American Way of Strategy*, 86.

④ Takaki, *Iron Cages*, 265–270.

⑤ George W. Baer, *The U.S. Navy, 1890–1990: One Hundred Years of Sea Power* (Stanford, Calif.: Stanford University Press, 1944), 10.

⑥ *Ibid.*, 10, 11.

⑦ *Ibid.*, 11; Williams, *Tragedy*, 35.

治·W.贝尔在《海军百年》(*One Hundred Years of Sea Power*, 1994)一书中简要回顾了形成这种观点的基本原因：

> 美国与德、英两国因萨摩亚群岛而发生了争议,在那里有一个美国的加煤站,这件事显示出美国即使在遥远的太平洋地区也会与欧洲政策发生纠葛。世界上的每一座岛屿、每一条海岸线似乎都唾手可得。在帝国主义的狂潮中,闭关锁国已不再可能,固若金汤也会成为一句空话。美国及其领土权利都可能受到来自海上的威胁。所以海军对自己的策略、力量结构、行动原则和其服务于国家的性质都做了重新的思考。①

为了让美国民众认识到建造一支强大海军的必要性,马汉不得不向人们论证战争已经迫在眉睫。为此目的,他研究并且巧妙地阐述军事史上的各种战例。②他指出,如果俄国人能够把波罗的海舰队开到远东地区,只要他们在加勒比海建有加煤站,那么俄国或者任何其他大国都有可能袭击美国西海岸。因此,根据马汉的观点,保护加勒比海(在巴拿马运河建成以后)对于美国国家安全的重要性不亚于保护英吉利海峡对于英国的重要性。③

马汉认为,美国过去把主要的精力都放在了开发西部和边界地区,他呼吁现在美国再也不能忽视海洋,应该将视野超越有限的和人口稠密的大陆边界,向外瞭望。马汉还提议说,一定规模的海军足以让美国"控制"诸如菲律宾、中国这些亚洲国家的领土,因为这些国家明显缺乏抵抗能力,而且其内部局势也日趋衰退。④

1905年,日本在对马海峡打败俄国战舰这一事实让马汉及其支持者们更加确信扩建海军舰队的必要性。⑤对满洲里的控制权问题是导致日俄战争的主要原因。随着海军建设的发展,战舰的制造工艺提高,此时的战舰比以前体积更大、速度更

---

① Baer, *One Hundred Years of Sea Power*, 10, 11.
② *Ibid.*, 12.
③ *Ibid.*, 25.
④ Takaki, *Iron Cages*, 266–268.
⑤ Baer, *One Hundred Years of Sea Power*, 24, 25.

快而且配有更多的武器装备。① 尤其是到 1907 年罗斯福组建大西洋舰队时，美国需要更多的加煤站。马汉战略的主要原则可以概括为"一切为了摧毁"，或将最精确、口径最大的大炮放在最合适的地方。② 这种原则和新建的海军基地要求美国持续地建造更多的战舰和辅助性船只，包括装甲巡洋舰、驳船、侦察巡航键、驱逐舰、运煤船和其他支援和补给船。

为了能够跻身世界海军实力排行榜上的第二名，而且主要是为了抵御可能会侵犯西半球的德国，美国海军总部力倡建造 48 艘装有火炮的战舰。③ 对美国介入亚洲事务一事影响最大的美国人无疑就是艾尔弗雷德·塞耶·马汉。④ 他的书在 8 年间被重印了 15 次，在全世界畅销。马汉去世时，美国历史协会称赞他为美国政治史上最有影响力的人。⑤

旧金山和亚洲之行

20 世纪初，美国国会从春末到秋初有长达 3 个月的休会期。⑥ 对于那些在此期间无事可干的议员们来说，随同塔夫脱到外国进行友好访问的前景无疑是非常诱人的。按照塔夫脱的说法，由于菲律宾政府很穷，他们只能为议员们提供"船票钱"，而剩下的花销，包括路上火车卧铺和食宿费用则要他们自己支付。美国政府代表团中的正式成员大约有 50 人，非官方人员有 30 多人，他们都要支付自己的旅行开销。⑦ 根据弗罗斯特的说法，他从菲律宾南部巡游开始，即从 8 月 13 日到 9 月 12 日，只花费了 30 美元。他说："我觉得那是我经历过的最便宜的一次旅行。"（00325）

塔夫脱与代表团中的 6 名主要成员是从巴尔的摩和俄亥俄车站出发的，他们在火车上乘坐的是一个名为"殖民地"的私人包厢。朗沃斯众议员在旧金山与他们

---

① Baer, *One Hundred Years of Sea Power*, 19.

② *Ibid.*, 24.

③ Baer, *One Hundred Years of Sea Power*, 24–26.

④ Takaki, *Iron Cages*, 266.

⑤ *Ibid.*

⑥ Felsenthal, *Life and Times of Alice Roosevelt Longworth*, 78–79.

⑦ Interview with Taft by Associated Press, September, 1905, San Francisco, William Howard Taft Papers, Manuscript Division, Library of Congress, Reel 52, Series 3, 1.

CH1504 停泊在芝罘附近的"洛根号"运输船甲板上,海军少将特雷恩会晤科尔宾将军

PH1204 美国"俄亥俄号"军舰在马尼拉

会合。① 在代表团出发后不久,国务卿海约翰去世,艾丽丝·罗斯福因此曾担心她父亲会取消这次旅行计划。② 为了纪念政府代表团到达旧金山,在 7 月 4 日美国独立日那天,从华盛顿特区出发的罗斯福小姐特地在火车站台上燃放礼花,并且用左轮手枪瞄准电线杆,进行射击。③ 她在充满魅力的波西米亚俱乐部出席了一个午宴会,该俱乐部位于几棵巨大的红杉树下。④ 罗斯福小姐跟朗沃斯学习如何打牌,这样消磨掉了好几个晚上的时光。还有传闻说她有一天晚上骗过了监护女伴,从皇宫饭店溜出来去逛了唐人街。⑤ 罗斯福小姐自己是这样说的:"有一天晚上,我逃脱女伴后,跑到了唐人街,不过只看了它的边缘。在那个时候,女孩子要进行这种探险活动只能是偷偷摸摸的。"⑥

7 月 7 日,陆军部长塔夫脱和代表团一部分成员乘美国"斯洛克姆号"拖船视察了旧金山湾。当天下午,他面对"大批听众"发表了一篇演说,表达他对排华法案的看法(下文将会作进一步讨论)。为了不至于"触犯"中华帝国的利益,塔夫脱提出了一项他确信对美国绝无害处的政策,他说:"拒绝中国苦力入境,但让中国商人和学生进入美国。"⑦ 由于天气炎热,爱丽丝·罗斯福不得不中途离开塔夫脱演讲所在的加利福尼亚大学露天希腊剧场,不过她在饭店休息之后就恢复过来了。当晚,他俩都参加了埃莉诺·马丁为塔夫脱部长和代表团一行而设的欢迎宴会。⑧

在不到一个月之前,也就是 6 月 15 日,在俄亥俄州牛津市的迈阿密大学第 81 届毕业典礼上,塔夫脱部长就排华法案一事劝诫许多美国听众要公平对待中国人。他预感到,如果美国对待中国移民的态度不作出改变的话,中国国内可能会发生一场抵制运动:

---

① James Brough, *Princess Alice: A Biography of Alice Roosevelt Longworth* (Boston and Toronto: Little, Brown and Company, 1975), 170.

② Cordery, *Alice*, 79.

③ Felsenthal, *Life and Times of Alice Roosevelt Longworth*, 80.

④ *Ibid.*,115.

⑤ Brough, *Princess Alice*, 171.

⑥ Alice Roosevelt Longworth, *Crowded Hours* (New York and London: Charles Scribner's Sons, 1933), 72, 73.

⑦ *Washington Post*, "Taft on Exclusion," July 9, 1905, 1. 应该指出的是,塔夫脱和代表团其他成员们都受益于在"满洲里号"客轮上工作的中国劳工。

⑧ *Ibid.*

难道仅仅为了排除或防止大约 100 个中国苦力非法偷渡到这个国家，我们就要让同样数量的高素质中国商人和学生接受如此严苛和具有羞辱性质，并给人身造成不适的检查，从而使他们完全不敢来美国吗？……世界上最大的商业利益之一就在于跟四亿中国人做贸易。难道仅仅因为害怕得不到加州或其他沿海各州某些不理智但又异常受欢迎的领导人支持，我们就应该丢弃中国对我们天生的友好态度所带来的优势，而选择继续执行一项不公平的苛刻法案，以至于让中国人想要抵制美国货，并把美国商人赶出中国吗？这个问题的答案不证自明：国会议员和政府官员的职责难道就不是不理会社会上对中国有很深偏见的那部分人提出的不合理要求，并坚持公正礼貌地对待这个在国际贸易中正在给我们带来或可能会带来巨大利润的民族吗？[①]

在旧金山（九个月后，这座城市在 1906 年的大地震和大火中遭到严重破坏）做了四天的逗留之后，塔夫脱一行在 7 月 8 日乘坐"满洲里号"远洋轮横渡太平洋，五天后在 1898 年已被美国兼并的夏威夷短暂停留，接着又继续航行，十多天后到达日本横滨。[②] 美国参议员弗朗西斯·G. 纽兰兹是 1905 年代表团中的一员，他的夫人是爱丽丝·罗斯福的监护女伴之一，他在众议院曾为夏威夷合并提出联合决议，该决议最终在第 55 次国会上通过，因此国会第 259 号决议被称之为"纽兰兹决议"。在美国战舰"缅因号"爆炸事件和美西战争爆发后，美国感到有必要在太平洋中部区域建立加油站和和海军基地，而这又推动了美国兼并夏威夷的进程。[③]

在摄影领域取得开创性成果和美国外交政策在远东地区处于危急关头的背景下，塔夫脱代表团一行继续前行，而且船上随行的摄影师比以前任何一次出访都要多。[④] 1905 年亚洲之行的一个显著特征是高新技术和权势的结合——便携式

---

① Commencement speech at Miami University, Oxford, Ohio, June 15, 1905, William Howard Taft Papers, Library of Congress, Manuscript Division, Reel 51, Series 3.

② Longworth, *Crowded Hours*, 75–80; Cordery, *Alice*, 81.

③ <http://www.archives.gov/education/lessons/hawaii–petition.>

④ Brough, *Princess Alice*, 170："爱丽丝乘坐的专列在呛人的浓烟和摄影师的闪光灯闪耀下缓缓地驶出了华盛顿特区，向旧金山奔腾而去……乘客们或独处一隅，或三五成群，女士们用宽边帽遮挡从窗口射入的阳光，男士们则戴白色鹿皮帽或花呢帽。他们从早到晚都在列车上摆姿势拍照留念。"

照相机、爱丽丝·罗斯福特有的全新生活方式、全国性媒体的诞生、轮船——所有这些产生了美国首位媒体宠儿和美国名流的新概念。斯泰茜·A.科德里在"美国的第一女儿(The First Daughter of the Land)"一文中解释说："西奥多·罗斯福夺得了总统宝座，但他女儿没费任何力气就赢得了名誉。更特别的是，她在出名上很成功。她'因出名而著称'"①。塔夫脱的妻子内莉为了给孩子们提供一个更有利的环境，把他们都送到英国度假去了，因此没有加入 1905 年的出访代表团。②

"满洲里号"远洋轮上代表团成员的生活用现在的眼光来看有些离奇：模拟法庭、床单枕套晚会，他们每天都摆姿势让官方摄影师布尔·麦金托什拍照，晚间则为白天航程海里数而打赌，以及举行化装舞会。③塔夫脱的政治顾问詹姆斯·A.勒罗伊在日记中证实塔夫脱非常热爱聚会。在床单枕套晚会中，参与者据说要披着床单，戴上粗棉布做的面具，然后绕着甲板跳舞。④根据弗朗西斯·W.弗罗斯特的观点，"船上的任何一个人，如果刚开始时认为我们国家的立法者在这种场合也不可能放松自己的话，那么他很快就会改变自己的想法，因为哪里也找不到比这儿更令人愉快和不落俗套的家庭式聚会。"(00272)他们还听讲座，玩桥牌，绕甲板散步长达几英里。有一份美国日报对来自家乡的公主爱丽丝宠爱有加，好几篇文章都详细报道了爱丽丝·罗斯福衣衫完整地跳入用帆布围成的水池之中，而众议员伯克·科克兰紧随其后。尽管尼古拉斯·朗沃斯根本没有跳入水中，但一些记者夸大他与爱丽丝之间的罗曼史，错误地写成是他跳了进去。⑤亨利·普林戈尔在《威廉·霍华德·苔夫脱的人生和时代》(*The Life and Times of William Howard Taft*)一书中认为："这艘于七月西行的'满洲里号'远洋轮就像是国会的方舟，而塔夫脱就是诺亚。"⑥

爱丽丝·李·罗斯福出生于 1884 年 2 月 12 日，令人震惊的是，她的母亲和祖母，

① Stacey A. Rozik, "The First Daughter of the Land: Alice Roosevelt as Presidential Celebrity," 1902–1906, *Presidential Studies Quarterly*, Winter 1989, Vol.19, No. 1, 51.

② Cordery, *Alice*, 116.

③ Letter, *William H. Taft to Nellie Taft*, Tokyo, July 25, 1905, *William Howard Taft Papers*, Library of Congress Manuscript Division, Reel 25, Series 2, 1.

④ Lewis E. Gleeck, Jr., *Nine Years to Make a Difference: The Tragically Short Career of James A. LeRoy in the Philippines* (Manila: Loyal Printing, 1996), 54.

⑤ Longworth, *Crowded Hours*, 78.

⑥ Pringle, *Life and Times of William Howard Taft*, 293.

PH0202 加利福尼亚州旧金山市王宫大酒店，1905年6月7日

也就是特迪（西奥多的昵称）·罗斯福的妻子和母亲，在她出生两天后就因不同的疾病而同时去世，这是一场完全让人措手不及的悲剧。从她出生开始，西奥多·罗斯福先是受到这场不幸所带来的沉重打击，后来忙于和一个年轻女孩谈恋爱结婚，他从来没有向爱丽丝·罗斯福谈起过她母亲。可能是由于她具备了独特的自怜兼叛逆的性格，爱丽丝好像很喜欢激怒她的父亲和继母，而且喜欢用古怪的行为来取悦媒体。① 正如她在自传《拥挤的时光》(1933)中表述的那样："我真的很喜欢这些与我同行的国会朋友，但是我快乐地觉得自己有义务时不时地去惹他们一下。"②

当时美国报纸煞费苦心地记录罗斯福小姐的一举一动，他们关注的焦点之一就是众议员尼古拉斯·朗沃斯是否会向罗斯福小姐求婚，以及会在什么时候求婚。朗沃斯在部长家里用餐时，就坐在爱丽丝·罗斯福旁边。③

根据斯泰茜·科德里的说法，早在这次旅行开始以前朗沃斯就已经向她求婚了。科德里在《爱丽丝：爱丽丝·罗斯福·朗沃斯，从白宫公主到华盛顿政治掮客》(*Alice: Alice Roosevelt Longworth, from White House Princess to Washington Power Broker*, 2007)一书中指出："在经过这个六月的夜晚之后，爱丽丝觉得自己可以考虑

---

① Stacey A. Rozik, "The First Daughter of the Land," 53, 54.
② Longworth, *Crowded Hours*, 75.
③ *Cincinnati Times-Star*, "Just One Ship Sighted," August 19, 1905, 2.

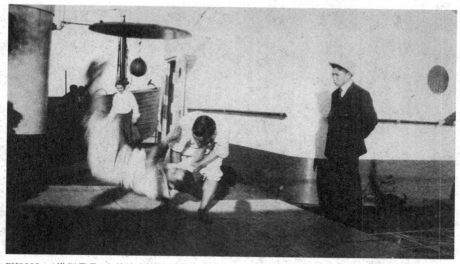

PH0302 "满洲里号"上的旅客在从事柔道运动

结婚了——而他(尼克)必定会给予肯定的回应,这一点可以从他在6月20日写给爱丽丝的信中看得出来。"①

塔夫脱写给妻子内莉的大量长信中,有一封读起来像是乔叟《坎特伯雷故事集》中的序曲,他在信中将船上的代表团每一位成员都描述了一遍。在这封信中,塔夫脱对尼古拉斯和爱丽丝之间的交往作出了不同的评价,他说爱丽丝·罗斯福"每当说到是否会与其结婚一事时她的口气都很不肯定。真要是这样的话,她说她无论如何都要去欧洲待上一年,以看看尼克的吸引力对她能否持久。她承自己还没写信告诉家人这件事,也不会在抵家之前透露只言片语或是做任何最后而彻底的表态。"②

关于同一个话题,他之前在7月写给内莉的信中陈述了不同的观点。塔夫脱当时猜测:"毫无疑问,尼克与艾丽丝已经订婚了,但是我还不知道是不是以肯塔基州的形式订的婚。他们俩偶尔会有争吵。爱丽丝在争吵后喜欢和几位大学里的男孩子

① Cordery, *Alice*, 113.
② Letter, William H. Taft to Nellie Taft, S.S. Manchuria, September 24, 1905, William Howard Taft Papers, Library of Congress, Manuscript Division, Series 2, Reel 25,16,17.

PH0805 "满洲里号"上的一群旅客:罗斯福小姐、爱德华兹上校、尼古拉斯·朗沃思、麦克米伦小姐、R. C. 安德森,哈里·福勒·伍兹

待在一块,然后他们俩又会和解。"① 在 1905 年 8 月 1 日写给内莉的信中,塔夫脱对他妻子说爱丽丝已经承认他俩订婚了,但是他们打算用一年时间来考验他们的关系。②

爱丽丝·罗斯福在回忆录里用梦幻般的意象描述了代表团到达檀香山的情景:

> 我们到达檀香山的那天早晨,我被前来欢迎我们远洋轮的土著人所唱的忧郁歌声和所演奏的乐器声唤醒……我以前从来没听到过这样的声音,感觉好像食落拓枣的人亲自来欢迎我们。我睁开眼睛,同时把头伸向舷窗外,看见生气勃勃的整个瓦胡岛躺在晨曦里,雾蒙蒙的青色高山沿山谷向下伸展,一直到白色的海滩边。③

---

① Letter, William H. Taft to Nellie Taft, Tokyo, July 25, 1905, Library of Congress, Manuscript Division, William Howard Taft Papers, Reel 25, Series 2.
② Letter, William H. Taft to Nellie Taft, August 1, 1905, Library of Congress, Manuscript Division, William Howard Taft Papers, Reel 25, Series 2.
③ Longworth, *Crowded Hours*, 76.

PH1001　檀香山港口（1）

PH1005　檀香山港口（2）

当地的美国政府用17响礼炮来欢迎塔夫脱部长及其随行人员,还有一支管弦乐队热情演奏了许多首歌名中含有"爱丽丝"的歌曲。当代表团中的一部分人参观珍珠港的时候,另一部分人视察了一个甘蔗种植园。[①]他们在夏威夷逗留的那一天时间里,爱丽丝·罗斯福继续用搞怪的方式大出风头,比如她学习真正的草裙舞"摆臀"表演,而不是夏威夷人为塔夫脱一行准备的比较克制的草裙舞。[②]在怀基基海滩,她在激浪中游泳,还穿着马海毛泳衣和黑色丝袜冲浪,其豪放风格很可能会使她引来丑闻,以至于塔夫脱不得不恳请摄影师们不要拍下这样的场景。[③]罗斯福小姐、朗沃斯先生及其监护女伴们在怡人的夏威夷海待了太长的时间,以至于错过了回"满洲里号"远洋轮的车,而"满洲里号"此时已趁着退去的潮水离开。爱丽丝·罗斯福脖子上戴着花环,同尼克·朗沃斯和其他人一起奋力追赶,在轮船还没有驶出太远时上了船。[④]

正如塔夫脱在信中所告诉内莉的那样:"离开檀香山之后,我们开始过起比较有规律的生活。我每天步行四英里,而且在饮食上做了调整,吃饭时很少喝酒。如果我说自己的身体状况比以前要好一些,这并不过分。"在同一封信里面,塔夫脱把这次出访看成是他曾经历过的最愉快的一次旅行。[⑤]

到达日本

当"满洲里号"远洋轮在日本横滨的码头靠岸时,那儿的每一幢建筑物都已为迎接塔夫脱一行而装饰一新。从1868年的明治维新至此,时间已经跨越了两代人,在此期间日本人开始了一场向西方学习的运动, 旨在避免如其他亚洲国家一样经历被统治命运。[⑥]塔夫脱一行到达时,美国驻日公使劳埃德·卡朋特·格里斯科姆迎

---

① Gleeck, *Nine Years to Make a Difference*, 53.

② Brough, *Princess Alice*, 171, 173.

③ *Ibid.*, 173.

④ *Ibid.*, 175.

⑤ Letter, William H. Taft to Nellie Taft, Tokyo, July 25, 1905, Library of Congress, Manuscript Division, William Howard Taft Papers, Reel 25, Series 2.

⑥ Kennedy, *Tragedy*, 206, 207.

接了这个政府代表团，日本民众也如同接待皇室成员那样地欢迎他们。代表团坐车穿过那些挂满美国国旗和欢迎横幅的街道，街道两边则挤满了欢呼的群众。爱丽丝·罗斯福是这样描述的，"当美国陆军部长走上阳台挥手告别时，他们一起欢呼，当美国总统的女儿出现时，他们也一起欢呼，接着他们再一次为我们所有人欢呼。"①

塔夫脱部长及其参谋部成员住在芝宫，并且同天皇、罗斯福小姐、尼古拉斯·朗沃斯和其他一小部分人一起用餐。爱丽丝·罗斯福跟格里斯科姆公使及其夫人住在美国公使馆，而且用餐时被安排在天皇右边的贵宾席。在日访问期间，代表团还参观了御苑，此前还没有任何外国人享受过如此殊荣，就连日本民众也很少去过那儿。②格里斯科姆在写给他兄弟的一封信中用以下方式描写了这次独特的经历：

JP3301　迎接塔夫脱一行的日本儿童

> 吃完午宴，天皇打开御苑大门供我们参观。这是此次访问最引人注意的内容。这个地方是圣地中的圣地，是日本唯一一块从来没有向外国人开放、即使是格兰特将军或作为天皇客人来访的欧洲王子和国家元首们也没有进去过的地方。这是向一批外国人所能表示的最高敬意。御苑当然是美丽的，是已有350年历史的日本园林景观最完美的体现。①

日本人不仅把爱丽丝视为高贵的公主，而且无疑希望在即将到来的朴次茅斯

① Cordery, *Alice*, 119.

② Letter, Lloyd Carpenter Griscom to Brother Rodman E. Griscom, American Legation, Tokyo, Japan, August 9, 1905, Lloyd Carpenter Griscom Papers, Library of Congress, Manuscript Division, 4.

③ *Ibid.*

和约谈判中获得更多的利益。罗斯福小姐这样记载道:"没有人能像我们这样得到日本人如此多的敬意和友谊,不仅仅是塔夫脱先生和我,还有整个美国代表团。"①

　　为了准备 1905 年的《朴次茅斯和约》,塔夫脱在日本举行了谈判,因为西奥多·罗斯福总统计划以此来结束日俄战争。罗斯福希望让两位日本特使——高平小五郎和古村男爵,与俄国特使在美国新罕布什尔州的朴次茅斯会谈。当时日俄两国在中国的东北和满洲里交战已有两年之久,中国因庚子事变而国力空虚,无法保护这一地区。罗斯福总统担心在欧洲有可能爆发一场大战,部分原因就在于远东局势依然动荡,所以他强烈地希望结束这场日俄战争。② 1905 年 8 月,罗斯福总统在朴次茅斯成功调停了日俄战争。他因此获得了诺贝尔和平奖。③

　　在 7 月 27 日这个重要的日子里,塔夫脱与日本内阁总理大臣桂太郎进行了正式会晤,并与日本达成一项秘密协议。在该协议中,美国政府承认了日本对于朝鲜具有自由处置权;而日本政府则承诺不涉足菲律宾。罗斯福总统还把位于满洲里东南部的整个辽东半岛也都包括进合约中,而不仅仅只是旅顺口。④ 日本首相桂太郎则承诺不打菲律宾的主意。罗斯福总统之所以选择在这时候派人访问日本,就是想借此机会为《朴次茅斯和约》的顺利签署做铺垫。有关罗斯福总统对塔夫脱的具体指示,我们现在不得而知,但罗斯福总统确实一手策划了此次会晤。⑤ 当罗斯福读完塔夫脱部长与桂太郎谈话的备忘录后,他发电报给塔夫脱,说他完全同意塔夫脱在谈判时说的每一句话。⑥ 塔夫脱认为此协议反映了战争的合理结果,也是一个平衡各国在亚洲权力的解决方案。⑦ 罗斯福为这份协议的签订给出放行信号时,并没有征求国会、国务院和他自己内阁的同意。⑧

---

　　① Longworth, *Crowded Hours*, 86.

　　② Pringle, *Life and Times of William Howard Taft*, 297.

　　③ Michael Shaller, *The United States and China: Into the Twenty-First Century* (New York and Oxford: Oxford University Press, 2002), 34.

　　④ Pringle, *Life and Times of William Howard Taft*, 297.

　　⑤ Ralph Eldin Minger, *William Howard Taft and United States Foreign Policy: The Apprenticeship Years, 1900–1908* (Urbana and London and Chicago: University of Illinois Press, 1975), 143.

　　⑥ *Ibid.*, 148.

　　⑦ Pringle, *Life and Times of William Howard Taft*, 293.

　　⑧ Dalton, *Theodore Roosevelt*, 282.

JP5504　驻扎在福冈县北九州市门司港的日本舰队

JP2803　日本京都的五重塔

JP2804　日本京都的观景桥

塔夫脱一行从东京赶到京都后,观赏了专门为他们举行的樱花节,尽管当时并非樱花盛开的季节。在内莉·塔夫脱随后成为第一夫人时,曾经扮演了一个很有影响力的角色,她接受了日本政府赠送的樱花树,并把它们种在了华盛顿。[①] 正如弗朗西斯·W. 弗罗斯特所评论的那样,"对日本进行的这一星期访问自始至终都是一场盛大的节日,日本人民竭尽全力地表达自己的礼貌和热情,据说为塔夫脱部长和他的随行人员而举行的欢迎仪式要比给格兰特将军或当今任何一位英雄的欢迎仪式都要更加盛大。"(00272)

菲律宾

当美国代表团到达马尼拉时,他们受到总督卢克·赖特的迎接,并同他一起住在马拉坎南宫。塔夫脱担任菲律宾首任总督时就是跟家人住在这座宫殿里的。菲律宾人举行了一场盛大的阅兵式来欢迎到访人员,从观礼台前经过的有1万人。[②] 在马拉坎南宫由总督赖特主持的欢迎宴会上,据说塔夫脱跟多达3000人握了手。根据《纽约时报》的记载,当地西班牙居民说:"这次欢迎宴会胜过马尼拉历史上所有的欢迎宴会。"菲律宾妇女花费三个月时间为罗斯福小姐制作了一件礼服,以便让她在美国代表团离开马尼拉之前举行的舞会上穿戴。《纽约时报》(1905年8月13日)将这次告别舞会描述成"马尼拉历史上最精心准备的一次舞会"[③]。同一篇文章指出修改《库珀法案》的可能性,即在菲律宾实行自由贸易,而不是过去提出的在丁利关税基础上减免25%。[④]

塔夫脱一行在一周时间里参加了各种欢迎仪式和游览活动,随后他们又去霍洛镇拜访了苏禄人的苏丹,并观看了摩洛族人的表演,后者是一个穆斯林民族。欢庆活动还包括一次"野外运动会":军事演练、斗牛、土著舞蹈和由苏丹参加的军人

---

① Anthony, *Nellie Taft*, 245–246.
② Longworth, *Crowded Hours*, 86, 87.
③ *The New York Times*, Miss Roosevelt's Ball Closes Manila Visit: Taft Guests at Most Elaborate Affair in City's History, August 13, 1905, 4.
④ *Ibid.*

舞会。①来自不同地区的2万摩洛人齐聚在一起庆祝塔夫脱一行人的到来。②在陆军和海军俱乐部举行的舞会据称是伊洛历史上最壮观的。③据说塔夫脱部长跳起利戈顿舞时动作就像闪电般迅速。④艾丽丝·罗斯福在描写摩洛人的欢庆活动时,说那个场合颇似"滑稽歌剧⑤"。她和塔夫脱一行人见到了"……苏丹和其他摩洛酋长,长得瘦小结实、像野人一样的马来人,他们都穿着节日盛装"⑥。罗斯福小姐穿着鲜红的亚麻衣服,还配上了一把遮阳伞。她将摩洛人描述成是一个顺从的民族,而且回忆说自己收到了许多礼物,包括苏丹给她的 "一两颗珍珠"、"一套摩洛族服装"和

PH1302 "满洲里号"远洋轮停靠在马尼拉港口

① William Howard Taft Papers, Section 2; Longworth, Crowded Hours, 90–91.
② New York Herald, "22,000 Moros in Parade for Taft," August 21, 1905, 9.
③ New York Herald, "Tribes Gather to Greet Taft Party," August 24, 1905, 9.
④ Ross, An American Family, 171.
⑤ Longworth, Crowded Hours, 89.
⑥ Ibid., 90.

PH2606 塔夫脱一行在菲律宾游览

"一条珍珠项链"。[1] 这些在别人看来是令人畏惧和富有威胁性的摩洛人,在爱丽丝·罗斯福眼中却很宽容亲切。她讨厌那些"冗长"和乏味的宴会,与宴会本身相比较,她似乎对珠宝这些礼物更感兴趣。[2]《纽约时报》(1905年8月18日)有一篇文章错误地报道苏丹向她求婚,[3] 而且这一篇文章还记载众议员朗沃斯救下了一位因抽筋而被潮水卷走的新闻记者。朗沃斯冒着生命危险跳下大海,将《有线新闻》的编辑弗雷德里克·奥布莱恩拖回岸边,使其免于溺水。

然而1906年3月,仅仅在这些庆祝活动结束的7个月之后,便有了一场悲剧性的转折。霍洛岛上的穆斯林人对美国士兵发动了血腥的"云之战"(Battle of Clouds)。当时摩洛人所配备的正是伍兹之前拍摄到的刀剑等武器。他们认定美国人为"教化"他们所作出的努力,包括让摩洛族儿童上学、给小路刻上路标、展开人口普查和向他们征税等这些措施,会威胁到他们的宗教和社会结构。大卫·S.沃尔曼是一位住在马尼拉的

---

① Longworth, *Crowded Hours*, 90.
② Longworth, *Crowded Hours*, 89–92.
③ *The New York Times*, "Sultan of Sulu Offers to Wed Miss Roosevelt: Says His Filipino People Wish Her to Remain Among Them," August 22, 1905, 7.

菲律宾作家,他解释说:"然而当他们(美国人)安装起电报线,并且引入保健计划和西药时,摩洛人感到越来越恐惧,他们害怕自己的孩子会因为学习英语而逐渐变成基督徒。"①

"云之战"的主要战场是在一座休眠火山上,在这次战役中美国军方屠杀了 600 至 1000 个摩洛人,后者中的一部分男人最后被证实是由女人乔装改扮的。②美军配备有先进的武器,如"后膛装填螺栓式克莱格–乔根森来福枪",而且有强大炮火轰炸的支持,他们追击摩洛人,将其赶进了达霍山的火山口,至此宣告美方的胜利。在这场战役中,美军死亡人数只有 21 人。然而,当这场使摩洛人伤亡惨重的战役新闻传回美国国内时,美军所采取的残忍军事策略激起了民众的严厉批评。③鉴于这场战役造成的人员伤亡比此前发生在菲律宾的任何战争

PH3304 塔夫脱陆军部长在三宝颜与一位摩洛族首领握手

都要惨重,塔夫脱争辩说伍德将军在那里只是一个巧合。《纽约时报》的记者推测,这场战役肯定会引起那些 1905 年夏天去过菲律宾的国会议员们的关注,该报并援引了朗沃斯众议员对这场战役的一段评论:

事实上,我还很清晰地记得那座小岛。我们曾经都在那里。正是在那

① David S. Woolman, et al., Fighting Islam's Moro Warriors–P, *Military History Magazine*, April 2002, 1. Dec. 2006:http://www.freepublic.com/ˆhttp://freerepublic.com/focusnews654540/posts.

② *Ibid.*

③ *Ibid.*

PH3905　霍洛市的摩洛人表演他们使矛的功夫

座岛上,苏禄人的苏丹用本土的体育活动表演接待我们,其中还包括斗水牛表演。岛上的居民完全没有开化,是最明显的那种伊斯兰教徒和宗教狂热者。他们没有军事组织,而且他们发起战斗完全是出于宗教信仰。①

虽然塔夫脱觉得让菲律宾独立还为时过早,但他仍然承诺,为菲律宾人民谋求幸福将是他作为美国陆军部长的首要任务之一。②在担任菲律宾首届总督期间(1901–1904),塔夫脱带领菲律宾取得了重要进步。任职初期,他曾尝试组建全部由菲律宾人组成的国会。此外,他还兴办学校,扩建港口和高速公路,建立公共卫生系统,减免税收,以及遏制官员渎职。③然而,他并未能在菲律宾实行大规模和持久的社会和经济改革,美国占领后的头十年,残酷的镇压仍然使菲律宾人对美国统治充满抵触情绪。早在塔夫脱担任总督之前,菲律宾的武装游击队就已经跟美国军队血战一年之久,许多村庄被毁,无数平民罹难。塔夫脱担任总督期间,武装起义也一直

---

① *The New York Times*, War Department Gets News, March 10, 1906, 4.
② Pringle, *Life and Times of William Howard Taft*, 295.
③ Minger, *William Howard Taft and United States Foreign Policy*, 65.

没有停止过。^①塔夫脱的 1905 年菲律宾之行主要是向狐疑的美国人民展示美国在菲律宾统治的进步,以此显示麦肯金、罗斯福和塔夫脱等人所推行的殖民政策对美国是有利的。^②

20 世纪初人们对于种族问题的看法

美国人一般都能理解美国在亚洲从事的活动所能带来的经济利益。而且不少人还坚信"白种人优越论",认为被叫做"东方人"或有时被称为"蒙古人种"的亚洲人在智力和身体上都有缺陷。^③尽管他们坚信民主观念,美国统治阶层的精英们认定白种人具有绝对的优越性。^④在美国国内,中国移民大量的涌入,还有随之而来的《排华法案》,都在改变美国公众对亚洲文化的观念。在 1900—1910 这十年间,在美国的中国人口增加了一倍(这是美国有史以来最大的一次人口增长),加之当时在美国的亚洲移民很难融入美国社会,这些都引发了美国公民的排华情绪——尤其是在西海岸,大批中国人被轻蔑地称为"苦力",他们被招募来修建铁路,有时候并非出于自愿。^⑤

西奥多·罗斯福是白种人高贵论和优越论的最大鼓吹者之一,他在麦金利执政期间担任陆军副部长兼副总统,在麦金利被刺杀后,便成为了美国总统。罗斯福勾勒出美国 "对于生活在野蛮状态的国家负有责任,那就是要确保使他们从枷锁中解放出来,而且我们只能通过摧毁野蛮主义本身,才能解放他们"^⑥。他认为不发达国家需要得到美国的援助,这样才能使它们容纳更多的贸易和工业,并接受西方的繁荣观。^⑦

---

① Burton, *William Howard Taft*, 31.

② Herbert S. Duffy, *William Howard Taft: Life of a President* (New York: Minton, Balch & Co., 1930), 273; Max Boot, *The Savage Wars of Peace: Small Wars and the Rise of American Power* (New York: Basic Books, 2002), 69; Ninkovich, *The Wilsonian Rise of American Power* (New York: Basic Books, 2002), 69; Ninkovich, *The Wilsonian Century* (Chicago and London: The University of Chicago Press, 1999), 25.

③ Michael Hunt, *Ideology and U.S. Foreign Policy* (New Haven, Conn. and London: Yale University Press, 1987), 69.

④ Hunt, *Ascendency*, 5, 40.

⑤ Shaller, *The United States and China*, 18.

⑥ Williams, *Tragedy*, 63.

⑦ *Ibid.*, 64.

PH0505　为"满洲里号"远洋轮下等舱的乘客进行体检

在 19 世纪末和 20 世纪初，人们用生物进化和文化发展上的差距来解释不同种族和人群之间的不平等状态。[1] 通过人类学的研究，学术界建立了新的伪科学，来说明不发达国家社会发展的不平等状况。诸如头盖测量学和优生学等理论[2]发展起来，鼓励那些被认定为"最优秀和最聪明"的人群生育儿女，并且利用头骨形状和智商测定等方式来宣扬白种人优越论、抑制海外移民和例证种族主义观点。[3] 美国国家地理协会是由加德纳·格林·哈伯德于 1888 年所创办的，这个协会所拍摄的大部分图片都是介绍第三世界国家和非西方国家人物和文化的，因此更是正面建构了种族主义的陈腐

① Catherine A. Lutz and Jane L. Collins, *Reading National Geographic* (Chicago: University of Chicago Press, 1993), 18.

② 塔夫脱总统的一位兄弟霍勒斯·塔夫脱创办了一个颇具权威性的塔夫脱学校，长期以来被认为是美国东海岸最好的寄宿学校之一。在他晚年和第二次世界大战刚爆发的时候，霍勒斯·塔夫脱在一份计划书中提出了一个超社区的概念，并将该计划书赠送给了鼓吹"计划生育"的玛格丽特·桑格。在这个基于优生学的乌托邦社区里，霍勒斯·塔夫脱提出要提取诸如诗人霍姆斯、塔夫脱总统、国务卿鲁特、哈佛大学校长埃利奥特等人在内的"最优秀和最聪明的"白人精液，通过人工受孕的方法，将其植入一些精心挑选出来的妇女子宫之中。夫妻仍可以在一起生活，但父亲却并不一定是孩子们的血亲。计划生育被用于禁止有缺陷的基因组和，其总的目的是为了增加后代的智力。霍勒斯·塔夫脱想要在大城市之外挑选一个僻静之处来推行他的实验，并对如何构造他的乌托邦社区进行了更为详细的描述。这份计划书的原稿存放于塔夫脱学校的档案之中，但要等到 2016 年之后才能够对研究者开放。计划书的另一份打字稿存放于国会图书馆的桑格档案文件之中，其编号如下：Letter, Horace Taft to Margaret Sanger, May 27, 1941, Taft, "Plan", 15, and Sanger to Taft, May 27, 1941, Library of Congress, Manuscript Division 10:719–722.

③ Lutz and Collins, *Reading National Geographic*, 19.

观念。从 1893 年至 1905 年,诸如《文学精萃》、《莱斯利杂志》、《哈珀杂志》、《图画周刊》、《评论一览》、《大都市》和《麦克卢尔杂志》等一批发行量极大的杂志将政治融入了文化和社会专栏。① 到 1905 年,月刊已经成为美国大众一种持久的文化体验。②

与优生学运动中更为负面的社会达尔文主义相对比,国家地理协会描绘出了理性战胜原始主义和本能这样一幅正面的图景。照片被视为证据和现实,而非暗喻,而且还体现在同照片中所表现的那些原始人群相比较,西方世界已经有了极大的进步。当 1905 年《国家地理杂志》首次不加任何文字注释而用 11 张完整页面刊登照片的时候,该杂志的订阅人数从 3 400 急剧上升到了 11 000。③ 凯瑟琳·A. 路茨和简·L. 科林斯在其合著的《阅读国家地理杂志》(1993)(*Reading National Geographic*, 1993)一书中描写了该杂志是如何帮助美国构建"教化"观点的:

> 如果说《国家地理杂志》中所惯用的照片取景聚焦点以"记录"为特征,那是因为这些照片是对第三世界国家普遍认识的一种复制,后者使它们在呈现画面时显得中性,而且胶片捕捉到的"常识性"现实给人以一种舒适的感觉。这样,大众媒体的图片就"变成了反映美国人感受的镜子,而不是通向复杂、动态的外国社会现实的窗口"。(Guimond 1988:68)④

在中国人和其他亚洲人不受欢迎的年代,"东方人"在美国媒体眼中是一群堕落的、没有骨气的、危险的、昏昏欲睡的、愤怒的和诡计多端的人,而且对民主体制所带来的自由无动于衷。⑤ 美国人对亚洲各个种族的特点有不同的认定。⑥ 在罗斯

---

① Lutz and Collins, *Reading National Geographic*, 16.

② *Ibid.*, 17.

③ *Ibid.*

④ *Ibid.*, 30.

⑤ Hunt, *Ideology and U.S. Foreign Policy*, 69–77. 正如韩德所论述的那样,"中国人是最早出现在美国地平线上的东亚人。起初,美国人是通过第二手的评论来认识中国人的,欧洲的评论家们给大清帝国蒙上了一层具有启蒙主义成见的迷雾。从远处观察,中国似乎代表了一种古代的文明,其有教养的人民、精美的艺术成就,以及仁慈的独裁政府使欧洲人倍加赞赏。但是与这种在美国精英圈子里占上风的正面观点相平行的还有一种居高临下的批评观点,即认为中国人不接受自由贸易,涉嫌操纵外国人,实行异教的礼仪,还有杀婴和重婚等不道德行为"(第 69 页)。

⑥ *Ibid.*, 127.

JP3404　F. W. 弗洛斯特和导游冲田在日本京都

福总统看来,中国人是叛逆的、脆弱的和消极的,而菲律宾人则代表了"乌七八糟的野蛮与原始"①。

　　在罗斯福总统眼中,日本人才是亚洲最尊贵的民族。由于媒体的推介,绝大多数美国人都持这种观点。他们熟知日本人的军事才能,尤其是19世纪90年代日本轻松战胜中国和20世纪初打败俄国的战绩。事实上,日本人那种咄咄逼人的姿态让美国人尤为钦佩。这种钦佩部分来自日本对美国在亚洲的商业和殖民利益所构成的威胁。②尽管美国人对亚洲人的看法不一,但他们有时觉得有义务张开羽翼"保护"亚洲人,其中当然也暗含对亚洲人的惩戒和教育。③

　　美国历史学家亨利·普林戈尔总结道:"罗斯福和塔夫脱在1905到1908年间非

① Hunt, *Ideology and U.S. Foreign Policy*, 127.
② *Ibid.*, 126–128.
③ *Ibid.*, 58–79.

常偏爱日本。他们甚至得意地认为日本很有可能会统治中国。"[1] 在弗罗斯特的信件中,有时会提到一些当时普遍存在的种族主义看法,比如,他描写了中国人和印度锡克教警察之间的紧张关系,这些锡克教徒是英国人从印度带来充当保镖的。弗罗斯特告诫说:"他们随身携带结实的警棍,对那些嚣张的苦力毫不留情,其结果就是,若非万无一失,这些中国苦力都不敢欺骗白人。"(00312)不久以后,弗罗斯特提到了当时普遍认为中国人不可信的观点。"有人警告我们说中国人不可信赖,而两广总督虽然邀请美国代表团赴宴,但他本人却以生病为借口不出席宴会,此事是一个不祥的征兆。后来我们发现,两广总督确实是有重病在身。"(00315)

越来越多的美国政治家和决策者认为菲律宾是 "开采中国这块金矿的垫脚石",是通往"更广阔亚洲市场的停靠站"。[2] 尽管这些人一再强调占领菲律宾的大好前景,但是这种令人神往的论调仍有致命的缺陷。事实上,在 20 世纪头几十年内,美国在中国几乎没有赚到钱。[3] 19 世纪后半叶,中国的市场前景和魅力大幅下跌。事实上,19 世纪 90 年代,中国在美国出口额里仅占 2%。虽然有关中国实际经济状况的事实是众所周知的, 中国庞大的人口所代表的无限市场潜力还是令美国经济学家、商人和投资者兴奋不已。然而,这个无限市场的观念仍有其根本性的问题,主要因为中国在当时明显排斥工业化。使问题更为复杂的是,中国日趋衰微的中央政府无力建立一个统一的生活标准或营造一个能大量消化美国商品与资金的中产阶级。[4]

美国那些主张海外扩张的人曾预测:美国的占领能使菲

PH4001　菲律宾摩洛人的妇女与儿童

---

① Pringle, *Life and Times of William Howard Taft*, 297.

② Pringle, *Life and Times of William Howard Taft*, 43, 69; Emily S. Rosenberg, *Spreading the American Dream: American Cultural and Economic Expansion,1890–1945* (New York: Hill and Wang, 1982), 43; Ninkovich, *The United States and Imperialism* (Malden, Mass.: Blackwell, 2001), 38.

③ *Ibid.*, 38.

④ *Ibid.*, 30–40.

律宾,确切地说是马尼拉,成为对中国贸易的中心,但是在经济和商业战场上的实际结果与他们的预测不符。而且1905年中国国内抵制美国货的运动使得情况更为糟糕。[①] 新重商主义者曾希望菲律宾那样的殖民地会成为美国剩余原材料和出口工业的市场,但这一希望也落空了。正如艾米丽·罗森博格在《传播美国梦》(Spreading the American Dream, 1982)一书中所说,"中国似乎正处于很快就要对美国实行完全封闭的状态之中。"[②] 众多的商人、资本家、政府官员和学者,甚至包括农民,都真诚地相信占领菲律宾就意味着建立能与中国交易的潜在中枢。[③]

庚子事变

自19世纪90年代以来,有着广泛群众基础的义和团就一直在抵制外国人、基督徒、传教士乃至清政府,反对任何美国企图在中国推行的发展举措。到1894年,中国有2000余名外国传教士,以及80万受他们影响而皈依的中国基督教信徒。传教士在中国的活动对妇女健康和教育等领域的发展起了积极作用,但是他们把西方道德观念强加给传统的中国社会,因此对中国社会也造成了重大的破坏作用。[④] 中国的义和团运动宣扬只要恪守对中国传统的信念,就可以使其跟随者具有超自然的力量来驱逐外国人,声称义和团员们只要学会金钟罩,就可以抵御外国人的子弹。[⑤] 义和团相信一个人魔力的大小可以用他对传统信仰的虔诚度来衡量。[⑥]

1900年在山东与河北省的北部地区,义和团发动了针对基督教传教士和中国信徒的暴乱,因为他们认为这些人利用外国军队的力量来解决财产争议问题,干涉宗教活动和民间节日,而且以不正当的方式影响清朝官员的决策。[⑦] 在此期间,英国

---

① David F. Musto, *The American Disease: Origins of Narcotics Control* (New York and Oxford: Oxford University Press, 1999), 30.

② Rosenberg, *Spreading the American Dream*, 43.

③ *Ibid.*, 43–45.

④ Boot, *Savage Wars of Peace*, 71.

⑤ Walter Russell Mead, *God and Gold: Britain, America, and the Making of the Modern World* (New York: Alfred A. Knopf, 2007), 375.

⑥ *Ibid.*

⑦ Jonathan Spence and Annping Chin, *The Chinese Century: A Photographic History* (London: Harper-Collins, 1996), 27.

传入中国的鸦片导致大量中国人沉溺其中,造成严重的社会混乱。据历史学家史景迁的估算,在 1900 年使用鸦片的 4000 万中国人当中,有 1500 万人吸食鸦片上瘾。费正清在《中国新史》(*China: A New History*, 2006)中评论道:"这意味着基督徒与鸦片鬼的比例为 1:15。"①

义和团在杀害了许多传教士和中国基督徒以后,集聚力量到达北京,并且包围北京的外国公使馆,发动了著名的围攻事件。②虽然有一些清政府官员并不赞同义和团,但另外一些比较保守的官员则将他们纳入地方民团。③当大权在握的慈禧太后敦促义和团帮助清朝驱逐"洋鬼子"时,她是与义和团站在一起的,但这举动却是个不祥的预兆。为了确保日本和欧洲各国不会完全鲸吞中国,以作为它们受义和团攻击的补偿,美国国务卿海约翰出版了第二部《门户开放照会集》(1900),确立了美国在中国的利益。④

自 1900 年 5 月下旬起,义和团开始屠杀中国的基督教徒,摧毁电报线路、教堂和通往北京的火车站。⑤当他们到达北京时,战线发生了转变。正如马克斯·布特在《野蛮的和平之战》(2002)(*Savage Wars of Peace*, 2002)中表述的那样:"一开始只是中国内部的叛乱, 如今转变成中国与西方列强加日本的八国联军抗衡的一场战争。"⑥美国军队主要用于防卫美国驻北京的公使馆。幸运的是,为了镇压菲律宾的叛乱,已经有一大批美国军队在菲律宾,从而方便了军队的调动,使这次防卫比较容易。有许多因素影响到这些驻在海外的美国军队的决策,如在义和团围攻期间,美国的公使馆警卫队相对比较孤立,常规的通信渠道被切断;华盛顿和华北之间的距离遥远, 使得总统麦金利和国务卿海约翰无法参与一些重要决策的制定等。⑦麦金利调动将近 4000 美国士兵加入八国联军,一路攻打到了北京。⑧许多义

---

① John King Fairbank and Merle Goldman, *China: A New History* (Cambridge, Mass.: Harvard University Press, 1992), 234.

② *Ibid.*

③ Boot, *Savage Wars of Peace*, 74.

④ Shaller, *United States and China in the Twentieth Century*, 34.

⑤ Boot, *Savage Wars of Peace*, 74.

⑥ *Ibid.*, 78.

⑦ Richard D. Challener, *Admirals, Generals & Foreign Policy: 1898–1914* (Princeton, N.J.: Princeton University Press, 1973), 198.

⑧ Hunt, *Ascendancy*, 48.

CH2604　英国公使馆外墙上的弹痕和题词"永不忘却"

和团成员和外国人在这次围攻英国公使馆的暴乱中死去。慈禧太后被迫离开已有500年历史的清朝皇宫紫禁城，携其侍从逃往陕西，直到1902年才得以回銮。①

义和团对外国公使馆的围攻持续了45天，在此期间美国海军陆战队和海军保卫美国驻京公使馆这一件事被详细地记录在案。伍兹和弗罗斯特拍摄的一些照片反映了这场冲突的余波。② 例如编号为CH2604的照片拍摄了英国公使馆外墙上的题字"永不忘却(LEST WE FORGET)"，这是英国公使馆解围后窦纳乐爵士命人铭刻的。这面墙在枪击炮轰下已经出现裂痕。窦纳乐爵士是英国驻华公使，他在1900年6月19日曾经给在天津的英国海军副司令爱德华·西摩爵士发了一封紧急电报，称北京情势"极其严峻"，他还说："除非立即安排部队进京，否则将为时过晚。"③ 他担心会马上受到义和团的攻击。

弗朗西斯·W.弗罗斯特在信中还描写了克林德牌坊，这是清政府为了满足辛丑条约的一项条款而修建的。(00340)编号为CH2301的伍兹照片上，有一大群中国人和美国人聚在克林德牌坊前。在辛丑条约的各项条款中，有一项条款要求清政府建造纪念碑来纪念两百多位在义和团运动中被打死的西方人。④ 在被围困期间，6月20日早上10点，性格冲动的德国公使克林德男爵为了争取更多时间，坐着"苦力"抬着的轿子前往总理各国事务衙门，一边抽着雪茄烟，一边还在看书。他随身只带了翻译和仆人，并没有德国海军陆战队员随行保护。克林德拒绝承认他已成为义和

① Spence, Chin, *Chinese Century*, 30.
② Boot, *Savage Wars of Peace*, 69–98.
③ Shaller, *The United States and China in the Twentieth Century*, 75.
④ Jonathan Spence, *The Search for Modern China* (New York: W.W. Norton & Co., 1990), 235.

团的目标这一事实，因为他曾在使馆区鞭打过一位义和团成员。[①] 没走多远，他的后脑勺就被清兵击中。他的翻译也中了弹，但还是硬撑着回到使馆区。

八国联军占领北京之后，德国人确认了杀害克林德的元凶是清军神机营队长恩海，并在克林德被杀的现场将恩海斩首示众。恩海宣称，他只不过是在执行上级命令而已。[②] 弗罗斯特在信中还记录了这次围攻造成的其他破坏。他谈到"北京市内和周边的许多寺庙和建筑物的这种颓败状态都是 1900 年八国联军占领北京所引起的"。(00342) 在代表团参观紫禁城时，弗罗斯特同样注意到许多建筑物刚刚被修缮过，因为 1900 年一场大火将这些建筑物都烧毁了。(00346)

CH2803　　在英国公使馆前面所立的被围困纪念碑

外国使馆区是一个只有 85 英亩面积的狭小区域，在这儿居住了来自 11 个国家的代表，还聚集了前来避难的 900 多个欧洲人，其中包括 158 个妇女和小孩，另外还有 3000 多中国基督徒。在使馆区外面的西什库天主教堂，还有数千中国天主教徒在那儿寻求庇护。[③] 在围攻期间，由于欧洲人囤积食物，中国基督徒们遭受了最残酷的磨难。正如美国历史学家马克斯·布特所说："在围困快结束的时候，忍饥挨饿的中国信徒们不得不开始吃树皮和树叶，而欧洲人却还在随意享用香槟。"[④]

在围攻的最后几天里，只有 408 个外国士兵和 125 个男性志愿兵用相当少的武器保卫外国使馆区，而他们面对的是数千名围攻的清军官兵和义和团成员。围攻者

---

①　Jonathan Spence, *The Search for Modern China* (New York: W.W. Norton & Co., 1990), 79.

②　*Ibid.*, 78–80.

③　Boot, *Savage Wars of Peace*, 80.

④　*Ibid.*

CH2301　北京的克林德纪念牌坊(1900年6月20日,德国公使克林德在此遇袭身亡)

改用火为武器,想把抵抗者用烟熏出来。他们放火烧了意大利、比利时、法国、奥地利和荷兰的使馆。在6月23日,他们还放火烧了翰林院,里面保存着重要的古代儒家典籍。那些想要挽救这些珍贵作品的中国人都心有余而力不足。许多历史学家曾经推测过中国人为何不能瓮中捉鳖,驱逐英国公使馆内外国人的原因。以下两点说明中方最终的失败:(1)与义和团成员相比较,为慈禧太后效命的满清官吏不乐意杀害外国人,因此他们没有积极参与对北京使馆的围攻;(2)中国人没有使用最先进的克虏伯大炮,这种大炮能在短时间内摧毁使馆区。① 布特描述说:"攻方阵营内出现的矛盾意向给这次围攻带来一种夸张、不真实的感觉,很像是一场京剧表演。但如果说中国士兵只是在同英国公使馆内的人玩猫捉老鼠的游戏,那么这场游戏对所有牵涉其中的人来说都无疑是危险的。"②

　　当身处北京的西方传教士和中国基督徒苦不堪言的时候,华北农村的中国基督徒们遭遇了更残酷的命运,因为在那儿义和团屠杀了200多人。6月4日,在北京附

---

① Boot, *Savage Wars of Peace*, 82.
② *Ibid.*

近的直隶，许多中国基督徒家庭的成员们被活生生烧死。布特用令人震惊的笔调写道："当一个年轻女子从大火中逃出来时，义和团用一把剑剖开了她的腹部。人们能听到她的皮肤从骨骼上剥离的声音。另一些义和团成员抓住她的腿和胳膊，再次将她抛进火中。"① 尽管有些基督教传教士和中国基督徒为了他们的信仰和对中国产生的破坏性影响付出了生命或家产，但是通过创办学校和大学，他们为中国的教育普及提供了文化诱因，而且他们促进了医疗卫生和女权事业的发展。在 19 世纪 90 年代，有 500 多个基督教传教士招收了将近 17 000 学生进入他们所创办的教会学校。②

1890 到 1905 年间，在中国的传教士人数增加了一倍。③ 罗斯福总统及其后的塔夫脱和威尔逊都意识到传教士们在文化上的影响力会潜在地限制日本在中国的势力。④ 当民族主义改革者同传教士合作的时候，基督教传教士最持久的影响力就表现在成年妇女和小女孩的教育上。他们通过教育和在时事通讯上发表配有插图的文章，帮助中国废除女子缠足的习俗。⑤ 1904 年，慈禧太后发布一纸诏书反对女子缠足。正如简·亨特在她的书《文雅的福音》(*The Gospel of Gentility*, 1984)中所表示的："传教士在推动中国妇女的早期教育方面有卓越的表现，这一点是支持传教事业的朋友们提出的要求，即便是批评者也是认可的。"⑥

弗朗西斯·W. 弗罗斯特对庚子事变和其结果作了许多评论，这些评论都散布在他写的信中。他记录道，人们想到要对使馆区周边的很多建筑作一些预防措施，从而避免再次受到冲击。(00337)他还注意到，许多极其贵重的珍宝在庚子事变期间被八国联军"洗劫一空"。(00341)他认为北京城内和周边地区的寺庙和建筑物之所以被毁，是由于 1900 年八国联军占领北京。(00342)他在描写参观俗称紫禁城里的冬宫情况时，讲到有许多建筑物是全新的，因为 1900 年的那场大火烧毁了这座宫殿周

---

① Boot, *Savage Wars of Peace*, 85.

② Williams, *Tragedy*, 62.

③ Jane Hunter, *The Gospel of Gentility: American Women Missionaries in Turn-of-the-Century China* (New Haven, Conn.: Yale University Press, 1984), 5.

④ Hunter, *Gospel of Gentility*, 18.

⑤ Hunter, *Gospel of Gentility*, 18–21.

⑥ *Ibid.*, 25.

边的大部分建筑。(00346)

辛丑条约及其赔款

慈禧太后于 1902 年返回紫禁城之后,据"辛丑条款"中的一项条款规定,中国必须在 40 年之内支付相当于 4 亿 5 千万两白银的罚款,这一数额大大超出了修复义和团围攻使馆区所造成的破坏所需的金额。事实上,清政府当时的年收入也仅为 2 亿 5 千万两左右。① 史景迁在《寻找现代中国》(1905)(*The Search for Modern China*, 1950)一书中推测:"中国得用黄金分期支付赔款,赔款逐年上升,利息为 4%,直到 1940 年 12 月 31 日才能结束。加上利息,中国在 39 年之中一共支付的赔款几乎达到了 10 亿两白银(准确数目为 982 238 150 两)。"②

辛丑条约的其他条款要求处决与克林德刺杀者恩海那样的清政府支持者和官员。还有一项条款规定,五年之内禁止在与义和团结盟的地区实行科举考试制度。这种科举制度对中国社会有着深远影响,使平民百姓有获得众多官职和前往日本、欧洲及美国留学的机会。③ 另一项条款内容强制中国建造牌坊,如上文所提及的克林德牌坊,以此纪念在此次劫难中丧生的 200 多名西方人。两年之内,禁止中国从国外进口武器装备。在可以预见的未来,要求对公使馆配备外国警卫队及武器装备以作保护。④

1901 年,国务卿海约翰和公使康格曾在商议中的和约里要求得到 2 500 万美元的赔款。⑤ 海约翰想要调整赔款数额,即使中国政府有能力偿还,而美国政府也能分得合理的赔偿金。同时,美国也提议其他列强减低他们的索赔额。⑥美国驻华公使康

---

① "中国任何货币的价值单位都是基于一两白银的价格。"(《韦伯斯特大学词典》,第 10 版,马萨诸塞州斯普林菲尔德:梅利亚姆·韦伯斯特出版社,1996 年)。

② Spence, *Search for Modern China*, 233.

③ Spence, Chin, *Chinese Century*, 30.

④ Spence, *Search for Modern China*, 233.

⑤ Michael Hunt, "The American Remission of the Boxer Indemnity: A Reappraisal," *The Journal of Asian Studies*, Vol. 31, No. 3 (May, 1972), 541, 542.

⑥ *Ibid.*, 542.

格和当时已得任命、但尚未就职的后任柔克义随即质疑海约翰要求加倍赔偿美国在围攻中所受损失的做法是否明智。海约翰驳回了他们的疑议。在《辛丑条约赔款中美国所得的赔偿款》一文中,韩德声称,"通过提出'合理的加倍索赔额',海约翰为自己创造了一个筹码,以便与其他列强在义和团的处理问题上进行谈判。但当他无力影响谈判时,这位公然自称为中国朋友的美国国务卿便让中国承担了债务。"①

事实上,美国总统麦金利手头有一笔数额巨大的剩余赔款,鉴于中国有修复和发展自身的需要,总数高达 3 亿 3 千万美元的债务使得清政府陷入了一种可怕的窘境。年收入的百分之五十以上都得用于向外国人偿付战争赔款,深陷困境的清廷已无力实施那些急需的改革与重建。② 美国征收了大量赔款之后,罗斯福及其代表们在 1905 至 1909 年间与中国进行了一系列的协商,商讨如何最有效地利用这笔剩余款。1905 年的中国抵制美国货运动、广东廉州美国传教士遭屠杀事件,以及中国政府收回粤汉铁路的筑路权等事件影响了协商的进程。罗斯福总统被这些事件激怒,曾一度中断了此事的谈判。③ 第一笔返还美国的辛丑条约赔款总数达 1100 万美元,几乎达到了中国向美国的赔款额的五分之二。这些款项最终被用于培养赴美留学的中国学生和在北京创立清华学校。当中国给美国的赔款付清之后,美国于 1924 年把第二笔返还款付给中国基金会, 这是一个旨在促进教育与文化的中美联合委员会。④

在中国驻美公使梁诚与美国驻华公使柔克义的第一次协商中,中方表达了接收赔款时不受美国干涉的愿望。中国人认为他们有权不经过美国政府的预先审查就使用这笔基金,但罗斯福宣布,在赔款被退还之前,中方必须彻底公布这些款项的用途,并且强调美国希望中方能将该笔基金用于教育。⑤ 在后来的商讨中,梁诚提出他认为赔款的最有效使用是将其用于发展矿业和铁路,其中的大部分款项无疑将会被

---

① Michael Hunt, "The American Remission of the Boxer Indemnity: A Reappraisal," *The Journal of Asian Studies*, Vol. 31, No. 3 (May, 1972), 542.

② *Ibid.*

③ *Ibid.*, 544.

④ *Ibid.*, 539.

⑤ *Ibid.*, 547–548.

用在当时至关重要的满洲里。①盘踞天津的北洋集团领袖袁世凯建议将退还的战争赔款用作教育事业,想以此满足美国要求。由于美国的铁路巨头 E.H.哈里曼和诸多其他外国人早已开始争夺满洲里的铁路权,梁诚想要恢复权利的主张遭到了强烈抵制。袁世凯也想将此笔基金用于一些"自强"项目。②

在于 1905 年 3 月 23 日致罗斯福的一封便函中,康奈尔大学的耶利米·詹克斯教授指出,对中国要求赔偿的私人索赔总数已经达到了 200 万美元。詹克斯与休·H. 汉纳和查尔斯·A. 科南特一起被任命成为一个专门委员会的成员,负责拟定对中国金汇兑本位制的尝试性计划。詹克斯提出,既然美国已经得到了索赔,剩余的全部赔偿款可以不受制于任何一种货币的规定。③他请求美国将接下来 20 年里中国的大部分赔款用于帮助中国建立黄金储备,他还附上了一份详细的计划,但该计划一直未被采用。④

关于遣派聪颖的中国青少年到美国留学和中美之间互换教授的问题,詹克斯认为这笔返还的赔款可用于降低成本,因为过高的成本是双方开展交流的一大障碍。詹克斯提出设立 1000 份奖学金名额,每份金额为 500 美元,可在 25 年之内支付完毕。他还补充说美国须向 10 名美国教授支付 2500 美金的薪水,这些教授可在中国不同的教育机构执教历史和经济学,而中国政府也应向在美国执教的中国教授提供相同的薪水。⑤根据詹克斯的说法,这项计划的主要好处是在"政治方面",而且

① Michael Hunt, "The American Remission of the Boxer Indemnity: A Reappraisal," *The Journal of Asian Studies*, Vol. 31, No. 3 (May, 1972), 548. 按照詹克斯的说法:"中方将在今后 20 年中平均每年收到 1 200 000 美元的退款,此后每年的平均数将达到 1 600 000 美元。我认为美国政府尤其适合于用这笔钱来扩展与中国在政治和工业上更紧密的联系。"

② *Ibid.* 詹克斯估计美国已经花费了 5 万美元,以帮助中国设计一个建立金融系统的计划。

③ *Ibid.*, 2.

④ *Ibid.* 在 1904 年 3 月 23 日写给罗斯福总统的一个附加备忘录中,詹克斯教授认为这笔返还中国的战争赔款不应该被视为是一个"良心基金",而应用于促进中国和美国的相互利益;同时,关于这笔退款用途的建议不能暗示列强们所要求的赔款是不公平的。他强调中方请求返还这笔基金时尽量不要附加条件,但是"美国当然需要对方承诺,对于这笔钱的正当使用绝对不能有任何问题。"由于詹克斯受命为中国设计一个金汇兑本位制,而且所有的列强们都宣布赞成中国的新金融体系应基于金本位,所以他的主要建议之一就是把这笔款项用于这个领域。

⑤ *Ibid.*, 2. 关于建立这样一个体系,詹克斯建议应尽快实行。中国正在考虑建立一个新的金融体系。中国政府已经表示对新计划很感兴趣,但是他们仍然在按照旧办法铸造钱币。中国拖延的时间越长,它要改变的成本就会越高,也难度也会越大。而这样的一个礼物也会减缓中方现时对美国的恼怒。

CH2801 从美国公使馆附近的前门城楼上远眺大清门和天安门

还有利于实施金本位。① 在一份更早的备忘录中，他强调，一些有影响力的中国人要
求将这笔基金用作派遣留学生，当时有 400 名中国学生在比利时留学，但因费用高
昂，中国学生很难到美国来留学。詹克斯声称，他确信比利时政府提出了一些"特惠
条件"来吸引中国学生。②

　　1905 年 7 月 1 日，正值 1905 年美国政府代表团动身之前，詹克斯给在王宫酒
店的塔夫脱寄去了一封信。他重申了他将赔款用于留学生教育及建立货币制度的
主张，"不管怎么说，都应该向中方提出这样的要求"。在该信中，他建议有关教育的
内容应放在比他的备忘录和信中所示那样更为显著的位置，因为他认为，在中国教
育要比货币改革更受欢迎。他还在信中推测了中国人对此计划的态度，并且评论
说，有一些掌权的守旧分子害怕外国人，另外还有一些腐败分子，但他认为"有一群
官员会赞成这个计划，他们很有影响力，而且这种影响力会时不时地起到强大的
作用"③。

　　① Michael Hunt, "The American Remission of the Boxer Indemnity: A Reappraisal," *The Journal of Asian Studies*, Vol. 31, No. 3 (May, 1972), 1.

　　② *Ibid.*, 3.

　　③ Letter, Jenks to William H. Taft, July 1, 1905, San Francisco, *William Howard Taft Papers*.

弗朗西斯·W.弗罗斯特对广东的货币兑换进行了评论,并表达了他对缺乏统一货币标准的失望,他在一份信中写下了如下评论:

> 在广州旅行,最麻烦的事就是兑换钱币。几乎每个城市的钱币都不一样,你在北京不能用广东的钱,在上海不能用北京的钱,这样每换一个地方就会有损失,因此你得尽可能精确地算出你在每一处所需的花费。……因为有很多假币,钱庄的伙计收取银元时会一块块地验别真假,一小堆银元往往要让这些人花一两个小时。这儿的"零钱"是带孔的铜钱,中间用长绳穿着,在北京,我有一次看到一辆满载这种铜钱的卡车从街上路过。
> (00362)

在一封1905年9月22日从《太阳报》编辑部寄给罗斯福的信中,主编富兰克林·马修斯回想起有一次跟一名旅客童先生聊起赔款之事,童先生告诉他,中国的进步人士私下里都希望不要把还款返回给慈禧太后,因为清廷会挥霍掉这笔钱。① 对柔克义而言,他承担了将赔款基金用于教育的责任,且得到了清政府的书面承诺。美国国务卿伊莱休·鲁特对这一份由詹克斯阐述,柔克义面呈的教育提案给予了全力支持。正如历史学家韩德对这一形势的描述:

> 柔克义感觉他的计划将使中美两国均能受益。在他看来,中国想要以一个独立国家的地位生存下去就必须进行彻底的改革。"现代化的"教育正是适合用来完成这项任务的工具。美国也能从中获益。教育能够促进政治稳定和商业进步,从而可使中国变成一个更完美和更富有的贸易伙伴。同时,接受过美国教育的领袖们若在北京崛起将会使美国具有前所未有的影响力。②

---

① Franklin Matthews, *The Sun*, Editor's Office, New York, September 22, 1905, Theodore Roosevelt Papers, Reel 59, Series 1, 1. 按照这位主编在信中所说,童先生认为美国政府应该保留这笔钱,并将它用于培养清政府选派来的留学生。他说以这种方法,美国每年可以培养五十个中国留学生。他指出,这对于中国来说是一件大好事,而且这样的做法也能够创建出中美之间的永恒友谊。

② Hunt, *Reappraisal*, 549.

强烈支持将赔款用于教育目的的其他团体包括在华基督教传教士和教育工作者们。明恩溥(Arthur H. Smith)这位中国通和在华美国传教使团领袖就是这一事业的强烈拥护者,他游说罗斯福总统用赔款建立起一笔基金,以供中国学生到美国留学和在中国的美国学校里学习。①

义和团运动发展成了一场中国人在自己国土上对抗外国势力的战争。而中国战败这一事实在中国的众多国耻中又增添了新的一条,使其变得让人无法忍受,它也为新民粹主义运动铺平了道路。当时大多数的美国人认为,将部分赔款用作教育中国留学生和在华建立教会学校体现了美国的利他精神和仁慈,但也有一些中国人将此视为一个剥削和控制中国的阴谋。②韩德是这样描述这一对立和分歧的:"这些问题的最终解决方案大致是按照美国领导人的意愿而提出来的,它更多地反映了谈判双方力量的明显悬殊,而非美国的慷慨和中国的感激。"③柔克义、明恩溥、詹克斯、鲁特和许多其他人都认为教育是一种进步的手段,可用以"开化"中国人,使其进入现代世界秩序圈,并被重塑为一个更好的贸易合作伙伴。这一计划实际上是几十年前卫三畏所提出的方案再版。正如塔夫脱认为菲律宾是个无法自我管理的民族那样,罗斯福也把中国想象为一个孱弱并缺乏足够自尊的民族。④

这种视角也可以用来说明美国随后的对外政策。例如,伍德罗·威尔逊曾解释说,他使世界对于实行民主制来说变得更加安全,以此来为他的扩张主义寻找托词。按照《纽约时报》2009 年 7 月 7 日所刊登的讣闻(2009 年 7 月 7 日),约翰·F. 肯尼迪在任时的国防部长罗伯特·S. 麦克纳马拉在几乎一个世纪之后提出了同一个问题:"究竟是什么造成了胜者为王,败者为寇?"⑤尽管美国为保留大部分义和团赔款和按自己的规则返还非正当所得提出了合理化计划,尽管这个教育计划代表了理想

---

① Hunt, *Reappraisal*, 549.

② *Ibid.*, 539–541.

③ *Ibid.*, 541.

④ *Ibid.*, 550.

⑤ *New York Times*, "Robert S. McNamara, the Architect of a Futile War, Is Dead at 93." July 7, 2009, A20. 这是一个他无法回答的问题。在第二次世界大战中指挥轰炸了众多城市,仅在东京就炸死了 10 万男人、女人和儿童之后,麦克纳马拉晚年受到了良心的折磨。参与这些轰炸的美国空军柯蒂斯·E.勒梅将军说,加入美国战败,他们也许会被当成战犯来审判。勒梅在谈到麦克纳马拉和他自己时说道:"我想也说的对,他,还有我,当时表现得就像是战犯。"

CH2302　20世纪初北京的街景

化和进步的倾向,但是美国人仍然可以完全按照自己的意愿来修改赔款规定,因为他们是击败义和团和清政府的主要列强之一。

1905年中国抵制美国货运动的背景

　　义和团运动爆发五年之后,当美国退还赔款的协商仍在进行之时,中国掀起了一场积极和强有力的跨国抵制美国货的运动。美国带有歧视性的移民法和在美华人的骇人遭遇使中国学生、市民和商人感到震惊。长期以来憎恨洋人的情绪在中国的反美示威游行中爆发出来。① 甲午战争、鸦片战争和义和团运动的惨败,以及外国

---

　　① 　William Nimmo, *The United States, Japan, and the Asia/Pacific Region, 1895–1945* (Westport, Connecticut: Praeger Publishers, 2001), 71.

对中国的占领,在一定程度上加剧了中国的抵制美国货运动。① 1902 年美国《排华法案》中所表示出的对中国移民的歧视是抵制运动的导火索,因为这些法案也针对中国社会的上层阶级,包括商人和学生。② 在《寻求正义》(*In Search of Justice*, 2001)一书中,王冠华指出:"华人在美国受歧视一事有着重要意义,因为在美华人的命运与其他千百万在国外的华侨是休戚相关的。"③

在 1850 至 1900 年间, 由于需要廉价劳动力铺设铁路和在美国西部开矿作业,美国鼓励 50 万华人移民美国。成千上万的中国苦力凿穿了内华达山脉,修建了横贯美国大陆的铁路,不计其数的华人在此过程中丧失了生命。继华人的初次涌入之后,20 万日本人也于 1890 年至 1924 年间涌入美国。在世纪末美国经济转入萧条,工作越来越难找之后,国会通过了第一个排外法案(1882 年),以阻止中国人进入美国。④ 根据历史学家高木罗纳在《铁笼》(*Iron Cages*, 2000)一书中所述,"随着美国工业的发展和中国人成为'工业巨头们'的主要劳力之后,白人工人和'中国苦力'之间势必会产生激烈竞争和冲突。进步与贫困将因此共存,而在两者之间,会有一场血腥的冲突。"⑤

在到达天使岛(加利福尼亚州的美国登岸港口)之后,中国移民经常受到移民当局的虐待。⑥ 白人工人发起了针对华人的暴力行动,包括发生在旧金山大街上的众多华人遭到殴打事件,以及尤里卡镇和特拉基镇上对华人的野蛮驱逐;1987 年 21 名华人在洛杉矶被暴徒围攻杀害;1885 年在怀俄明州洛士丙冷的中国矿工遭到围攻,当他们试图逃离被点燃的房子时惨遭枪杀。⑦ 排华法案还适用于已经在菲律宾和夏威夷自由生活和工作的华人,这更增添了中国人的不满。直至 7 月 13 日,在火奴鲁鲁,当地的中国人已募集了 3 万美元,目标是集满 5 万美元,用以支持抵制运动。⑧ 正如《纽

---

① Guanhua Wang, *In Search of Justice: The 1905–1906 Chinese Anti\American Boycott* (Cambridge, Mass. and London.: Harvard University Asia Center and distributed by Harvard University Press, 2001), 3–5.

② *Ibid.*, 6.

③ *Ibid.*, 11.

④ Hunt, *Ascendancy*, 39.

⑤ Takaki, *Iron Cages*, 248.

⑥ Dalton, *Theodore Roosevelt*, 284.

⑦ Takaki, *Iron Cages*, 248.

⑧ *New York Times*, "Chinese in Hawaii Aid the Boycott," July 14, 1905, 6.

约时报》1905 年 6 月 28 日刊登的一篇文章所评估的那样，将排华法案毫无理由地应用到菲律宾和夏威夷是解决该法案问题的主要障碍。那儿的"苦力们"被视为并未直接介入与美国人的竞争，况且他们一直享有自由移民至这些地方的权利,因此这一规定被认定是极为不公正的。①

美国的歧视行为还包括政府官员强行闯入华人住宅以查非法入境者和强行驱逐华人。②1902 年 10 月 11 日,一名波士顿移民律师告发了 250 名华人,使他们在没有逮捕证的情况下遭到拘禁,在这些人中间只有 5 名是非法入境者。被捕的人中间有一位姓冯的年轻人,他回到中国之后,著书记录下了此次冤屈事件,随后自杀。冯某之死使他成了一名烈士,成千上万的中国人哀悼他的悲惨遭遇。1903 年,另一位年轻华人谭锦镛,中国驻美公使馆武官,也遭到残忍毒打,并被人用辫子绑在了篱笆上,随后又被抓住辫子拖至警察局。谭锦镛认为自己"失了颜面",遂自尽而亡。1905年,一位著名中国小说家撰文记录了中国留学生在美国所遭受的虐待。③这些残忍的暴力侵犯行为给全球华人抵制美国货的运动注入了动力。④

众多美国人表达了他们对"黄祸"的关注——收入低廉的亚裔工人会急剧拉低美国人的薪酬。⑤在中国开展抵制美国货运动的初期,激进分子和文人们强调了傲慢美国人的剥削本性,在华人苦力将修铁路和开矿等极其艰辛的工作和建设任务完成之后,那些美国人就急不可耐地要把华人赶出美国。⑥美国的知名作家们在报纸上登载文章,政治家们宣称中国人没有骨气、不可能有效组织一次成功的抵制,这些都进一步激起了华人们的对抗情绪。⑦前美国驻华公使埃德温·H. 康格在一次演讲

---

① *New York Times*, "Chinese Very Bitter Against This Country," June 28, 1905, 4.

② Spence, *Search for Modern China*, 235.

③ Shih-shan Henry Tsai, *China and the Overseas Chinese in the United States, 1868–1911* (Fayetteville: University of Arkansas Press, 1983), 106.

④ *The Economist,* "From Nightmare to Dream: An Official Apology for the Past Marks a Success Story," August 1, 2009, 28. 2009 年夏天,加利福尼亚州议会通过了一项决议,为过去对中国移民的极端歧视正式表示道歉。按照附议提出这项提案的州议员冯保罗的说法,加州的美籍华人如今也许已经成为最成功的种族群。

⑤ Kristin Hoganson, *Consumers' Imperium: The Global Production of American Domesticity, 1865–1920* (Chapel Hill: The University of North Carolina Press, 2007), 20, 21.

⑥ Wang, *In Search of Justice*, 138.

⑦ Letter, Henry B. Miller, U.S. Consul General to Francis B. Loomis, Assistant Secretary of State, August 8, 1905, Theodore Roosevelt Papers, Library of Congress, Manuscript Division, Reel 57, Series 1, 2.

中表达了他的观点,即认为中国的抵制美国货运动不会有任何成效,而且会"使华人组织这一概念受到奚落"。此事很快就在美国华人圈子里传开,并引起了人们更深的怒气与愤慨。①

　　甚至在西部地区,美国公民中也有对排华法表示明确反对的。来自华盛顿州西雅图市的律师埃德温·吉尔1905年6月28日在一封口吻十分雄辩的书信中对于塔夫脱部长表示了赞赏,因为后者在俄亥俄州迈阿密大学所作的毕业典礼演说中批评了该法案。在吉尔看来,这些"恐华症"提倡者主要是由一些"生来从未有一天踏实工作过"的职业工运鼓动家(professional labor agitater)和想要取悦工运鼓动家和蛊惑民心的"卑劣政客"所组成。吉尔认为,加利福尼亚州的大多数人希望法案在针对中国商人和留学生的条款上做一些重大改变,但在针对工人的条款上,他们则建议限制农业劳动力移民美国。吉尔解释说,美国西海岸各州其实都缺乏管理果园的工人,因为照料不够,在过去的几年内损失了大量的水果产品。他还强烈建议当权者不要将新的限制移民法案运用于诸如夏威夷和菲律宾这样的太平洋岛屿——他认为这些地方的发展在很大程度上依赖于中国工人。"现行法案的最大缺点",吉尔写道,"在于它赋予了移民局官员绝对的权利,使他们在无需法庭许可的情况下,即可决定来美国的华人移民能否登岸。我对此的看法与哈伦法官②曾表述过的一样,国会的这一法案史无前例,违背了宪法所赋予的权利。"③

　　1895至1905年间,美国对中国的出口额大幅提高(从3 844 200美元增加到了53 384 000美元),但仅仅占中国总进口额的不足百分之十。④美国的出口商品包括纺织品、石油、肥皂、面粉、蜡烛、化妆品、五金产品和文具。相比于日本和英国对中国的出口额而言,美国要低很多。⑤中国商人希望大力打击美国在华利益。⑥1904年8月

---

　　① *Atlanta Constitution*, American Boycott Forerunner of Cry by the Chinese of Death to Foreigners, September 14, 1905, 1.

　　② 哈伦(John Marshall Harlan)是1877至1911年间美国最高法院一名受人尊敬的法官。

　　③ Letter, Edwin Gill to William H. Taft, June 28, 1905, *William Howard Taft Papers*, Manuscript Division, Library of Congress, Reel 51, Series 3, 1,2.

　　④ Wang, *In Search of Justice*, 89.

　　⑤ *Ibid.*, 89.

　　⑥ Tsai, *China and the Overseas Chinese*, 104.

至 1905 年 1 月期间,中美之间的条约谈判破裂。[1]在回复柔克义的专电时,主管外务部的庆亲王告知美方,由于美国过分限制中国人进入,苦力移民条约已经到期,但尽管此条约已经失效,《排华移民法案》却仍在执行,因而导致了抵制美国货运动的爆发。[2]历史学家王冠华解释说:"抵制美国货运动是中国近代史上最早发生和规模最大的城市民众运动。然而更值得注意的是它跨越国界的性质。尽管大规模抗议是在中国爆发的,但这场运动最初却是由在美华人发起的,并随即获得了世界各地海外华人的支持(McKee 1986;Wong 1995)。"[3]

处于不同经济阶层和地理区域的中国人加入到了这一大规模社会运动之中,以和平抗议的方式开展了新中国民族主义运动中最早的一次抗议活动。[4]这一抵制美国货的运动起始于上海,随后便波及南方各海港城市,并且扩散至菲律宾和日本。[5]此次抵制运动所具有的独特性在于,不同阶层和群体的中国人走到了同一条阵线上,包括那些对宪法改革感兴趣的人、图书馆工作人员群体、研究团体、读报阶层、演讲团体、妇女组织和商会。许多自愿参加这次运动的团体成员都属于新士绅商人阶层。他们的组织将抵制美国货运动纳入了日常事务之中。[6]根据美国领事塞缪尔·格雷西的说法,当时在上海参与此次运动最活跃的组织是上海人镜文学社。[7]加入新成立志愿组织的知识分子和专业人士对传播和扩散此次抵制运动的目标和活动起到了至关重要的作用。由于世界各地大批华人参与抗争,这使他们备受鼓舞。

日报、周报和电报等现代媒体和通讯手段使得这项抵制运动更具有跨越国界的性质,也令其达到了前所未有的传播广度和影响范围。上海的各大报纸每天都会在头版头条刊登出有关抵制运动的文章、评论、漫画和照片。[8]电报是在不久前才引

---

[1] Tsai, *China and the Overseas Chinese*, 104.

[2] Enclosure No. 3 in Dispatch No. 23, H.I.H. Prince of Ch'ing, President of the Board of Foreign Affairs to Honorable W.W. Rockhill, July 6, 1905, P. 1, 2, Theodore Roosevelt Papers, Manuscript Division, Library of Congress, Reel 56, Series 1.

[3] Wang, *In Search of Justice*, 2.

[4] *Ibid.*, 2, 3.

[5] Dalton, *Theodore Roosevelt*, 284.

[6] Wang, *In Search of Justice*, 166.

[7] *Atlanta Constitution*, "All Americans Are Under Ban," July 21, 1905, 4.

[8] Tsai, *China and the Overseas Chinese*, 110.

CH2304　20 世纪初北京的街景

进的,也在 1905 至 1906 年间的抵制美国货运动中电报首次在中国得到了普遍而深入的应用。① 王教授指出:"新闻界的发展、电报服务的兴起、演讲社的出现以及社会和政治小说读者群体的涌现改变了信息在城市中心的传播方式。"②

在抵制美国货运动期间,激进分子们印制和传播了数十万张传单。③ 抵制运动的其他信息传播方式包括民歌、小说和戏剧。志愿团体最多的地区,抵制运动的强度也是最大的。④ 由于中国的教育普及率低,所以演讲在连接排华事件和抵制美国货运动的目标之间发挥着关键作用。为增加这一运动的可信度,很多知名人士常被邀请到群众集会来演讲,尤其是在上海。⑤ 在中国南方策划的一次富有创意的活动中,德蔻(Tekhoi)镇一些富裕市民进口了数千把日制扇子,扇子一面描绘着华人在美国遭虐待的图像,另一面则印着屠宰水牛的画。这种广泛流传的扇子上所配的文字敦促人们加入到这场抵制美国货的运动中来。⑥ 中国商人还利用人们的反洋情绪来增

① Wang, *In Search of Justice*, 8, 9.

② *Ibid.*, 39.

③ *Ibid.*, 112.

④ *Ibid.*, 9.

⑤ *Ibid.*, 113.

⑥ *Los Angeles Times*, That Chinese Boycott, July 13, 1905, 14.

加诸如卷烟等国产品的市场份额。① 据报道,德国也试图利用此次抵制运动的机会,来争夺美国的贸易机会。②

据《华盛顿邮报》于 8 月 11 日所刊登的文章报道,有些人认为,来自其他国家(主要是英国和德国)的商人和商业机构为了争夺高利润的在华贸易机会,敦促中国留学生将抵制运动组织成一条反美阵线。③ 清政府起初也帮助了抵制美国货运动。④ 1905 年,新成立的清政府外务部以反对续签中美移民条约的方式来反击美国人。⑤ 尽管有很多清朝官员,包括慈禧太后本人,据说都表示愿与受害华侨团结一心,但也存在着少数反对者,例如直隶总督袁世凯。⑥ 根据柔克义的说法,即使在庆亲王同意采取特别行动,以制止北京各报刊发表煽动性文章之后,仍没有对局势产生任何实际的影响,直至势力很大的袁世凯总督出面干预,新闻界才停止刊登煽动性文章。⑦

《亚特兰大宪法报》7 月 14 日刊登的一篇文章描述了对美国教会学校实施抵制运动的最初情形。牧师孙乐文博士在一封信中写道:东吴大学的学生们已经收到了关于抵制美国教会学校和教师的通知,并已召开了群众集会。⑧ 虽然最初的抵制范围是较为广泛的,包括抵制学校,但随后运动的目标还是逐步缩小为专门针对美国商品的抵制。⑨ 反对美国人的行动还包括一位中国买办拒绝接受一家美国公司所提供的一份很好的工作、码口工人们不愿意卸载美国产品。总领事托马斯·萨蒙斯在写给柔克义公使的信中说,远来洋行无法将从美国运来的石油在北京入库,买办们被告知不准卸载这些石油产品。

---

① Spence, Chin, *Chinese Century*, 35.

② Consul General Thomas Sammons to Honorable W.W. Rockhill, American Consulate General, August 2, 1905, Niuchwang, China, *Theodore Roosevelt Papers*, Manuscript Division, Library of Congress, Reel 57, Series 1.

③ *Washington Post*, "Extends the Boycott: Anti-American Movement Has Spread to Siam, August 11," 1905, 4.

④ Wang, *In Search of Justice*, 10.

⑤ Spence, *Search for Modern China*, 236.

⑥ Wang, *In Search of Justice*, 127.

⑦ Memo, W.W. Rockhill, to the Secretary of State, Washington, D.C.,No. 23, American Legation, Peking, China,, July 6, 1905, Theodore Roosevelt Papers, Reel 56, Series 1, 5.

⑧ *Atlanta Constitution*, "American Schools Menaced By Boycott," July 14, 1905, 14.

⑨ Wang, *In Search of Justice*, 115–117.

美国人可以通过雇用日本人卸载标准石油公司的货物来破坏这一禁令。没有任何买办会干涉日本人。① 在 1905 年 8 月 8 日写给两广总督岑春煊阁下的一封信中，美国总领事朱利叶斯·劳提及美国标准石油公司驻梧州代表施德勋(Sze Tak Shun)遭遇了若再购买标准石油，即会面临死亡的威胁后逃到了香港。他还获悉,标准石油公司梧州分公司属下的一艘货船将会被抵制美国货委员会销毁。②

根据美国总领事詹姆斯·L.罗杰斯 1905 年 7 月 27 日写给美国助理国务卿弗朗西斯·B.卢米斯阁下的信中所言,中国学生曾试图通过报刊、书籍、小册子、海报和标语攻击美国的方法来鼓动"苦力"驳运组织罢工。据说他们写了匿名信给美国洋行的雇员和买办,欲对他们进行骚扰和死亡威胁。③ 中文报纸拒绝刊登美国广告。《大公报》拒绝刊登此类广告,并且告知一位在天津的美国律师,称其已刊登的广告将会被删除。④

根据《南华早报》一位记者的报道,到 1905 年 7 月 19 日,抵制美国货的运动已经蔓延到了厦门。标准石油公司的买办收到了一封骚扰信件,要求其辞去工作,美国领事馆的一些官员也受到了"骚扰"。⑤ 在 7 月 25 日写给柔克义的一封信中,乔治·安德森领事复制了一份电报,详细说明 7 月 19 日厦门领事馆旗升降索遭受污损的情况,扯断升降索的那位不明身份袭击者据报说还曾在旗杆周围大小便。在 7 月 18 日召开的一次会议上,传教士们说他们从未见过中国人"如此愤慨,即使是在

---

① Thomas Sammons, Counsul General, American Consulate General, Niuchwang, China, to Honorable W.W. Rockhill, August 2, 1905, Peking, China, Theodore Roosevelt Papers, No. 41, Manuscript Division, Library of Congress , Reel 57, Series 1.

② Letter, Sd. Julius Lay, American Consul General to His Excellency Tsen, Viceroy of the Two Kwangs, Canton, China, August 8, 1905, No. 117, Enclosure No. 3., P. 2, Theodore Roosevelt Papers, Manuscript Division, Library of Congress, Reel 57, Series 1.

③ James L. Rodgers, American Consul-General, Shanghai, China, to Honorable Francis B. Loomis, Assistant Secretary of State, Washington, D.C., July 27, 1905, No. 27, Theodore Roosevelt Papers, Manuscript Division, Library of Congress, Reel 57, Series 1.

④ No. 2 in Dispatch No. 23, W.W. Rockhill, Envoy Extraordinary and Minister Plenipotentiary of the United States, American Legation, Peking, China, June 17, 1905, Enclosure 12, Theodore Roosevelt Papers, Manuscript Division, Library of Congress, Reel 57, Series 1.

⑤ *Los Angeles Times*, "Chinese Going for Americans," July 20, 1905, 11.

1900年的动乱期间也未曾如此"①。据说中国人还讨论是否该焚烧美国领事馆和标准石油公司地下油库的主意。当时并不清楚领事馆辱旗事件究竟是小流氓还是抵制运动鼓动者所为,为此美国人还找到了该城市的最高官员道台,后者否认该事件是有意所为,并按照国际惯例燃放了21响礼炮以示道歉。由于厦门和菲律宾之间的贸易关系密切,加上中国商人最近在马尼拉所受到的糟糕待遇,排华法案在厦门所引起的骚动尤为严重。②8月23日的《华盛顿邮报》刊文报道,美国国务院花了整整一个月时间来报告这一骚乱事件,其中包括人们向领事馆的旗杆扔泥巴这一事件。此外,乔治·安德森的中国仆人们还受到了死亡威胁。国务院确认,当地中国官员已对鼓动者给予了应有的惩罚,并因此结束了这一事件。显然,正如中国报纸所报道的那样,美国领事安德森先生和一位英国代表曾经寻求中国官方庇护,因此该事件至少在一段时间内被认为是非常严重的。据报道,这些事件标志着抵制运动中针对美国人的最初暴力行为。③

1905年7月27日,上海银行业人士举行会议,商谈是否要抵制国际银行财团。该机构于6月份刚刚组建,是美国当时成立的专营国外业务的唯一一家银行机构。该财团是收取中国庚子赔款的代理机构,拥有资本金300万美元和盈余300万美元。该财团的董事包括艾萨克·古根海姆、E. H. 哈里曼、H. E. 亨廷顿、詹姆斯·S. 费尔森。国际银行财团的上海高管们显然对于可能发生抵制运动这一消息感到非常吃惊。报纸引述总经理托马斯·哈伯德的话说,"当然,大家都知道,抵制运动并非是直接针对我们公司的,而是由美国的排华法案所引起的中国人仇视美国情绪造成的。"④

在1905年8月1日写给罗斯福总统的一封信中,财政部肖先生说,美国特勤局局长威尔基先生刚从中国回来,他描述说街头发放的传单上展示的是一个中国人正从"一群用棍棒和石块武装起来的暴徒"手中逃出来,"暗示类似的待遇是司空见惯的"。他指出,这类宣传可能对美国的事业造成灾难性后果。此外他还证实,有两

① George Anderson, Consul, to Honorable W.W. Rockhill, American Envoy and Minister Plenipotentiary, Peking, China, July 25, 1905, *Theodore Roosevelt Papers*, Manuscript Division, Library of Congress, Reel 57, Series 1.

② *Ibid.*, 2–4.

③ *Washington Post*, "Chinese Attack Flag," August 23, 1905, 4.

④ *Los Angeles Times*, "Chinese Forcing the Boycott Fight," July 28, 1905, 12.

名在驻上海领事馆工作的美国人曾经在大街上受到"骚扰"。①

在中国人提出让美国派一个特使团来华盛顿解决排华法案所引发纠纷的要求之后，柔克义公使并没有同意进行谈判。②《亚特兰大宪法报》8 月 17 日刊发的一篇文章报道称，曾在中国担任过八年美国公使、最近刚被任命为美国驻墨西哥大使的康格被派往中国，肩负着帮助安抚抵制美国货运动的煽动者这一特殊使命。他三个月前刚从中国离任，由于他"在清政府官员中颇受欢迎"，所以被认为能成为一名有效的谈判者。他曾受到罗斯福总统的召见，讨论有关抵制美国货运动和连接广州与汉口的粤汉铁路等问题。康格建议美国反对出售铁路特许权，无论该交易能得到的金额有多少。他的中国之行据说还包含就粤汉铁路问题进行谈判。③根据《华盛顿邮报》1905 年 8 月 23 日的一篇文章报道，由于两江总督和上海道台对抵制美国货运动的施压，此次抵制运动可能会在康格抵达北京之前结束。④

在抵制美国货的运动中，美国在中国市场上损失惨重，西奥多·罗斯福总统只得采取行动，下达行政命令要求礼遇在美国的中国留学生、游客、官员和商人。⑤任何移民局官员如果对持有合法文件的上述阶层华人不礼貌，将有可能失去工作。如果由于美国官员的过失，导致来到美国的华人所持文件不合法，该华人也不会被遣返。⑥美国总领事朱利叶斯·L. 莱也很快就指出：

> 在美国拥有唯一立法权或对条约具有决定权的国会直至 12 月份才召开会议，但华人在旧金山的种种恼人遭遇并非是因法律使然，而是因施行法律的方式。总统现已对华人所抱怨的这种令人不满的现状进行了纠正补救，既然如此，为何不适时停止这种不会有任何结果的抵制呢？⑦

---

① Mr. Shaw, Treasury Department, Washington, D.C., to President Roosevelt, Oyster Bay, New York, August 1, 1905, Theodore Roosevelt Papers, Manuscript Division, Library of Congress, 57, 1.

② *New York Times*, "Chinese Very Bitter Against This Country," June 28, 1905, 4.

③ *Atlanta Constitution*, "Conger to Go to Orient to Fight Chink Boycott," August 19, 1905, 5.

④ *Washington, Post*, "Chinese Attack Flag," August 23, 1905, 4.

⑤ Wang, *In Search of Justice*, 15, 131.

⑥ Tsai, *China and the Overseas Chinese*, 121, 122.

⑦ Sd. Julius G. Lay, American Consul General, Canton, China, August 4, 1905, Enclosure No. 1, No. 268 to The President of the Opposing Exclusion Treaty Society, Kwong Chai Hospital, Theodore Roosevelt Papers, Manuscript Division, Library of Congress, Reel 57, Series 1, 2.

虽然 1905 年的抵制美国货运动并未能使美国排华法案得以废除,但它却让中国受过教育的阶层看到,与清王朝相比,具有广泛民众参与的基层行动能更有效地保卫国家。抵制美国货运动持续了 6 个月,在广州历时更久。很多因素合在一起最终结束了这场抵制美国货的运动, 其中包括损失了数百万美元的商人与那些决心将抵制运动坚持到美国废除排华法案的人们之间的分裂。① 在平息抵制运动支持者与外国列强之间的纷争中,清政府如同走钢丝一般步履维艰。②当清朝官员转而反对抵制运动时,上海的商人们也早已放弃了抵制美国货的事业。③ 8 月 30 日清政府发布诏令,宣布禁止各方阻碍美国货物的贸易,以期平息抵制运动。④ 因参与抵制运动而煽动反美情绪者将受到严厉的惩罚。⑤ 据《洛杉矶时报》1905 年 9 月 18 日发表的一篇文章称,塔夫脱在访问中国之后,宣称中国人"急切地需要美国商品",因抵制美国货而带来的损失已达 1500 万美元。⑥ 柔克义公使发电报给美国国务院称,大清外务部已下达诏令, 让帝国所有的总督和巡抚都来制止抵制美国货的运动和因此而引起的动乱。⑦ 柔克义在给华盛顿的电报中概括了这一诏令的内容:

> 昨天发布的诏令中指出, 美中之间长期而深厚的友谊从未经受过像现在这样严峻的考验。美国政府已承诺修改条约,民众应耐心等待两国政府所采取的行动。抵制行为是错误的,也会伤害两国的友好关系。诏令各总督和巡抚采取有效行动,并负起全部的责任。此诏令的颁布无疑将产生很好的作用。据说上海的局势昨天已有所改善。⑧

据报道,美国政府威胁要评估其损失的程度,并向清政府提出索赔。此外,柔克

---

① Wang, *In Search of Justice*, 161.
② Tsai, *China and the Overseas Chinese*, 115.
③ Wang, *In Search of Justice*, 180.
④ Wang, *In Search of Justice*, 181.
⑤ Tsai, *China and the Overseas Chinese*, 121.
⑥ *Los Angeles Times*, Taft Leaves for America, Found No Hostile Feeling Among Japanese, Chinese Lost Fifteen Millions by the Boycott, September 18, 1905, 12.
⑦ *Washington Post*, "Boycott Forbidden," July 2, 1905, 5.
⑧ *Atlanta Constitution*, "Imperial Ban Put on Boycott," September 2, 1905, 2.

义告诫清政府，如不采取有效行动来遏制抵制运动，它就必须对所造成的损失负责。① 如前所述，"美方究竟要针对这次事件做些什么，我们尚不得而知，但事情已经很明了，柔克义这么做就是为将来向清政府要求赔偿埋下伏笔，索赔形式可能会是要求赔款。"② 中国人要为义和团运动给外国公使馆所造成的损害来负责偿还巨额赔款，而美国政府则宣称，在美华人所受的伤害要由地方政府来负责，联邦政府对此不承担任何责任。③

1905年末和1906年初，由于抵制美国货运动，罗斯福严肃地考虑了就像上次回应义和团运动那样对中国实施重大军事干预的可能性。④ 可是他的行政命令并没对中国的抵制运动起到缓和作用时，反而使后者进一步升级了，这令罗斯福感到极度气愤。理查德·查利纳在《海军上将、将军和外交政策》(1973)一书中写道："当他给鲁特写信，提及需要'口吻更加严厉'时，罗斯福总统已准备实施他的大棒政策了。"⑤

罗斯福考虑要在亚洲地区大力增派美国军舰。此外，他指示海军部长查尔斯·波拿巴与鲁特和海军上将康弗斯会面，商讨如何对中国进行军事干预，最终决定，美军登陆地点将选在广州附近。尽管罗斯福本人曾要求从菲律宾增派15 000名士兵，但美军总参谋部与参谋长联席会议计划从菲律宾驻军中调拨5000名士兵至广州。伦纳德·伍德将军就这一计划向罗斯福提供咨询。他承诺，调拨的兵力"必定是年轻和充满活力，进入备战状态，并且熟悉广州地区地形的士兵"⑥。尽管似乎罗斯福在1906年初便已制定了攻击计划，但他始终都未启动该计划，最终使这些计划无疾而终。⑦ 有人推测，这是因为罗斯福觉得军事行动的威胁便足以让他的目标得到实现。⑧

旧金山的唐人街上贴满了鼓励民众支持中国的抵制美国货运动和废除排华法案的布告。人们定期召开会议，募集资金以推进抵制运动目标的实现。⑨虽然到1905

---

① Tsai, *China and the Overseas Chinese*, 121.

② *New York Herald*, "Seeking to Learn Losses in Boycott," August 23, 1905, 20.

③ Wang, *In Search of Justice*, 27.

④ Challener, *Admirals, Generals*, 215.

⑤ Challener, *Admirals, Generals*, 216.

⑥ *Ibid.*

⑦ *Ibid.*, 217.

⑧ *Ibid.*

⑨ *Washington Post*, "Boycott Forbidden," July 2, 1905, 5.

年底,大部分抵制美国货的行动已经偃旗息鼓,仅在一些中国城市还有零星的抵制行动,但真正标志抵制美国货运动完结的却是 1906 年 4 月发生的旧金山大地震。作为抵制美国货运动中最重要的海外据点——旧金山唐人街在这次地震中几乎完全遭到损毁。①

新民粹主义运动

在义和团运动失败之后, 中国的权力基础从中国内地较为保守的政府官员手中转移到了来自沿海城市的改革者手中。② 1905 年至 1906 年的抵制美国货运动展现出了中国新士绅商人阶层日趋重要的地位, 这些人群主要居住在日益重要的沿海城市,他们在组织这次抵制运动中发挥了决定性的作用。导致抵制运动终结的主要原因包括清政府发布的诏令和对反美活动所作的警告,中国改革者与革命党人之间日益尖锐的矛盾冲突,柔克义公使为反对抵制运动而开展的积极活动,以及缺乏持久和协调的领导。③

中国抵制运动的许多组织者和参与者拥有更广泛的目标, 其中包括通过发动广大民众的力量来实现政治和社会变革。④清政府对抵制运动组织者的镇压实际上促成了清政府政权支持者和反对者之间的分裂。抵制运动演变成了铁路修筑权纠纷和各种各样的改革,包括修改宪法,并且最终引发了辛亥革命。⑤历史学家王冠华将当时的局势总结为:"抵制运动对于中国城市居民的真正意义远远超出了移民纠纷,而是表达了他们对于这个国家所面临的更为根本的问题的关注。从这个角度来看,抵制运动仅仅是中国 20 世纪初期政治抗争中的一个环节,它证明城市民众的情绪有利于政治改革的推进。"⑥

1894 年甲午战争中被日本击败后,清政府便开始试图加速自 1860 年开始的现

① Wang, *In Search of Justice*, 190.
② Hunter, *Gospel of Gentility*, 3.
③ Tsai, *China and the Overseas Chinese*, 121, 122.
④ Wang, *In Search of Justice*, 188.
⑤ *Ibid.*, 190.
⑥ *Ibid.*, 194, 195.

代化进程,人们开始大力发展西式工厂、新式学校和大学、电报、大炮、轮船和其他现代化船只、志愿者组织和商会。① 日本成功地将西方宪法原则应用于军队、工业和整体经济的现代化改造,受此启发,清朝官员也试图修改和实施作为西方政府权力基础的宪法结构。日本在日俄战争中的胜利便是其所取得成就最令人惊叹的证据。②

1905 年,慈禧太后命王公子弟和满、汉官员组成考察团,并指示他们去游历日本、英国、法国、德国和美国,以便向各国政府学习取经。当中国的激进分子听到风声之后,担心清政府有可能通过自身变革的计划取得成功。有一名中国激进分子试图在清政府考察团所乘坐的火车刚驶出北京站时炸毁火车。虽然这一计划以失败告终,激进分子意外地炸死了自己,但也有两名大臣因此受伤,考察团的出行也推迟了 4 个月。事件过后,清政府任命了替补考察大臣,考察团也终于成功地完成了任务。③

在 1905 年中国民众关注的许多问题(例如庚子赔款和抵制美国货运动)中,收复铁路修筑权这一事件也成为中国新民族主义运动中备受关注的一件事。为了偿还庚子赔款,清政府试图挪用供修筑铁路的贷款。更糟糕的是,外国列强威胁说,无论中国人喜欢与否,他们都将在自己的势力范围内修筑铁路。1900 至 1905 年间,德国人在山东,英国人在长江流域,法国人在昆明,俄国人在旅顺,日本人在沈阳——所有这些外国列强共修筑了 3222 英里的铁路轨道。④ 据历史学家史景迁的叙述,在清朝官员想要引进的各项技术中,引进难度最大的就要数铁路修筑了,因为很多中国人觉得铁路将打破人与自然之间的安宁。⑤

就像人类历史的过渡阶段经常会发生的那样,慈禧太后和清朝官员发现自己处于左右为难的境地:一方面,来自新志愿者组织的大量妇女、商人、工人都呼吁改革;但另一方面,相应的经费急剧上升,失去了控制。慈禧太后回銮进京之后,重新启动现代化的进程——1905 年 1 月底,她在皇宫内接待驻京外交使团的重要成员,2 月,她首次在宫内招待了一些外国女士。⑥ 邀请美国外交使团觐见慈禧太后便是清政府

① Spence, *Search for Modern China*, 243.
② *Ibid.*, 244.
③ *Ibid.*, 247, 249.
④ *Ibid.*, 250–252.
⑤ *Ibid.*, 247, 248.
⑥ *Ibid.*, 234.

尝试改革开放的另一个例子。

中国的革命党人受到了 1905 年的俄国革命和马克思主义理论的启发。[①]1905年的另一项重大事件是孙中山先生和他的革命团体与其他组织合作,创立了"同盟会"。[②]对于许多中国人而言,孙中山先生的理念以及他对于革命所持的观点比康有为试图保护光绪皇帝、建立一个类似日本的君主立宪制国家的理念更具有吸引力。[③]与革命党人相对立的一群改革者试图发起一个"自强"运动,以中学为体、西学为用。为落实这项计划,中国将聘请西方顾问,学习如何实施西方很多实用技术的发展成果。[④]

塔夫脱到达中国,亲身体验抵制美国货运动的风潮

1905 年 7 月 7 日, 美国驻中国特命全权公使柔克义从北京给罗斯福总统写信说:"我们非常高兴将在北京接见罗斯福小姐,并将尽一切力量令她的访问愉快。"他表示非常遗憾的是,新建的美国使馆无法在她到来时完工,并说代表团成员不得不在使馆外的一些中式老房子里"露营"。[⑤]8 月 17 日《纽约时报》刊登了一篇题为《罗斯福小姐也许不会去》的文章, 声称爱丽丝·罗斯福小姐尚未决定是否访问中国,收到慈禧太后的邀请后她还需要等待父亲批准尚可出访。[⑥]塔夫脱致电柔克义说,在从马尼拉到大沽的航程中,将由参议员纽兰兹和夫人在"洛根号"轮船上陪同罗斯福小姐;到达北京后,则将由柔克义公使夫人作陪;纽兰兹夫人将负责陪同其返回上海访问并最终回到旧金山。[⑦]

塔夫脱代表团抵达中国时,抵制美国货运动的势头已经明显减弱。1905 年 8 月

---

① Spence, *Search for Modern China*, 256.

② *Ibid.*, 238.

③ *Ibid.*, 234.

④ *Ibid.*, 240.

⑤ W.W. Rockhill, Minister of China, from American Legation, Peking, to President Roosevelt, July 7, 1905, Theodore Roosevelt Papers, Manuscript Division, Library of Congress, Reel 56, Series 1.

⑥ *New York Times*, "Miss Roosevelt May Not Go," August 17, 1905, 1.

⑦ Cablegram, Secretary of War to Minister Rockhill, August 28, 1905, William Howard Taft Papers, Manuscript Division, Library of Congress, Reel 52, Series 3.

CH0602 广州的船民

31日,代表团抵达香港,并在太平山顶与香港总督共进晚餐。《纽约时报》刊发文章说,塔夫脱已决定不去广州,因为那个城市反美情绪强烈,并且处处张贴着"令人厌恶的标语"①。塔夫脱电告罗斯福总统和柔克义说,他已在香港会见了一些华商,并就抵制美国货运动进行磋商,了解他们对修改排华法案所持的观点。在给罗斯福的电报中他写道:"清政府似乎完全接受了柔克义的各种要求。"他建议说,他暂时没有必要去北京,但愿意按照总统的要求行事。②9月4日,塔夫脱致电柔克义,在电报中询问他是否应该前往北京向清政府进一步施加压力,以期结束抵制美国货运动。此外,塔夫脱部长重申说他期望能乘"高丽号"返回美国。③

在美国助理国务卿弗朗西斯·卢米斯和白宫的一次电话交谈(该谈话副本于1905年9月2日用电报发给了塔夫脱)中,卢米斯表示,据标准石油公司一名外籍

① Cablegram, Secretary of War to Minister Rockhill, August 28, 1905, William Howard Taft Papers, Manuscript Division, Library of Congress, Reel 52, Series 3.

② Cable, Taft to Roosevelt, *Theodore Roosevelt Papers*, Manuscript Division, Library of Congress, Reel 59, Series 1.

③ Telegram, Taft to Roosevelt, Canton, September 4, 1905, *Theodore Roosevelt Papers*, Manuscript Division, Library of Congress, Reel 59, Series 1.

CH06　伍兹影集中关于广州的照片

顾问说,公司目前在中国的销售额为零,而去年同期他们销售了 35 万桶石油(每桶 10 加仑)。据卢米斯所言,石油市场已经被俄罗斯和德国占领。第二天,广州的美国公司代表将与总督和其他中方高官举行会谈。标准石油公司请求总统要求塔夫脱部长从香港前往广州访问,以非正式身份参加会议。这个行程乘轮船需要 6 个小时。①

9 月 2 日,在由 J. 帕克签署并发给白宫弗朗西斯·卢米斯阁下的另一份电报中,帕克在报告说收到一份英美烟草公司伦敦办事处发来的电报,说由于抵制运动的影响,该公司业务已处于停顿状态。商人们也"非常渴望"9 月 4 日塔夫脱能与总督一道出席在广州召开的、商谈如何解决抵制美国货运动事件的会议。②在征求大家

---

① Telegram to Secretary Taft, Telephone conversation transcription between Assistant Secretary Loomis and White House, Oyster Bay, N.Y., September 2, 1905, Theodore Roosevelt Papers, Manuscript Division, Library of Congress, Reel 59, Series, 1.

② Telegram, J. Parker to Hon. F.B. Loomis with request that it be given to the President, White House, New York, September 2, Theodore Roosevelt Papers, Manuscript Division, Library of Congress, Reel 59, Series 1.

CH0503　广州珠江上的景色

的意见之后,塔夫脱部长决定携一行 40 人前往广州,并且仅由总督提供的警卫人员护行。塔夫脱禁止女士陪同前往。

包括弗罗斯特和伍兹在内的一些敢于冒险的代表团成员访问广州的时候,爱丽丝·罗斯福将根据女士被允许的程度,到达尽可能靠近这个城市的区域。塔夫脱代表团的大多数成员在广州乘坐火车和船前往八旗会馆。①在罗斯福用电报下达相关指示后,塔夫脱及其代表团成员于 9 月 4 日前往抵制美国货运动的发源地——广州,就当前中国对美国商品所实施的禁运进行磋商。塔夫脱和一行 40 人的代表团参加了美国领事馆的招待会,并受到总督所派遣一营卫兵的迎接。代表团访问广州期间,仅由这些卫兵护行。作为新广州铁路公司的客人,塔夫脱代表团的行程覆盖了铁路线的全程。②不幸的是,在他们访问期间,总督卧病在床。但塔夫脱 9 月在旧金山接受美联社采访时透露,总督邀请了塔夫脱所有代表团成员与代表他出席的布政司

---

① Interview, William H. Taft by Associated Press, September, 1905, San Francisco, **William Howard Taft Papers**, Manuscript Division, Library of Congress, Reel 52, Series 3, 12–13.

② *Washington Post*, "Canton Boycott Checked: Visit of Secretary Taft and Party Has Immediate Effect," September 5, 1905, 1.

在广州八旗会馆共进午餐。总督的代表谈到了中美两国之间的友好关系。虽然塔夫脱曾担心,他的代表团成员可能会受到侮辱,但总督发出公告,禁止侮辱美国人,要求访问期间保持社会平安。在1905年9月5日致总督的信中,塔夫脱部长向总督表示问候,并对他病情严重无法参加庆祝活动感到遗憾。他还请求总督宽恕他们风尘仆仆的随意"行装",希望他不要"因为代表团未能正装出席而产生任何误解"。①受到礼遇的塔夫脱代表团参观了广州老城,购买了很多中国商品。

那天早上,在一次严厉镇压的行动中,总督颁布命令,指出应该取消抵制美国货行为,所有领头者都将"被逮捕,并受到惩罚"。根据《纽约时报》1905年9月5日的报道,"塔夫脱代表团的广州之行起了立竿见影的效果,相信抵制运动在两个星期内就将结束。"②塔夫脱在回应时也提到了两国的友好关系,并向中国人保证说:"美国不会要中国的一寸土地。"塔夫脱称抵制运动是不公正的,违反了条约权利,但令他感到高兴的是总督已下令停止抵制运动。《华盛顿邮报》刊登头版文章(1905年9月5日),赞扬塔夫脱访问所产生的积极效果,并且重申了抵制运动将在两周内结束的观点。③之后,塔夫脱向罗斯福发出了由一位驻马尼拉军官撰写的详细报告,描述中国综合国力减弱、排外情绪的发展以及抵制美国货运动在北京、广州等沿海城市的分布情况。④

由于广东人对抵制运动的反应是最强烈和最具组织性的,塔夫脱和代表团的一些成员曾对到此访问表示过担忧。抵制运动的积极分子在全城各处张贴红色的抵制运动海报,人们聚集在狭窄的街道上参加慷慨激昂的反排华法案集会。⑤从遍及中国的各种自发的抗议行动来看,塔夫脱代表团的担心是可以理解的。据报道,在北京和天津,商人们在看到美国人光顾购买明信片或其他物品时便会有意抬高价格。⑥

---

① Letter, Secretary William H. Taft to Viceroy, Canton, China, September 5, 1905, William Howard Taft Papers, Manuscript Division, Library of Congress, Reel 52, Series 3.

② *New York Times*, "Canton Cordial to Taft," September 5, 1905, 6.

③ *Washington Post*, "Canton Boycott Checked: Visit of Secretary Taft and Party Has Immediate Effect," September 5, 1905, 1.

④ Challener, *Admirals, Generals*, 216.

⑤ Tsai, *China and the Overseas Chinese*, 112.

⑥ Wang, *In Search of Justice*, 114.

弗朗西斯·W.弗罗斯特将代表团在广州的访问形容为"香港之行最有趣和最令人激动的部分"。(00314)他提到，由于抵制运动非常"危险"，总领事布拉格曾建议他们不要接受总督的邀请访问广州。① 弗罗斯特将广州描述成中国最"反洋"的城市。正如弗罗斯特所说的那样，"然而一种巨大危险即将降临的感觉给整个事件笼罩上了一层神秘色彩，所以我们中间有十个人决定自己想办法乘坐另一艘夜行船前往广州。"(00315)1905 年 9 月 13 日《纽约时报》刊文报道，中国代表敦促修改对"劳工"的定义，要求美国政府应该承认领事证书的有效性，视其为最终身份证明，并改善美国海关拘留所的条件。塔夫脱部长承诺在回到美国后即向罗斯福总统递交提案。②

爱丽丝·罗斯福被建议留在英国控制的香港；不过，她表示希望见识一下广州。由于此行具有内在的风险和广州当时的反洋情绪，罗斯福小姐及其朋友梅布尔·博德曼小姐、艾米·麦克米伦小姐和监护女伴纽兰兹夫人、尼古拉斯朗沃思、领事莱和夫人③乘坐一艘美国炮艇航行至沙面附近的小岛。她们并未获准登岸，但可以在一条狭窄的运河上眺望广州的街景。④ 为了说服人力车夫们拒载美国人，抵制运动组织者创作了一张侮辱性的海报，描绘爱丽丝·罗斯福坐在一顶由四只乌龟抬着的轿子上。图中乌龟代表怕老婆的人，意指"苦力"。⑤ 美国总领事曾在市场上看到过这幅海报。

代表团官方摄影师伯尔·麦金托什评论说这份海报的侮辱度非常强，若是哪位中国人知道海报是针对自己的话，准会为此而"拼命"的。⑥ 爱丽丝·罗斯福报告说，这次访问总的来说太平无事，但有一次，有几位围观者愤怒地朝着她挥舞拳头。⑦ 在美国政府的坚持下，有三名广州抵制运动协会的成员在代表团抵达广州的两天前遭到逮捕。总领事称他们为"臭名昭著的无赖"，因为总是不断地制造麻烦。⑧他

---

① *Washington Post*, "Miss Roosevelt's Pluck in Face of Peril in the Orient," February 9, 1905, 6.

② *New York Times*, September 13, 1905, 1.

③ *Washington Post*, "Miss Roosevelt's Pluck, 6."

④ Longworth, *Crowded Hours*, 91.

⑤ Cordery, *Alice*, 123.

⑥ *Washington Post*, "Miss Roosevelt's Pluck, 6."

⑦ Longworth, 1 91.

⑧ Wang, 1190.

们在第二年的 10 月才得以释放。这不仅是抵制运动中实施的首次逮捕,也预示了清政府反对抵制运动组织者的强硬立场。① 随着抵制运动中产生了不同的派别——改良者和激进分子——其内部分化进一步加剧了,对这一特定斗争的延续在短期内产生了一定的负面影响。王冠华指出:

> 目前,激进分子和改良者这两个派别的竞争更加激烈地争夺对于抵制运动和民众政治倾向的影响力,这为抵制运动开创了全新的局面,也对中国的政治前途产生了深远影响。革命事业在中国和海外的受欢迎程度都大大提升了。(S. 王 1955:197)②

美国历史学家斯泰茜·科德里说,罗斯福小姐在广州看似异想天开,冒着可能发生的危险来到了靠近珠江的岸边,但实际上这样做可以让抵制运动组织者的内部出现分裂,因为他们当中有些人希望通过加强抵制运动的声势,以得到在美国新闻媒体面前露脸的机会,而有些人则为了向罗斯福总统的女儿表示敬意而愿意暂时停止抵制活动,因为他们认为如果这样做的话,美国会更快地满足他们的要求。据科德里说,这种分裂使得柔克义公使有机会要求庆亲王发布法令,以终止抵制运动。罗斯福小姐也进行了干预,使那些创作政府明令禁止的,以取笑外国游客的漫画的艺术家得以保命,她还将该海报的副本视为从亚洲带回国的又一份珍宝。③ 罗斯福小姐对抵制运动给美国贸易带来的影响非常关切,1905 年,在写给维克多·霍华德·梅特卡夫的一封信中,她称在美国,华人精英应当与其他国家的来访者享受同等待遇。④ 因此,塔夫脱在广州的访问对开展谈判、恢复中美之间的和平贸易关系至关重要。

---

① Wang, 1190.
② *Ibid.*
③ Cordery, *Alice*, 123, 124.
④ H.W. Brands(ed.), *The Selected Letters of Theodore Roosevelt*(New York: Cooper Square Press, 2001), 1235.

塔夫脱代表团回到香港后分为两组

回港后,塔夫脱部长和科尔宾少将出席了英国驻军指挥官们的午餐会。下午,跑马俱乐部举行了趣味赛跑竞赛。参赛者分别是美国和英国的名流贵妇,她们乘坐在由英国名人所拉的人力车中进行比赛。① 获胜者是一位来自华盛顿的爱丽丝·兰霍恩小姐。傍晚时分英国人和印度人举行了一次阅兵队列表演,晚上香港殖民地的英国总督弥敦爵士在总督官邸举行晚宴,招待美国代表团,"这是香港殖民地历史上规模最大的社交活动"。晚宴后,在香港俱乐部举行了"盛大的舞会"。②

第二天,9 月 6 日,美国代表团分成了两组。爱丽丝·罗斯福、尼古拉斯·朗沃思、哈里·福勒·伍兹和其他大约 30 位成员前往大沽和北京。③ 塔夫脱和代表团其他成员共计约 60 人,乘坐"高丽号"轮船前往厦门和上海。在上海期间,塔夫脱听说了东京骚乱的消息——他将此次骚乱归咎于民众因日本首相刚签订朴次茅斯和约以及警察对示威者不公正阻挠所引发的不满。④

塔夫脱一行从上海乘船到长崎、神户和横滨,太平洋邮船航线的几个常规停靠地点。在到达"骚乱发源地"之后,塔夫脱发现此前有关骚乱的消息未免有点"言过其实"。他们从东京乘船返回美国。⑤ 代表团于 10 月 2 日抵达华盛顿,途中塔夫脱一行乘坐由四个车厢所组成的专车从芝加哥驶往华盛顿,这段距离的行驶时间打破了当时的历史记录。⑥ 回到美国之后,塔夫脱在接受美联社记者采访时谈到了中国的抵制美国货运动:

---

① *Washington Post*, "Washington Girl Won," September 6, 1905, 5.

② Interview with the Associated Press, September, 1905, San Francisco, William Howard Taft Papers, Manuscript Division, Library of Congress, Reel 52, Series 3, 13.

③ *Ibid.*

④ Letter, Taft to Nellie Taft, September 24, 1905, William H. Taft Papers, Manuscript Division, Library of Congress, Reel 25, Series 2.

⑤ Taft's interview with Associated Press, September, 1905, San Francisco, William Howard Taft Papers, Reel 52, Series, 3, 14.

⑥ *New York Times*, "Taft Arrives at Capital," October 2, 1905, 6.

CH0703　内格尔夫人在去香港太平山顶的路上

　　我的印象是,这个事件将会逐渐平息,因为中国商人必然需要美国向满洲里出售需求量很大的那些商品。中国商人自己也在赔钱,他们的影响力也不可能使抵制进一步延续。已经有人提出了合理修订《排华法案》的建议,在不为苦力打开大门的前提下,去掉现行条款中强加给合法入境者的耻辱。这是香港及其他地方的商人向我提出的建议,我将把这些建议提交给总统。总统公开承诺确保给予中国人公平的对待一事起到了良好效果。[1]

美国政府代表团与海军陆战队一起到达北京

　　爱丽丝·罗斯福和她那组代表团成员乘坐美国军用运输舰"洛根号"抵达北京,同船抵达的还有一支美国海军陆战队,后者将撤换在义和团运动之后驻扎在中国

---

　　[1]　Taft's Interview with Associated Press, September 1905, San Francisco, 17.

的美军第九步兵团一个连。① 伍兹的照片意义重大,因为它们是记录 1905 年 9 月
15 日美国海军陆战队到北京换防第一天情景的已知孤本映像资料。义和团运动之
后和 1905 年之前,海军陆战队不断地乘坐美国海军亚洲舰队的战舰进入中国地
区,间或还会登陆上岸。当美国舰船在中国沿海和长江沿岸巡逻时,其持续时间是
有限的。美国海军陆战队在历史上曾负有保护美国驻外使团的使命。《纽约时报》
1905 年 9 月 13 日的报道记载,美海军陆战队上尉哈里斯·李率领 100 名海军陆战
队员和 3 名军官到达北京。他们将撤换围困事件后充当美国使馆卫队的布鲁斯特
上尉和第九步兵团一个连。文章指出,"美国公使馆警卫队与中国当局一直保持着
良好的关系。"②

在 1905 年 6 月 7 日写给塔夫脱陆军部长的一份信中,陆军副官长亨利·科尔宾
曾提议美国代表团也许可以派部分成员访问北京,他将调遣"洛根号"运输船供其
使用。他指出,美国驻京公使馆警卫队已有一年多未接受视察,他认为最近那儿已
经完成军营和营房相关的大量整修工作,因而视察是非常重要的。他建议,科尔宾
夫人很愿意陪同年轻女士们,他也认为罗斯福小姐、麦克米伦小姐和博德曼小姐
"也许特别期待进行这次访问"。在信中,科尔宾没有明确指出要撤换警卫队,而似
乎很想对第九步兵团的警卫连进行一次视察。③

根据 1901 年的《辛丑条约》,美国海军陆战队是可以返回美国驻京公使馆担负
警卫任务,以撤换美国第九步兵团那个连的。在 1905 年 7 月 21 日提交美国陆军部
一份备忘录中,陆军总参谋长约翰·W. 查菲中将提议,在北京驻扎一支海军陆战队

① *Washington Post*, "Taft Party's Itinerary," August 29, 1905, 1.根据《华盛顿邮报》记载:菲律宾总
督赖特从马尼拉发电报给美国国防部:"菲律宾的下列人员将去北京,并且将在北京的访问结束之后独自
旅行:内华达州的弗朗西斯·纽兰兹参议院和夫人,怀俄明州的沃伦参议员,纽约州的伯克·科克伦众议
员,马萨诸塞州的弗雷德里克·H.吉勒特众议员,俄亥俄州的尼古拉斯·朗沃斯众议员,爱丽斯·罗斯福小
姐,华盛顿特区的梅布尔·博德曼小姐,埃米·麦克米伦小姐,威廉·S.雷伯恩,罗德岛州纽波特的罗杰·K.
维特莫尔,马萨诸塞州格罗顿的阿瑟·H.伍兹,怀俄明州切延尼的弗雷德·E.沃伦,新奥尔良州的埃米尔·
戈德肖夫妇,爱荷华州的莱夫·扬(《资本》主编),俄亥俄州辛辛那提的 J.G. 施米德拉普(联合储蓄银行和
托拉斯公司主席),华盛顿特区的小斯蒂夫桑特·菲什。"

② *New York Times*, "Legation Guard Changed, Marine Officer Displaces Infantry Captain at Peking,"
September 13, 1905, 4.

③ Letter, Henry C. Corbin to Secretary William H. Taft, William Howard Taft Papers, Manuscript Divi-
sion, Library of Congress, Reel 51, Series 3, 2.

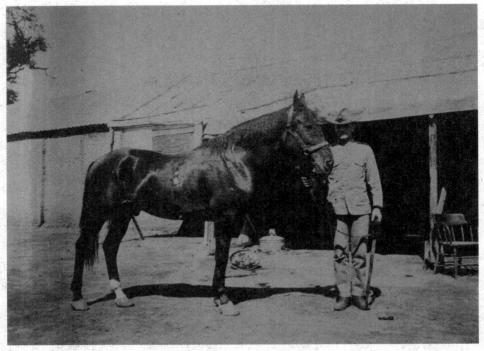

CH2701　公使馆警卫队队长李及其坐骑

要比驻扎一支陆军部队节省更多经费，因为海军陆战队的人员和物资均可以由海军运送，而陆军则需要借助商业船只。这也可能使得罗斯福最终听从柔克义的建议，选择了海军陆战队。备忘录中说："柔克义公使希望用海军陆战队撤换步兵团，这一想法生成于他离开美国之前，或是对布鲁斯特上尉属下警卫队的个人纪律及遵守这些纪律的难处有所了解之后。我们所了解信息并未显示军队的纪律不良。"①1905 年 7 月 24 日，海军部的查尔斯·J. 波拿巴承认收到了国务院的来信，信中说驻中国公使柔克义建议将步兵团警卫队撤换为海军陆战队队员。②

在弗朗西斯·W. 弗罗斯特的一封信中，说在他访问北京期间，柔克义公使访问

---

① Memorandum, John W. Chaffee, War Department, July 21, 1905, Theodore Roosevelt Papers, Library of Congress, Manuscript Division, Reel 57, Series 1.

② Letter, Charles J. Bonaparte, July 24, 1905, Theodore Roosevelt Papers, Library of Congress, Manuscript Division, Reel 57, Series 1.

了公使馆警卫队，他视察了改建后的营房，并向警卫队员们发表了讲话。弗罗斯特转述柔克义的话说，由于在北京无所事事，从而导致"有很多外国公使馆卫兵酗酒，并犯下了谋杀、抢劫等罪行。而他会尽其所能，让士兵们生活得更好一些"。(00357)

　　显然没有人告诉柔克义，就在那天还有两名美国士兵因为酗酒和行为不当被关禁闭。根据弗罗斯特的叙述，李是一名纪律严明但受士兵爱戴的军官，他对公使馆的环境做了很大的改进，而在中国待了五年的陆军警卫队却从来没有想过这些。

　　8 月 23 日，亨利·科尔宾又给塔夫脱部长写了一份备忘录，概述了运送军队和撤换公使馆警卫队的整个过程。他表示打算与其参谋部成员们乘坐"洛根号"返回马尼拉。① 与海军陆战队同船从菲律宾出发的还有两名军官：哈里·李上尉和托马斯·霍尔科姆中尉。这两名军官后来是 1906 年离开中国的。哈里·李上尉后来成为了一名将军。托马斯·霍尔科姆 1908 年返回美国，此后一直担任外语教官，直至 1914 年。1928 年，他重新回到北京，担任了公使馆警卫队的指挥官，并在 20 世纪 30 年代成为了海军陆战队司令。

罗斯福小姐一行谒见慈禧太后

　　柔克义公使及夫人、科尔宾少将、特雷恩海军少将、罗斯福小姐和代表团其他成员们于 9 月 13 日傍晚到达北京。作为罗斯福总统派来谒见慈禧太后的重要使者，爱丽丝·罗斯福第一晚与柔克义夫妇一起住在了美国公使馆。大清外务部右侍郎伍廷芳、联芳和其他一些重要使者迎接了他们。② 爱丽丝·罗斯福在其自传《拥挤的时光》中写道，晚饭后在悬挂在树上的灯笼照耀下，有一位中国的魔术师表演了一些非常有趣的魔术。她还提到，在柔克义年轻时，曾经装扮成中国人访问了西藏，"他是一位伟大的汉学家，也很热爱中国"。③

　　星期三，罗斯福小姐参观了天坛，第二天，她和柔克义夫人、纽兰兹夫人和该代

---

　　① 　Memorandum, Henry Corbin to William H. Taft, August 23, 1905, William Howard Taft Papers, Manuscript Division, Library of Congress, Reel 52, Series 3, 2.

　　② 　*Los Angeles Times*, "Corbin at Peking," September 13, 1905, 11.

　　③ 　Longworth, *Crowded Hours*, 93.

表团的其他女士们一起在颐和园留宿了一夜。① 美国代表团的其他成员仍留在北京城里,离颐和园相距大约 14 英里。② 一些历史学家认为,只有罗斯福代表团中最重要的一些成员才被允许谒见慈禧太后,③ 但据弗朗西斯·W. 弗罗斯特说,任何人都可以访问太后,前提是需要尽早地提出请求。(00343)他遗憾地说:"我们沮丧地得知,假如早点把我们的名单从香港发过来了的话,我们本来也是可以一同前往的,可是就连艾德副总督,也因为名字被略掉而不能前往,参加谒见的人员名册一旦定下来了,就无法修改。"这一次参加谒见的人员是历来人数最多的,所以此次接见在许多方面都是史无前例的。(00344)弗罗斯特将这次访问描述为:"这是一件大事,全中国都听说了。"(00344)爱丽丝·罗斯福坐在一把由四个轿夫抬着的轿椅上。柔克义夫妇、纽兰兹、梅布尔、埃米和爱丽丝·罗斯福还在庆亲王府里过了一夜,罗斯福小姐住的是一个大房间。晚餐,他们交替吃着欧洲和中国美食。那天晚上,罗斯福小姐发现自

CH3901　北京紫禁城中慈禧太后的诸多宝座之一

---

①　Longworth, *Crowded Hours*, 93.
②　Felsenthal, *Life and Times of Alice Roosevelt Longworth*, 84.
③　Cordery, *Alice*, 124.

己玫瑰酒喝得太多，几乎都喝醉了。①

令人期待的觐见慈禧太后仪式发生在第二天早晨 8 点。留在北京的代表团其余成员必须穿戴讲究，并且早早地赶到颐和园。②在觐见慈禧太后时，首先由柔克义夫人向太后介绍罗斯福小姐，随后其他人按照身份显贵依次觐见。③据小斯蒂夫桑特·菲什私人刊印的《1600 年至 1914 年》一书中所说，爱丽丝·罗斯福是这样描述慈禧太后的：

> 我们第一眼见到她是透过谒见厅的门口看到的。她笔直地坐在高出地面几个台阶的御座上，把一只纤细和带着金指甲套的手放在椅子扶手上，另一只手放在膝上。她穿着一件宽松的点缀着刺绣的旗装，脖子上带着珍珠串和翡翠。光滑的黑发梳成高高的旗人发型，头饰上点缀着珍珠、翡翠和人造花。④

前驻美公使（1897—1902）、享有国际声誉的律师和学者伍廷芳担任了翻译。（弗罗斯特 00344）爱丽丝·罗斯福和代表团其他女士们与东太后和西太后一起参加了午宴。午餐的一个高潮是"雪片鱼翅"。据报道，此次谒见过程中的一次著名事件是慈禧太后喝令伍廷芳跪倒，额头贴地。他被迫继续弓着腰翻译，只许在便于他人听到他声音的时候才能抬起头。⑤罗斯福小姐描述了慈禧太后的残酷和专横，与此形成对比的是，年轻的皇帝蜷在角落里，受着鸦片瘾的折磨，英国的鸦片贸易给这个国家带来了深重的灾难。爱丽丝·罗斯福描述道："皇帝坐在宝座最低一级台阶上，刚 30 岁出头的样子。他软弱无力地蜷缩着，嘴巴微微张开，眼神呆滞游离，面无表情。没有人向他引荐我们，没有人关注他。他只是坐在那里，茫然地四处环顾。"⑥慈禧太后

---

① Longworth, *Crowded Hours*, 94, 95.

② Ibid., 95.

③ *New York Times*, "Chinese Empress Cordial: Chats Informally with Miss Roosevelt and Americans, September 16, 1905, 7.

④ S. Fish, *1600–1914*, 236.

⑤ *New York Times*, Chinese Empress Cordial, September 16, 1905, 7.

⑥ S. Fish, *1600–1914*, 236.

CH3806　通向紫禁城三大殿之一的一个边门

后来走到了这群西方人的中间,与他们随意交谈,并亲自向罗斯福小姐和代表团成员们逐一赠送了很多礼物,包括戒指和金手镯。①

慈禧太后特别赠送给罗斯福小姐的礼物是两个戒指、一对耳环、一些白玉和一件用白色狐皮和貂皮缝制成的裘袍。②《纽约时报》和《纽约先驱报》1905 年 9 月 24 日的报道指出,这次访问非常的随意和自然。③爱丽丝·罗斯福在自传中将慈禧太后与"俄国的凯瑟琳女皇、英国的伊丽莎白女王、埃及的哈特谢普苏特女皇和埃及艳后克娄巴特拉等人并称为历史上最伟大的女性统治者"④。随后爱丽丝乘坐由八名轿夫抬着的带有"流苏和衬垫"的黄色轿椅参观了皇家园林。⑤美国代表团中很多精心着装的重要成员也应邀参加了接见。⑥

爱丽丝·罗斯福用生动的语言描述了她所见到的皇家园林风景:

① S. Fish, *1600–1914*, 99.

② Felsenthal, *Life and Times of Alice Roosevelt Longworth*, 83.

③ *New York Times*, "Miss Roosevelt at Peking," September 13, 1905, 4; *New York Herald*, Empress Dowager and President's Daughter, September 24, 1905, magazine, 1.

④ Longworth, *Crowded Hours*, 95.

⑤ *Ibid.*, 100–103.

⑥ Cordery, *Alice*, 124.

没有什么建筑能够与中式屋顶的曲线和由鲜艳的碧绿、深蓝和朱红等颜色交错而成的雕梁画栋相媲美的了。这些中式屋顶的屋檐和屋脊上往往还会装饰有龙、凤、狮、狗等奇特的雕像。①

第二天早上,太后派专人给罗斯福小姐送去了一只京巴狗。太后还给她送去了另一份礼物:一张用镀金相框装裱,并放在盒子里的慈禧太后肖像照片,这个装着肖像照片的盒子是放在一个黄色龙轿里,并由一队骑兵护送来的。② 第二天,在德国公使馆用餐和与"北京大多数外国人"会见之后,罗斯福小姐参观了雍和宫和紫禁城。她说到自己非常希望能在北京待得更久一些,以便能看一眼长城和明陵(据说直到晚年的时候,爱丽丝·罗斯福依然穿着慈禧太后馈赠的锦缎服装③)。她渴望"能去西山的某个寺庙避暑",也曾立下誓愿,想要再回中国,但这个誓愿最终并未实现。④

CH3904　太监的照片

① Longworth, *Crowded Hours*, 100–101.
② *Ibid.*
③ Felsenthal, *Life and Times of Alice Roosevelt Longworth*, 83.
④ Longworth, *Crowded Hours*, 101–102.

罗斯福小姐一行出发去天津和朝鲜,伍兹和弗罗斯特去长城旅游

参观紫禁城后,罗斯福小姐和代表团的其他六名成员动身前往天津,去会见直隶总督袁世凯和其夫人,并出席他们的家宴。袁世凯夫人显然是首次获准会见外国人。[①] 此时,哈里·福勒·伍兹和弗朗西斯·W.弗罗斯特离开了官方代表团,他们不愿把两天时间花费在直隶总督的丰盛晚宴上,而是留下来参观紫禁城里的冬宫。据弗罗斯特说,这样一大群外国人——他估计有 20 至 30 人——受邀进入紫禁城是前所未有的。大多数受邀请者是居住在北京的外国人,他们都希望利用这一生中难得的一次机会大开眼界。(00345)

正如弗朗西斯·弗罗斯特所描述的那样:

> 我们首先被护送上了游船,船被撑着渡过了荷花池,然后我们又被领着穿过了一个个庭院和许多宫殿建筑,那里面堆放着最精美的艺术品——雕刻品、玉器和珊瑚石,以及大量的钟表。几乎每个房间都有一股芬芳的香味,那是屋内放置在大碟子中成堆的苹果散发出来的。(00346)

吃过一顿便餐后,他们于下午参观了宫殿中一些较为古老的地方,那些地方已经有数百年的历史。由于整个宫殿都对他们开放,所以他们能够仔细察看具体的实物——青铜器、木雕、纸张、景泰蓝、瓷器、丝绸——所有这一切都是独具一格和绝无仅有的。除了跟少数人还会见面以外,弗罗斯特和伍兹跟罗斯福小姐和随行的代表团其他成员在中国不会再碰头。尽管以往弗罗斯特写信时一开头总会热情地描述爱丽丝·罗斯福的表现,诸如她"总是那么快乐",已经"赢得了所有人的心",但此时他却说,跟"爱丽丝公主"分离其实并不是那么令人难过的事,他可以看出"她身上并无吸引人的品质"。(00347)不过他并没有细说作出如此负面评价的原因。

就在罗斯福小姐随代表团动身去天津访问袁世凯"豪华"宅邸的那个星期六,

---

① Longworth, *Crowded Hours*, 102.

CH12　伍兹影集中关于上海的照片

伍兹和弗罗斯特也乘坐马车，开始了那为期四天、总长 36 英里的游览长城的艰难行程。他们聘请了一位当地的导游，配备了行程中所需的物资、两匹马、一辆北京骡车，以及一些小矮马和马夫。在弗罗斯特引人入胜的描述中，那些过往的骆驼队，在田里耕种的农民和繁忙的中国农村景象是非常有趣的。(00347,00348)他们参观沙河镇时仅逗留了几个小时，之后在南口过夜，并在那儿遇到了沃伦、来自新奥尔良的戈德肖夫妇和霍巴特。在路上，他们看到了"许多驮着货物的骡子，及一些载满重负的齐腰小毛驴"。(00351)

到达长城后，他们看到数百只骆驼停在树阴下吃草、休憩。伍兹和弗罗斯特参加了一个庆祝野餐，野餐时他们将桌布盖在砖块上，人坐在石头上。后来他们又回到南口的客栈过夜。第二天，他们出发去了距离南口 15 英里的十三陵，这也是行程中最为险恶的一段。(00352)弗罗斯特介绍说，在去过十三陵之后，他们还去了汤山。

在那儿他们所住的一家客栈同时也是藏传佛教遗留下来的一座喇嘛庙。(00356)

当他们回到北京时,总计已经完成了 125 英里的旅程。(00356)在北京时,由于事先没法确定自己计划搭乘的轮船何时能抵达大沽,所以他们先在美国公使馆警卫队的军官宿舍中住下来等了几天。弗罗斯特和伍兹在天津下了火车之后,便订了"盛京号"的船票去芝罘。在后来的旅途中,因富豪 E.H.哈里曼包下了"俄亥俄州号"举办个人派对,伍兹和弗罗斯特无奈被困在了芝罘,无法继续行程。由于发生了这件事,他们只得乘坐从芝罘开往上海的"镇华号"轮船。途中遇上了在山东半岛以南触水雷爆炸的"协和号"轮船残骸。他们也参与抢救了一些受重伤的乘客。到上海时,弗罗斯特描述上海是"世界上最国际化的大都市"。(00360)他生动地描述说上海有"生机勃勃的雄伟大街"和"来自各国的士兵","用各种语言印刷的标语和报纸随处可见",并且"拥有许多砖石建筑"。在上海逗留一段时间后,因为事先计划要在日本多待些时间,在开始去缅甸、印度、埃及和希腊的旅程前,弗罗斯特和伍兹先动身去了长崎,并且拍摄了 400 多张照片,弗罗斯特也将旅行时的见闻写成了更多书信。

罗斯福小姐率领的代表团从天津乘"俄亥俄州号"战舰前往济物浦,在那里他们会见了一些朝鲜官员,并且乘坐专列前往朝鲜首都汉城。他们此行是应朝鲜皇帝的邀请前往汉城的。(00347)9 月 19 日,罗斯福小姐和余下的代表团成员们穿过了挤满身穿白色长袍的朝鲜人和皇家侍卫的街道。街道刚被整修一新,到处都装点着美国国旗。[①] 女士们参加了皇后在皇宫中举办的午餐会。这也是朝鲜历史上首次由宫廷中的女性来招待外国人。

在前往美国使馆的路上,爱丽丝·罗斯福再次乘坐了皇家的黄色轿子,"由手持装着灯笼的长杆的男子护送"。[②] 代表团在韩国停留了十天。具有讽刺意味的是,当罗斯福和塔夫脱为赢得菲律宾而拿朝鲜跟日本做交易时,爱丽丝·罗斯福这样描述了朝鲜人民的普遍状态:

朝鲜不情愿和非常无奈地陷入了日本的掌控之中。全国人民看起来

① *New York Times*, "Rides on Palanquin," September 20, 1905.
② Longworth, *Crowded Hours*, 100–101.

A view of the Great Wall

Gate at Great Wall ::Nankow Pass

CH50　伍兹影集中关于长城的照片

都有些悲伤和沮丧，似乎他们所有的力量都已被消耗殆尽。随处可见好战
和技术娴熟的日本军官和士兵，这与贫困卑微的朝鲜人形成了鲜明对比。[1]

他们这一组代表团成员先从朝鲜返回日本，然后再乘轮船穿越大西洋回到了
美国。

罗斯福小姐一行返回日本

爱丽丝·罗斯福、尼克·朗沃思以和其他大多数人都是从朝鲜乘坐加拿大邮轮
穿越内海到达横滨的，此后他们再次在东京的美国驻日公使格里斯科姆家住了一

---

① 　Longworth, *Crowded Hours*, 103.

CH2001　　北方客栈

段时间。据爱丽丝·罗斯福说,此行使他们更加细致地游览了日本。他们去了镰仓朝拜了大佛,还去中禅寺湖和日光游览了那儿的寺庙和幕府将军陵墓,他们在那儿看到了"最隐秘的神龛"①。

　　自从 9 月 4 日在新罕布什尔州的朴次茅斯签署了和平条约后,日本人民的情绪几乎是在一夜之间发生了变化。有人劝告罗斯福小姐假装自己来自英国,以免激起众怒。日本人曾预期能够从俄罗斯那儿获得大笔战争赔款,却因赔款的落空而强烈谴责罗斯福总统。② 2005 年 9 月 12 日,在一份写给国务卿伊莱休·鲁特的备忘录中,劳埃德·卡彭特·格里斯科姆这样说道:

　　　　……日本作出重要让步这一消息像野火般地在整个帝国蔓延开来,

①　Longworth, *Crowded Hours*, 105.
②　Ross, *An American Family*, 170.

民众对此倍感惊讶和失望。海军和陆军的捷报频传曾令日本民众备受鼓舞，他们相信日本能以对自身非常有利的条款来缔结和平条约。绝大多数的媒体都提出要求，也颇为自信地预期能够让俄罗斯割让海参崴、其沿海诸省和库页岛，并获得十亿美元的赔款。①

日本的骚乱依靠严厉的军事管制平息了下去。格里斯科姆的结论是，日本新闻界和狂热的政治家联手为引爆公众的想象而煽风点火，使后者对于原本不可能达到的"日本主宰俄罗斯"的结果充满遐想。②

外交使命的结束，弗罗斯特和伍兹离团游览长城

在 E.H. 哈里曼本人领导的哈里曼代表团在亚洲的日本、中国和韩国调研铁路投资收益的同时，罗斯福小姐一行于 1905 年 10 月 13 日从横滨启程乘船返回旧金山。③代表团返回美国的速度打破了历史纪录，抵达纽约仅花费了短短 13 天。

此次出访，爱丽丝·罗斯福带回的礼物比以往任何人出访时获得的礼物都要多。她的 27 箱礼物引起了一阵热议，人们争论她是否应该缴纳相关税金。据《纽约时报》1905 年 10 月 18 日的报道，这笔税金高达 2.5 万美元。④一些谣言甚至将这笔税金抬高到了 6 万美金。这些礼物最终被存储在白宫的地下室。由此引出的问题是，这些礼物（包括艺术品、她的京巴狗"满清"、昂贵的面料和服装）的归属究竟应该是罗斯福小姐还是联邦政府。她最终付的关税是 1026 美元。⑤

尽管不断有长篇大论见诸于美国媒体，但爱丽丝从未炫耀过朗沃斯赠送的戒指，不过从 8 月中旬起，他们之间的婚约已在代表团的国会议员们中人尽皆知。这对

---

① *Lloyd Carpenter Griscom Papers*, Memorandum to Elihu Root, September 15, 1905, No. 306, General Correspondence, 1905–1911, Library of Congress, Manuscript Division.

② *Ibid.*, 9.

③ Longworth, *Crowded Hours*, 107.

④ *New York Times*, "Miss Roosevelt to Pay $25 000 Duty on Gifts," October 18, 1905, 9.

⑤ Cordery, *Alice*, 136–137.

情侣在回国的一个月之后宣布了他们的婚期。① 当10月份从法国的"洛林号"轮船登岸并听说儿子订婚消息时,尼古拉斯·朗沃思的母亲、辛辛那提州的朗沃思夫人笑着打趣说,这是第一次她听说儿子交了好运。②

对中国人而言,来自英国、美国、法国甚至日本的帝国主义者、冒险家、摄影师、传教士和商人有时就像是来自另一个世界的外星人,他们有着贪得无厌的扩张欲望、充满暴力的行为方式、高深莫测的法律和条约权力。③ 当美国凭着一腔帝国主义热情,向遥远的地方派兵时,中国就陷入了外国扩张主义、贫穷和叛乱的阵痛之中。

伍兹和弗罗斯特的照片是使用刚刚上市的便携式照相机拍摄的。在各种文件格式中,相机所拍摄的照片能够更自然地展现人类经历。这些照片的拍摄地有旧金山、东京、长崎、马尼拉、广州、北京、上海和香港,这些城市的景观后来因地震、战争、其他人为因素或自然灾害等原因经历了很大的变化或毁坏。这些照片文件详细记录了1905年那次开创性的美国外交访问,尽管当时的很多细节都已被遗忘,当时国际舞台上的主要政治人物和当时的生活和时代都已经灰飞烟灭。

对 所 选 照 片 的 分 析

伍兹最令人印象深刻的一些照片间接地记录了东西方之间的分歧和工业化的外国列强们对中国传统的侵蚀。在北方客栈外面,黄包车夫整齐地排成了一列,与写有法语店名的中国传统建筑形成鲜明对比。聚集在旅馆外面的那些中国人身上的传统服装,与当时的西服也存在很大差异。

在"中国军乐队在列车即将开动时演奏起了美国国歌"这张照片中,似乎触手可及的专列铁皮车厢与正在演奏"星条旗永不落"的中国军乐队正好形成了对角线,不远处的候车厅屋顶上飘扬着一面美国国旗。一个西方人面对相机,嘴巴叼着一根香烟。他双手置于胯部,流露出自信和控制欲。另一位西方人,穿着上层阶级

---

① Cordery, *Alice*, 139–161.

② *New York Times*, "Luck, Says Mrs. Longworth," October 1, 1905, 14.

③ John K. Fairbanks, *China Reinvented: Images and Policies in Chinese/American Relations* (New York: Vintage Books, 1976), 94.

特有的白色西装，正朝相反的方向走去。这张照片中唯一的中国元素是军乐队成员们，但无法具体看清每个人的容貌。军乐队主要的服务对象便是西方人。

编号为C1902的伍兹照片显示的是爱丽丝·罗斯福代表团抵达塘沽时，前来迎接他们的中国仪仗队。士兵们制服上的四个汉字显示他们是来自天津的警察部队，按照《辛丑条约》的规定，当时中国军队不得进驻天津城。照片中的那位军官身上穿的也是中式制服。

另一张照片（CH2603）是在城墙处拍摄的美国驻华公使馆的警卫队驻地，它的右侧展示了海军陆战队军官的宿舍，左侧可以看到医务室的一角。照片右侧的长条形平房是两座营房中的一座。军官办公室和军械库位于中下方位置。1914年，整个院子里都种上了树，并铺设草地。还有一张图片（CH2605）展示了正在建设中的美国公使馆建筑群。编号为CH2601的一张有些模糊的照片中，海军陆战队队员们在院子里面对着西侧的营房列队。照片的背景是城墙和连队办公室。军械库在最左边。左侧依稀可见的火炮很可能是义和团战争中的战利品，它一直在使馆内被保存到了1941年。从官兵花名册中我们了解到号手的名字是德怀特·戴维斯，鼓手是米尔

CH1904　中国军乐队在列车即将开动时演奏起了美国国歌

CH1902　在塘沽等待美国代表团到来的中国仪仗队

CH2702　美国公使馆警卫队队长哈利·李住宅的起居室。另外两人分别是泰勒医生和弗罗斯特先生

CH2603　从北京城墙上美国公使馆警卫岗哨处拍摄的操练场景色

CH2605　北京的美国公使馆新楼

顿·奥伯。站在队列之前的军官可能是霍尔库姆中尉。

　　CH2602 照片展示的是还带有凉棚的军官宿舍楼。1910 年,军官宿舍楼前的墙扩建,将指挥官寓所也包含在内。这个矮墙顶部放有盆栽植物的凉棚于 1910 年被拆除,使宿舍楼前的墙壁又恢复了原状。照片 CH2603 中显示上述凉棚前还有一个网球场(直到 1941 年才消失)。前陆军警卫连在海军陆战队入驻之前肯定使用过这个网球场。照片 CH2702 中,摄影师展示了李上尉宿舍住宅内部的景象,包括壁炉上方的鹿角和挂在墙上的李上

CH2704　哈利·李上尉

CH2601　美国公使馆警卫队。正在操练的海军陆战队员

CH2602　美国公使馆警卫队军官们的住所

CH2703　北京美国公使馆的李上尉、霍尔库姆中尉和泰勒医生

尉那顶蓝、白条相间的钟形帽。屋内简单的家具装设说明李上尉是一个尚未成家的单身汉。壁炉上方的那些长矛和墙布可能是他在菲律宾期间所拥有的物品。他在桌上摆放着一个地图匣，壁炉上方摆放着一个铜质炮弹壳。在照片CH2703中，霍尔库姆手里拿着一根轻便手杖，泰勒博士手执一根顶部镶银的手杖。20世纪30年代，轻便手杖在美国海军陆战队中极为流行。有关李上尉骑马的照片(CH2704)是在西侧营房前拍摄的。

塔夫脱代表团成员之一
弗朗西斯·W. 弗罗斯特的访华日记

（根据弗罗斯特书信原文手稿整理并译出，所配照片均为伍兹所摄）

沈 弘 译

CH5204　弗朗西斯·W. 弗罗斯特在八达岭长城顶上吃午饭

"洛根号"运输船上

中国海

去香港途中

1905 年 9 月

我亲爱的父亲：

在这次必将载入史册的旅行即将收尾，重头戏刚刚结束之际，我很难给我们这次旅行所经之地勾勒出一个清晰的印象。自从差不多四星期以前我们到达马尼拉以来，所见所闻就像万花筒一般变化莫测、转瞬即逝。无需赘言，就整体而言，本次行程无疑组织得天衣无缝，堪称是最令人满意的一次跨越太平洋的旅行。从旧金山到日本，再经过马尼亚，并在那里访问了一周，接着又穿越和游览了景色宜人的菲律宾群岛，然后返回马尼拉，随即又前往香港。由于此次活动组织者的周密安排，整个行程都非常圆满，未出任何纰漏或遇到任何意外。虽然参加本次旅行的 80 多人分别来自美国社会各界，品味和爱好各异，但是岛屿事务管理局局长克拉伦斯·R. 爱德华兹上校做事很有效率，将一切都安排得井井有条。

任何一个人，若想要成功执行这一充满变数的旅行计划，都必须机敏得体、受过军事训练，而且还要有像 J.K. 汤姆森和威廉·凯利这样得力的副官和船长。无论从哪方面讲，这次旅行都是最成功的。太平洋邮轮公司耗资 11 000 美金，一改原先计划，安排世界上最大的豪华游轮之一"满洲里号"将整个代表团运往马尼拉，而且改变其正常的航线，派遣"高丽号"邮轮从香港接回那些计划即日返回美国的人。单就去程而言，无论是用餐、服务，还是整体管理，"满洲里号"都是无可挑剔的，官方代表团的全体成员起草并签署了一份旨在赞扬桑德斯船长及其船员的感谢信，并将在代表团返回旧金山时面呈给太平洋邮轮公司总裁谢林先生。至于穿越菲律宾群岛的岛屿和暗礁，将代表团成员们安全送达目的地的"洛根号"运输船，对于军需队队长辛普森的称赞无论如何也不会过分，因为他对乘客舒适度及幸福安康的关怀无微不至。船上所提供的食物不但数量充足，而且美味可口，后者对于一艘运输船来说是前所未有的。光凭这一点，且不论其他，就为辛普森队长赢得了船上所有人的尊敬。

　　该船的船长，即斯廷森船长，驾驶船只平安驶过那些变幻莫测的危险水域，并且如期准时抵达各停靠点的方式也受到了大家的称赞。从7月8号起，天气一直晴好，直到前几天我们才驶入了台风的外围圈。这样的好天气在这个热带地区的夏季是不多见的，因为每年这个时节都是台风与暴雨肆虐。直至最近，海上一直风平浪静，"满洲里号"的甲板被我们不间断地用于打牌、散步，或是跳舞。船上的任何一个人，如果刚开始时认为我们国家的立法者在这种场合也不可能放松自己的话，那么他很快就会改变自己的想

CH1502　"洛根号"远洋轮甲板上的景色

法，因为哪里也找不到比这儿更令人愉快和不落俗套的家庭式聚会。上至陆军部长，下至最卑微的非官方成员，哪儿都洋溢着欢快的气息，每个人都乐于参加船上正在进行的活动，无论是伯纳姆有关美化马尼拉计划的讲座，还是床单和枕套晚会。穿越广袤太平洋的大部分时光就是如此打发的，但在檀香山狂欢的那天是个例外。(参见照片，夏威夷努阿努绝壁聚会)

　　在日本为期一周的访问，从头至尾我们都受到了盛大的款待。日本人极为友好热情，他们举行了隆重的仪式来欢迎塔夫脱陆军部长及其尊贵的代表团成员，据称欢迎仪式的隆重程度甚至超过了对格兰特将军或任何一位当代英雄的接待。但整个代表团的灵魂人物，或其中最具有活力的成员，还是爱丽丝小姐。身为总统罗斯福的漂亮女儿，她被大家昵称为"公主殿下"。她完全配得上她那位具有民主思想的共和党人父亲，也许有时比她父亲更为特立独行。她总是笑语不断，是许多愉快社交聚会的中心和主导人物，

以其不拘礼节和少女般的举止赢得了众人的欢心。

在马尼拉我们也待了一周，像这样社交和官方活动安排如此繁忙的一周是很少见的。除了预先计划好的几个晚间或午后社会聚会，每天还在"王宫"内举行正式会议，以讨论国家事务。我们的关税及其衍生的结果进行了全面的修订，就自由贸易、蔗糖、烟草等问题进行了辩论，此外我们还参观了当地的工厂和种植园。在启程前往香港的前两天，代表团成员们还听取了持不同政见者的抗议。这些抗议者大部分都是煽动家和积习难改的责难者，他们很快就被打发走了。他们的大部分论点都很幼稚和荒谬，显示出他们在现代文明时代根本无力执掌政府。然而，对于许多国会议员而言，这次菲律宾之旅无疑大大开阔了他们的眼界，那些此前对菲律宾问题持激烈观点的人在思想上也有了相当大的改变，他们都自称这一转变是得益于自己亲眼所见。在"菲律宾独立"这一问题上，所有国会议员都达成了共识。诸多迹象表明，当下这一代菲律宾人完全不能适应于独立状态，而未来几代人究竟是否能够独立，将完全取决于眼下正在实行的教育体系。在菲律宾独立这一热点问题上，有些地方司法行政长官们仍试图捍卫他们的旧观点，但并非所有的人都接受多数派的观点，有些官员的确转变了思想，而剩下的那些也修正了自己原先的想法。在其他一些问题上，大家似乎达成了共识，即如果菲律宾想要取得繁荣，那么就必须废除对于公司或个人持有土地或开采煤矿所征收的关税和所附加的限制性法律，或对其作大幅度修改。从当前情况看，只有最愚笨的资本家才会在菲律宾进行大量投资。

如果实施恰当合理的法规，那么在这儿还是有很多投资机会的，大量的美元将会涌到这片土地，而这也是实现菲律宾繁荣的唯一解决方法。菲律宾有大量尚未开发的蔗糖、烟草和大麻种植地，还有足以放养上百万头牛的草地。关于采矿的提案几乎无人重视，虽然本地煤所含热能比不上某些烧蒸汽的工业用煤或日本煤，但这儿的煤炭储量还是相当可观的。菲律宾还拥有金、银、铜、铁等金属矿藏，但其具体储量目前还不确定。另一个适宜发展的行业就是小型自来水厂、排污系统，以及发电厂的建设。菲律宾许多颇具规模的城镇完全缺乏这些基本设施，而在其他城镇中，这些设施的生产方式还是十分落后。对此，有人认为是因为菲律宾人的需求很小，他们所认为的生活必需品在菲律宾人看来并不需要。菲律宾人从离他们最近的河流或是井里取水，天一黑就上床睡觉或靠油灯的光来照明。由于98%的菲律宾居民未受过教育，所以他们并不需要电灯这样的奢侈品，因为他们不必看书。上流社会使用油灯，但在马尼拉和伊洛伊洛已经有了电灯。人们似乎已经认识到，所有问题的症结在于教育，教育到处都受到欢迎，学校里人满为患。教育的一个盲点，假如可以这样称呼的话，就在于菲律宾人学习读写的目的并不是为了将知识应用于有实际效益的生产中，而是为了谋取一个政府职位，而大家都知道，政府并不缺职员。我相信，菲律宾大部分学校的课程都将被重新组织，那儿不应该教授高等数学、几何、代数等抽象知识，而应该更重视技能的培训。在美国刚接管菲律宾时，人们都认为菲籍工人的工作不值得信赖。但大西洋、海湾及太平洋公司的克鲁西先生却推翻了这一定论，在承接马尼拉港口改造项目中，他雇佣了当地人，对他们进行培训，对他们进行平等交易(这在菲律宾还很少见)，给他们安排美国工头，并付给他们能过正常生活的工资。结果就有越来越多的菲律宾人能操作机械、浇筑混凝土，事实上几乎可以从事所有的工作。J.G.维特勒斯也有与此相类似的经历。马尼拉的电车系统可以与美国的电车系统相媲美，但却是由菲律宾人建立起来的，而那些电车司机和售票员也都是本地人。我们也许可以期望通过教育来改变下一代菲律宾人，我相信他们会证明由美国来统治菲律宾群岛是有道理的。正如几天前我们尊敬的W.伯克·科克伦先生在马尼拉发表演讲时所说，美国征服菲律宾的首要目的是出于慈善，而非掠夺，这种壮举在历史上尚属首次，而它必将成为美利坚合众国的不朽功勋。

在马尼拉经历了一周排满了宴会、招待会和舞会的活动之后，疲惫而心存感激的代表团成员们又乘船经过克里基多岛，继续我们的南行之旅。我们在下列这些地方作了短暂的停留：先是在产糖区的伊洛伊洛和巴科洛德，然后又去了棉兰老岛的首都三宝颜以及苏禄苏丹王的领地霍洛，在霍洛，我们饶有兴趣地看到了成千上万别具特色的摩洛人。离开霍洛之后，我们又赶往马拉邦，在那儿，我们当中有一小部分人脱离了代表团，穿越棉兰老岛的西南半岛，途径拉瑙湖，并于第二天在欧弗顿营地与我们会合。下一站是位于人口稠密的宿务岛上以出口大麻而著称的宿务港，接着是莱特省的塔克洛班，我们是乘坐小船穿越美丽的关尼可海峡到达那儿的。接下来依次是有着壮丽活火山的黎牙实比、马荣、阿尔拜和索索贡，它们跟塔克洛班

CH1701　美国政府代表团成员在大沽通过拖船上岸

一样，都位于世界上大麻产量最丰富的地区。在我们经过的每一座城镇里，塔夫脱陆军部长都会受到游行行列载歌载舞的欢迎、盛大宴请和赞颂致辞。如果说这些岛上尚有小部分人存在着不满，那就是在吕宋岛，通常是在靠近马尼拉的区域，那也是由少数煽动者所挑起的。

　　我们现在已经到达香港，并且准备要在广州待一天，随后代表团将分奔各处。有一支包括罗斯福小姐、纽兰兹参议员和夫人、吉勒特众议员、科克伦众议员、朗沃思众议员，科尔宾将军和夫人等在内的30人小队伍将前往北京去谒见慈禧太后。我昨天曾经跟朋友提起，此次出行我们将会见两位特殊人物，一位是苏禄的苏丹王，另一位就是慈禧太后，我朋友答道，"这两人中间，慈禧太后更为特殊。"

　　我将试图写一封更为详细的信给您。

爱您的儿子

弗朗西斯

塔夫脱代表团成员之一弗朗西斯·W.弗罗斯特的访华日记

与罗斯福小姐一起在中国

"洛根号"运输船上

黄海

1905 年 9 月 8 日，星期五

亲爱的父亲：

　　天气晴好，我们的船正向北驶往北京。此刻我们的位置是在北纬 28 度 58 分，东经 122 度 56 分。虽然还看不到陆地，但上海就在正前方，"洛根号"运输船将不会在上海停留，而是直接驶向大沽，我们应于星期一抵达那儿。从大沽到北京还有一天的行程，中途我们会在天津停留。像我们这样旅行感觉真是好极了，如同乘坐私人快艇一样舒适惬意。我们的船全长约 500 英尺①，食品和其他必需品供应非常好，船上只有大约 40 名代表团成员，还有我们的四位军官，大家的相互关系十分融洽。此次航行的主要目的是运载 150 名海军陆战队士兵去北京，以接替那儿的美国公使馆警卫部队。每天傍晚 5 点钟就会吹响号角，这群海军陆战队士兵便会到船头的前甲板上列队接受检阅，并且上岗。晚上 10 点钟，号角再次滴滴答答地吹响时，士兵住宿区便会熄灯。第二天早上 9 点，海军陆战队的士兵会换岗执勤。船上的部分乘客名单如下（姓名还需核实）：

　　　　罗斯福小姐、博德曼家的小姐们、麦克米伦、克莱顿、施米德拉普、兰霍恩；马尼拉的菲律宾副总督艾德及其两个女儿，科尔宾将军和夫人，参议员纽兰兹和夫人，参议员沃伦和他的一对儿女、珀欣女士、奈特上校、科斯比上尉、莫斯上尉、佩恩上尉、霍顿上尉和李上尉，霍尔库姆中尉、霍克姆上尉和夫人，莫斯、佩恩和霍顿是科尔宾将军的副官，李和霍尔库姆是海军陆战队的指挥官。另有科克伦众议员、吉勒特众议员、朗沃思众议员，科尔曼上校和夫人，菲律宾群岛的首领 **J. M.** 。船上还有来自新奥尔

---

　　① 译者注：本章中提及的数量单位"英尺"是使用于英国、其前殖民地和英联邦国家的长度单位。美国等国家也采用。1 英尺约等于 30.48 厘米。

良的戈德肖夫妇，以及 A. 伍兹先生、H. 伍兹先生、卡里先生、霍巴特先生、库利奇先生、威尔逊先生、埃夫兰先生、扬先生，以及美联社的代表里德。

和我同桌吃饭的是科尔曼上校和夫人，艾德家的姑娘们、科斯比上尉、莫斯上尉和霍尔库姆中尉。要做的事情并不多，我们经常坐着聊天，有时也会玩牌；午饭后的大约两个小时内，所有的人都会午睡，甲板上几乎空无一人。每天上午，乐队会在前甲板的凉棚下演奏一个半小时，晚上，他们则会在后甲板楼梯下面的两个巨大通风管前演奏两个小时。上午他们通常演奏流行音乐，晚上则演奏古典音乐。

科尔宾将军是个沉默寡言的人，整天都在独自读书，而他那位作为华盛顿州选美小姐和社交明星的夫人则与伯克·科克伦一唱一和，相互调侃。罗斯福小姐增进了我们这组成员之间的相互了解，而且由于现在的代表团成员较少，我们也有了大量的机会了解她。

自从离开马尼拉之日起，我们便与艾德家的姑娘们同行。她们高挑清秀、聪明伶俐，而且有着丰富的旅行经验。她们的父亲，来自佛蒙特的艾德法官，曾经在萨摩亚①当过四年的总督。她们已经在父亲任菲律宾副总督的马尼拉居住了五年，此次，她们要返回阔别两年的故乡。②

我们这组人中有不少青年才俊，还有相当一部分人留在了香港。伯克·科克是个开心而友善的年轻人，昨天他还跟我讲了此次中国之行他想要去的地方。到达北京后，他便会随商队继续北上，去贝加尔湖畔乘坐火车横跨西伯利亚，然后他还想游览君士坦丁堡和那一带的其他城市与乡村。他此行的目的是研究整个东方的现状，据他预测，在未来几年内，中国将成为外交争议的一个焦点，而那也只是个开端。我很喜欢我的朋友伍兹，我俩肯定会相处得很愉快。③

---

① 萨摩亚(Samoa)位于东太平洋，由六个岛屿所组成，是美国的属地。
② 手稿中以下这一段落被划去，这上结话从侧面证实了塔夫脱书信中的评论："我很高兴我们终于摆脱了赖特总督的女儿——赖特小姐。我想其他人也有同感。在罗斯福小姐成为菲律宾最红的女宾之前，她简直就是个被宠坏了的孩子；但我们代表团在菲律宾逗留期间，她却被舆论所忽视了。赖特小姐长得不赖，但笑起来却很恶毒。"
③ 在手稿中，以下关于伍兹的描述被划去了："他做事从容慎重，尽管已经45岁，但他看起来一点都不像，他有一个女儿已经14岁了，另外还有两个孩子。"

　　我们并无深入中国内地的旅行计划，现在只是说要去北京，但是如果轮船的时间允许的话，我们还打算花三四天时间骑马去逛一逛长城。当我们从长城返回时，"洛根号"运输船应该已经离开了，我们可以乘坐大沽到日本神户之间的定期航船，途径两三个韩国港口，我们也可以从北京坐火车到汉口，然后乘船去上海，再从上海前往日本，在那儿呆两三个星期。我们会在神户乘（德国或法国的）轮船，途经上海、香港和西贡，前往新加坡。我们还会再返回日本，但如果可以的话，我们将改道去周游世界。有人建议我们从新加坡乘坐当地的船前往马六甲，再从马六甲沿铁路回到槟城，这样我们就可以在途中领略马来联邦州的风光，然后再乘船前往仰光。在缅甸，我们会从仰光前往曼德勒，如果去时坐火车，那么就会从伊洛瓦底江乘船返回，反之，如果去时乘船，返回时就会坐火车。我们还将乘船去加尔各答港，因为我们感觉将没有时间前往锡兰和印度南部，所以我们只能在北上去孟买的途中试图走马观花地看一下这些地方，从孟买我们将直接前往埃及。①

　　我们的团队只允许在北京待三天，在安排去长城之前，我们必须指望有从大沽或上海去日本的轮船，因为我们并不想在大沽或上海被困上十至十二天。

　　从马尼拉到香港，我们的整个旅途平安无事。只是在头两天碰上了汹涌的海浪，它将许多人驱赶到舷栏边或逼回船舱里。但住在那一带的人说，这样的海浪在

CH0101　香港，1905 年 9 月

① 手稿中的以下部分被划去了："然后我将穿过欧洲回家。我无法确定具体日期，但是我们将会在九月底回到日本，大概三个星期之后到达新加坡。我只能预测到这儿了，你给我写信时可寄到加尔各答，尽管我认为寄到仰光也是安全的，只是邮件脱离了常规投递路线时可能会被延误。"

CH0104   香港维多利亚港

中国海是司空见惯的。航程的最后一天大家都很开心,全都忘记了各自的烦恼,在一个阳光灿烂的星期日清晨我们的船驶入了香港。对我来说,香港是一个惊喜。此前我对香港毫无印象可言,只知道它是个不那么小的岛屿。原来它的周长仅27英里①。这个岛屿的名称是香港,而城区却称维多利亚,但大家都只知道香港。阳光明媚的清晨所展现的城市全貌非常漂亮,海拔1800英尺的维多利亚峰看上去几乎是直接从海中耸立起来的,城市就建在山坡的平台之上,房屋的高度均在三至五层,用石头建造,带有拱廊和门厅。从山脚望上去,颇有些古代雅典和罗马的遗风。整个香港的建筑具有统一的风格,城里有许多高耸气派的石材建筑物,尤其是大型的旅馆和银行。街道很宽,有一条坚固的海堤守护着临海的街道。这些街道都铺有很好的碎石路面,不会因马蹄的踩踏而受损。在香港很少见到马车和汽车,货物无论轻重,都是靠肩挑背扛或用人力车来拉的。我曾见过有一辆运冰车竟需要20个人来对付,有的在前面拉,有的在后面推。而建造1600英尺高的山顶旅馆所用的全部砖块,都是放在篮筐里,由男女劳力用扁担从平地挑上山去的。在香港,尽管已经有了由中国人担任司机和售票员的有轨电车,但人们出行一般还是坐黄包车或是轿子。

———————————

① 译者注:本章中提及的数量单位"英里"是使用于英国、其前殖民地和英联邦国家的长度单位。美国等国家也采用。1英里约等于1.61公里。

CH0102　香港的街道

CH0103　香港维多利亚纪念碑

CH0105　香港皇后大道

我更喜欢黄包车,因为轿子的上下起伏太大。乘坐一个小时黄包车要价两角(10美分),而坐轿子只需一角五分,但假如我们这群外国人只按市价给钱,那黄包车夫和轿夫肯定会大声跟我们讨价。然而,一旦真的遇上麻烦,你可以找那些锡克族警察帮忙,那些苦力们很怕他们,事情很快就会解决。这些警察们是来自印度的锡克教

CH020　香港,背景为太平山

CH0202　香港,在维多利亚港附近

CH0203　香港,从维多利亚港码头遥望太平山

CH0301　香港 摄于太平山

CH0302　从太平山上俯瞰香港的景观

CH0303　从太平山上俯瞰香港的景观

徒,高大英俊,缠着头巾,神气活现。满大街都有他们的踪迹,其中有些人身高足有六英尺六英寸,神色威严。他们随身携带结实的警棍,对那些嚣张的苦力毫不留情,其结果就是,若非万无一失,这些中国苦力都不敢欺骗白人。

除了英国人和中国人之外,我们在香港还看到许多来自其他国家的人——美国人、法国人、德国人、马来人,以及着装各异的印度人。这儿有许多很好的商店,货物的价格低廉,香港就是个大自由港。英国人对待我们当然非常热情周到。我们的船刚抵达香港,就有一位总督的助手登上甲板,迎接我们的到来,随后而来的还有海军司令的副官和陆军司令的副官。我们代表团的重要成员被邀请出席午宴和晚宴。只是到最后一天,即星期二,代表团成员才全都收到了邀请。那天下午我们应邀观看赛马,晚上则观看了有火炬照明的户外军事表演,并在香港俱乐部参加了舞会和晚宴。香港总督弥敦爵士也在政府官邸宴请了美国政府代表团。然而,由于一些失误,邀请书都被送至"高丽号"轮船上,这就导致了还留在"洛根号"运输船上的少数代表团成员没能拿到邀请书,直到最后一刻才获知这一消息,然而,我们进入赛马场和香港俱乐部时并没有遇到麻烦。我们这些人大部分都留在了"洛根号"船上,尽管有些人去了山顶旅馆,而艾德一家人则在总督官邸受到了款待。军事表演被安排在一片开阔的空地上,原定于9点开始,但却一直到10点才正式开始。表演共分五组,其中

CH0401　香港的中式殡葬

有一组来自西肯特郡步兵团,有两组是风笛演奏者,有两组是由印度士兵组成的军乐队,还有好几连手持火炬的锡克族士兵。我们都有专门的座位,并欣赏了精彩的音乐表演和列队行进操练。看完军事表演之后,我们来到了只有5分钟步行距离外的香港俱乐部。大家全都是步行走过去的,只有艾德一家人例外,后者乘坐了由香

CH0403　香港的黄包车

CH0402　香港附近的中国船只,1905年9月

CH0404　从太平山半山腰俯瞰香港,1905年9月

CH0603　广州镇海楼附近的台阶

港政府所提供的轿子。每顶轿子均由四个人抬着，一路还有两排手持火炬的锡克族士兵跟随，轿夫们身穿鲜红色的政府制服，袖口处绣有金色王冠，那情景蔚为壮观。这些轿夫都是中国人，身穿白色裤子，脚踝处打着绑腿，头戴红色软帽，上身穿着宽松的外套或短斗篷，袖口绣有金色王冠。香港俱乐部是一个高大的石头建筑，我们11点左右在那儿参加了晚宴。伍兹、埃夫兰和我都是乔丹医生夫妇的客人。席间还有两位女士，但她们的名字我忘记了。晚宴很不错，紧接着是舞会，但是英国人跳舞的节奏很快，当次日1点30分舞会结束时，我们这群美国人都累得精疲力竭了。

香港之行最有趣和最令人激动的部分就是广州之旅。在星期天上午，布拉格总领事①来到了我们的船上，由于广州开展抵制美国货的运动，他建议陆军部长拒绝两广总督的邀请，不要前往广州，如果非得去，那也得随身带上海军陆战队士兵作为警卫。吸烟室里展开了一段长时间的争论，总领事坚称，广州是中国反洋人最甚的一座城市，而现在尤其反美，因此美国人若没有任何保护措施就前往广州会很危险。但是陆军部长最终还是决定前往，只邀请40人与其同行，并且除了两广总督答应提供的卫兵外不带任何警卫。陆军部长认为妇女们不应该去广州，那些未受邀请的人也应该留在香港，若他们自己前往，他概不负责。代表团的大部分成员都对此感到失望，因为游览古老的广州城是此次长途跋涉的主要目的之一。然而一种巨大危险即将降临的感觉给整个事件笼罩上了一层神秘色彩，所以我们中间有10个人

---

① 布拉格（Edw. S. Bragg）是1902–1906年间美国驻香港的总领事。

CH0501　广州镇海楼的内景，美国政府代表团成员们在那儿吃了午饭

决定自己想办法乘坐另一艘夜行船前往广州。有人警告我们说中国人不可信赖，而两广总督虽然邀请美国代表团赴宴，但他本人却以生病为借口不出席宴会，此事是一个不祥的征兆。后来我们发现，两广总督确实是有重病在身。伍兹带来一份介绍信，是给广州最好的一位向导阿昆的，于是便在星期天给他发了份电报，并于当晚收到回信，告知阿昆将到船上来迎接我们。我们的"汉口号"内河船晚上10点半启程离开香港，就在我们出发的前一刻，雷优礼总领事[①]传来消息：广州的抵制美国货运动已经解除。那些临阵退缩现在仍留在香港的人都为此感到极为懊恼。

　　这是个美丽冷峭的夜晚，灯光点缀下的香港夜景令人称奇。沿河两岸星罗棋布似地闪烁着各种灯光，这些灯光分别来自纸灯笼、油灯和电灯。灯光一直绵延到山顶，与山顶上的信号塔相接，清晰勾勒出山坡上一层层平台的轮廓。我们在内河船、平底帆船和舢板之间曲折穿行，当地有相当一部分的人就是在这些船上度过他们的几乎整个人生。我们的船把香港岛甩在了身后，并且驶进了珠江。"汉口号"是一艘大型明轮船，30年前建造于格拉斯哥，它的三等舱和前甲板上都挤满了中国人，似乎连再塞一

---

　　① 雷优礼(Julius G. Lay)是1904–1906年间美国驻广州的总领事。

CH0504　一艘中式平底帆船

个人的空隙都没有了。然而,我们在一等舱里还是相当舒适的。那儿有一个大餐厅,大厅中央摆放着一条长方形餐桌。餐厅周围都是客舱,客舱很宽敞,除了远洋客轮上的那些客舱外,这些是我所见过的最大客舱了。每个客舱里住3个人,所有的客舱都满了,因为随同陆军部长去广州的那一批人也有部分乘坐了这艘船。我当晚睡得很好,第二天早上醒来,睁开眼便看到了一排大型的木头建筑和上面写有"美孚石油公司"等大型油漆字样的石油罐,这显示出该新兴产业与大英帝国之间的相似性,因为两者均为日不落帝国。

我们穿戴好之后在船上吃了早餐,早餐很丰富,品种之多我几乎数不过来。早餐过程中,我们被告知阿昆来了。他是个五官端正的中国佬,头戴一顶无沿便帽,身穿黑色短款丝绸夹克和深色丝绸裤子,脚蹬一双普通的中式鞋,后来我们得知他已经有60岁了,虽然他看上去一点都不像。他一生大部分时光都是在广州度过的,已经当了20年的职业向导,声誉极佳,被认为是当地向导中最诚实可信的一位。他有两个儿子继承父业,英语都讲得很好。在陪客游览时,阿昆会替游客垫付购物费用和小费等所有花费,等到了晚上再与游客结清所有款项。在广州找一名向导是完全必要的,那儿的街道狭窄,而且像迷宫一样,如果没有向导,上岸不到100码,外国人肯定会迷路,而且,广州整座城市建造得杂乱无章,陌生人在那儿行走就像迷失在森林里一样。我们大约8点钟左右下了船,阿昆为我们这4个人,即伍兹、卡里、蔡平和我,都雇好了轿子,他自己也有一顶轿子,而且比我们的都要好得多,我猜想那是他自己的。每辆轿子都由3个轿夫抬着,轿夫身上只穿着用干奶酪包布缝制而成的衣服,头戴直径约2英尺的斗笠。轮船为我们预备了午餐，因为广州城里没有西餐馆，我们将午餐都放在了向导的轿子里。

一切准备就绪后，我们就出发了，但我马上意识到，我们似乎进入了另一个世界。狭窄的街道上悬挂着成百上千块招牌，随处可见炫目而俗气的颜色，扯着嗓子喊叫的轿夫，还有肩挑箱子、行李、垃圾的苦力们，他们全都在声嘶力竭地为自己开路。我们一直被人群所簇拥着，倒不是这些人跟着我们，而是我们无论到哪儿，周围的人都很多，而且不管在哪里，人们都对我们指指点点，显得十分惹人眼目。唯一例外是当我们偶尔遇见坐在轿子里的上流士绅时，后者对我们总是视而不见，面无表情地透过粗框的眼镜凝视着前方。我们在这儿看不到上流社会的妇女，也很少看到那些不属于负重而行的苦力阶层的男人。在街道上、店铺里，甚至在钱庄里，到处都是光膀子的男子。整个城市似乎都被留作商业之用，富人们都住在郊外，城里随处可见的是小而干净的店铺。只见一排排的鞋店、扇店、玉器店、丝绸店、布店和杂货店，我们参观了其中几个店。另外有一条街上全都是钱庄，你到处都可以听见伙计们把铜钱塞进钱袋，或是在用筛板将铜钱归类的叮当声，那些筛板上有许多的小洞，其大小恰好能让某一种面值的铜钱穿过。

我们进了一家钱庄，因为卡里想兑换些广州的钱币。广州铜钱只能在广州和香港流通，在上海或北京就不值钱了。广州的房屋都是三四层高的砖砌建筑，每座房屋在靠近地面部位都有一个神龛，里面不断烧香供奉着财神，每间店铺里面都有放着蜡烛架的祭坛，其他的装饰品还包括艳丽的中国绸缎、纸张、金箔纸和绘彩木。广州有许多家当铺都是七八层高的建筑，在这里你可以以一文钱为起步价来典当任何东西。这儿的街道，更准确地说是小巷，都很狭窄，城里最宽的两条街道也只有8英尺宽。有时候如果两顶轿子在街角相遇的话，走在前面的那位轿夫必须走进旁边的铺子，以腾出空间好让后面的人过去。在其他情况下，我们就得停下来，紧贴着墙，才能让另一顶轿子通过。街道上到处都可见头顶那些长长的店铺招牌，在有些地方，还挂着套着各色刻花玻璃的彩灯，这些悬挂物挡住了阳光，使得这些用石板铺成的街道总是潮湿而黏滑。

然而广州最糟糕的是那无处躲避的恶臭味，尤其是当我们经过那些小饭馆时，这种恶臭味尤为浓烈，但在其他地方也能闻到这同一种或混杂其他味的恶臭。广州的街区大部分都建造得很紧凑，街道之间紧密相连，房屋之间密不透风。你可以想象，其结果就是一座有400万人口的中国城市，却挤在只有一个3.5万到4万人口的美国小城市那么大的面积上。除了恶臭味之外，这地方四处都有拥挤不堪的人群也会让你同样感到厌恶。一天下来，我感觉自己染上了日历表上所列出的所有那些病症。假如可以获知的话，广州的死亡率肯定高得惊人，因为随处可见染有各种轻重病症的小孩和老人，这情景令人触目惊心。

正午时分，我们终于来到广州城的边界处，城墙边有一座五层镇海楼，在那儿可以见到空旷的田野。这个镇海楼建在小山上，我们走了很长的一段石阶，轿夫们抬着轿子跟在我们的后面。我们登上了镇海楼的顶层，并在一个可以俯瞰广州城的阳台上吃了午餐。我们乘坐轿子从镇海楼沿着城墙顶部一直来到停棺材的"灵堂"，城墙上还有些古老的铁炮。城里富人们的漆器棺材在下葬之前都会先放置在灵堂的小凹室内。据说有一具棺材价值3 000大洋。灵堂的每个小间里还放置着死者生前的珠宝首饰等物品，桌子上每天都供奉着食物和茶水，还不停地点燃着焚香。整个灵堂都保护得很好——水泥地板，洁白的单层棺材屋，灵堂外面种着一簇簇鲜花，就跟花园一样。

我们从灵堂返回城里时经过了内城，那儿的士兵们都住在单层的平房小兵营里，我们看见妇女们裹着小脚，走路时跌跌撞撞，很不雅观。我们还在衙门停留了一下，但是那儿关着门。我们还去参观了监狱，看见一群罪犯们戴着脚镣关在木栅栏围住的牢房里，里面不时传出镣铐撞击的哐啷声。他们的监禁似乎并不是太严，我们被邀请进牢房去参观。有个家伙真的进去了，但其他人都因为害怕染上某种传染病而谢绝了。从那儿我们绕道穿过了城市，中途停了好几次，回到船上以后，我们向阿昆支付了他帮我们垫上的购物费和他应得的导游费，并一致认为，这天所经之事恍若一场可怕的梦魇，但没有任何迹象表明这儿的人对美国怀有仇恨。阿昆一天的收费，包括4顶轿子和12个轿夫，以及后者的小费，一共是4块5角或2.25美金。

我们参观过的一些地方是羽饰店、布店、丝绸店和其他店铺，以及一些寺庙，尤其是五百罗汉堂，那里面有500尊镀金的罗汉木雕像。我们还途经沙面，确切地说是欧洲人的租界，我本想找一位名叫查理士·R.佩吉特的朋友，但是我们去得太早了，还没到 10 点，人们还没开始上班，而我也没有时间再去拜访他了。以陆军部长为首的官方代表团没见到多少城里的景色，而女士们则根本就没有机会来广州。当向导领着我们把广州城游遍之后，科克伦在船启程之前又请他领着在广州城里逛了一个小时。

据估计广州大约有 50 万船民，这些人中大多数是船上出生和长大，对岸上的事知之甚少。我试图想拍几张广州的照片，但是街道上光线很暗，而且当你在某处停下来时，当地人很快便会拥挤身边，此外当地人也并不喜欢被人拍照。在镇海楼时，我本想拍一张我们一行人坐在轿子上的照片，但我刚摆好相机，那群轿夫就立马放下轿子闪到一边了，所以我也没有强迫他们拍照。在归途中，我们经过了许多装有老式铁炮的平底帆船和小型内河船。这些铁炮是用来抵抗海盗的。这片海域经常有海盗出没，劫掠小型船只。我们还见到了三座非常古老的九层八角形宝塔，其中一座塔的顶端还长着一棵大树。回到香港后，我们吃完早饭就乘船回到了"洛根号"运输船上，大家都美美地洗了一个澡。

1905 年 9 月 10 日，星期日

离开香港后，我们的整个航行一直都平安无事，除了那件伴随着深海种种神秘征兆而发生的意外。昨天日落时分，我们当中有人望见一艘没有桅杆和帆桁的小船在海面颠簸起伏着，只能看船尾的一盏灯和一面小旗帜。我当时正在房间穿衣，准备去吃晚饭，一个侍者跑来敲门，告知说我们的船碰上了一组遭遇海难的船员，我马上穿了一件外衣，跑到了上层甲板，在船的右舷处，我看见有一艘小型中国渔船在海浪中上下颠簸。我们的探照灯照向小渔船之后，我们可以看到在小船的尾部蜷缩着一群人，正精疲力竭地试图抓住任何能攀援的东西。我们的船减速，在小渔船周围盘旋起来，同时给一艘救生船配备了人员，并把它放了下去。当看到这两艘小船出现在探照灯的光圈下时，我们在甲板上兴奋得几乎都浑身颤抖起来了。可我们的救生船却马上掉转了方向，并被拉回到大船上。回到我们身边后，救生船负责人说其实那艘渔船其实没事，渔民们只是在存放晚上不需要用的东西。参加救援的一个人告诉我们,当他们靠近那艘平底渔船时,渔民们居然全笑了,其中还有一人向救援者们乞讨香烟。所以这是一次完全失败的海上营救。

今天早上,当我来到甲板上时,我们的轮船正在经过胶东半岛,放眼望去,能看见四艘轮船,几条帆船和一座灯塔。昨天下午,我们与一艘英国轮船擦肩而过。我们此刻正处于威海卫的西部,径直驶向大连,将在旅顺口北部约 25 英里处经过。有人说我们会在旅顺口稍作停留后再驶向日本,但这点还没得到确认。显然我们已经驶出了热带海域,因为现在穿白色单衣已经太凉了,昨天我翻出了一套蓝色外衣,这件衣服我只在刚出弗里斯科的那几天穿过,现在穿上后,觉得既暖和又舒适。①

1905 年 9 月 12 日 星期一

昨天日落前大概一个小时,我们驶经旅顺口,每个人都想辨别出港口的所在地,但是谁也不知道它的具体位置。今天早上,我们在中国海域遇到了美国海军的亚洲分遣舰队,在我们之后离开马尼拉的"俄亥俄号"舰,却赶在我们前面到达了这儿。当我们抛锚停泊时,那条船上的人向我们拉汽笛致意。我们仍然看不见陆地,但是据说直隶总督会派一艘轮船来接我们去天津。我们这艘船不能够驶入大沽,因为那儿的海港条件太差。还有消息称我们今天不能上岸,因为按计划我们应该是明天才到达的。我会尽快地寄出这封信,还会另写一封信,告之我在北京和长城这些地方的经历。

12 点 30 分——我们仍停留在锚泊处,在直隶总督派船来接我们之前,我们是不能离开船的。虽然所有的东西都已经打了行李包准备运上岸,但我们仍回到了日常的生活方式。今天下午我们将在不同的军舰上喝下午茶,美国海军亚洲分遣队共有三艘主力舰,即"俄亥俄号"(旗舰)、"俄勒冈号"和"威斯康辛号",还有两艘巡洋舰,即"罗利号"和"辛辛那提号",两艘炮舰,即"阿拉瓦号"和"基罗斯号",以及五艘驱逐舰。海军分遣队司令和各军舰的舰长们都来拜访我们代表团的成员,甲板上

① 手稿中以下一句被作者给划掉了:"我觉得你最好寄 500 美元给我,可寄到加尔各答的通济隆有限公司。"

CH1703　汽艇从"洛根号"远洋轮上接送旅客去大沽

的水手们也在用旗语在跟其他军舰上的人聊天，"洛根号"运输船上的乐队和军舰上的乐队们全都奏起了音乐。我将去"威斯康辛号"主力舰喝下午茶，但还未得知是否有人和我一同前往。我刚付清了自8月13号登船起至今的所有南方旅行费用，居然只是区区30美元，我想这大概会是我一生所经历的最廉价的航行了。除了海上航行，我还经历许多短途旅游，另外我还给一个基金捐了5美元，该基金是供乐队成员去北京的旅费。这些乐队成员只有在科尔宾将军准许的情况下才可以离开，但是政府不能为他们支付旅费。

有一艘驳船和两艘拖船刚刚抵达，停泊在我们的旁边，船员们的长相和装束都酷似海盗。这些苦力们晒得跟我们有些黑人一样黑，赤裸上半身，头发用红色、黄色、蓝色或是脏兮兮的白色布条扎了起来，在霍尔库姆中尉的指挥下正忙着卸载海军陆战队的军用品。对于今晚接下来要做的事，想想就让人不快。刚刚得知我们将在午夜离船上岸，在凌晨三四点到达大沽，但要在那儿等到早上8点钟才可以用一趟专列将我们这伙满腹牢骚，脾气火暴的美国代表团成员运往北京。我猜想自己恐怕没有机会见到慈禧太后，只有少数代表团成员才能够获得这种特权，但我们无疑

CH2002 北方旅馆

CH2101 北方旅馆的一个院落

CH2102 北方旅馆的另一个院落及仆人

CH2103 北方旅馆的第三个院落

会有难得的机会大开眼界。北京可供外国人下榻的旅馆设施非常稀少,据说整个城市目前只有54个空房间可提供给过往的外国旅客,但是霍尔库姆中尉已经答应,假如我找不到住处,他可以在海军陆战队的兵营里给我提供一张折叠床。

晚上11点30分——我们已经度过了旅程中一个最愉快的下午。下午3点30分,一艘海军快艇和几艘小船一起将我们这组人带到了"威斯康辛号"主力舰。整个场景相当壮观,白色的主力舰和巡洋舰头尾相连,排成一列,黑色的驱逐舰组成了另一列。快艇和轻便快艇上有12名划手和船首的一名舵手和一名军官。小艇的船尾处都有一面旗帜,船上的座位从船尾向前伸展约有6英尺,座位上铺有软垫和用丝绸旗布做的椅罩,当小艇到来、我们离开悬梯的时候,水手们全都"抛起了"手中的桨。我们当中有 12 个人上了"威斯康辛号"舰长的快艇,12 名高大强健的水手载着我们划行了大概半英里。庞大的军舰披上了盛装,750 名水兵、海军陆战队员和军官全都穿上了白色的礼服,还有一只乐队在甲板上奏乐。我们到处都受到了欢迎,并被介绍给了大家,舰上还有一个舞会,但我们都没有参加,因为舞场上女士很少,所以我们认为应该把邀请她们跳舞的机会留给海军官兵们。一位名叫霍姆斯的军官邀请我们几个人参观军舰,他向我们展示了舰上的所有装备。我们挤进了一个炮塔,那里有两门口径 13 英寸的大炮,这位军官给其中的一门炮配好人员,并向我们一一展示从三层甲板下装弹药一直到转动炮塔的整个运行过程。他们的大炮操练都有记录。这门炮曾在一分 20 秒内连发 12 炮,而且每枚炮弹都得从船底运上来。操作这门大炮需要有 12 人,每人各司其职。我们还参观了军舰的其他部分,我沿着船桅的外部攀援而上直到放置射程探测器的部位。之后我们就返回了"洛根号",洗澡之后便很享受地喝起了热茶。

晚宴之后,我们的海军陆战队员们在欢呼声和挥舞的手帕中离船开始了他们为期三年的美国公使馆警卫队生活。即将回国的原公使馆警卫队自五年前的义和团运动起就一直待在北京。晚上与我们同席的有在天津之战中失去了一条手臂的美国公使馆武官伦纳德上尉。他与李上尉、霍尔库姆中尉和海军陆战队队员们一同返回了北京。我们这一组的卡里和他们同行。他们也邀请我和伍兹一起前往,但他们所能提供的最好的住宿条件就是在一艘敞篷驳船的甲板上铺条毯子。考虑到夜里气温太低,我们谢绝了邀请。①

1905 年 9 月 12 日 星期二

我们昨晚并没有上岸,而是仍然留在了船上。美国驻北京公使馆的某些官

---

① 手稿中的以下段落被划掉了:"科尔宾将军对此次行程安排不妥当,引起了代表团成员们的很大不满。于破晓时分从香港出发是完全不必要的,而且让大家失去了跟"高丽号"船上的朋友道别的机会,而现在我们已经到达了大沽海湾,但却因为他没有及时通知美国驻北京公使馆和中国当局,使得我们耽搁了整整一天。这其中也掺杂了妒忌的成分,因为欧夫人和爱丽丝之间发生了口角。"

员昨天晚上来到了这儿,并似乎提出了一长串可以贯穿整周的节目安排,但科尔宾将军称他星期四就得离开。然而这并不会影响我们,因为我即将离开"洛根号"运输船。①

爱您的儿子

弗朗西斯

1905 年 9 月 13 日

我们今天凌晨就出发了,现在是北京时间 11 点 30 分。我们不得不乘坐直隶总督派遣的拖船和汽艇走了大约 20 英里。我们经过了大沽,太后的专列在塘沽等候我们,在场的一些官员行过磕头礼之后,我们便朝着北京出发了。那辆专列真是富丽堂皇,车内座椅配有软垫,厚厚的窗帘用的是上好的丝绸和壁毯。我们享用了数月来最好的一顿午餐,一切都做得很完美。有三四位上流社会的中国人与我们同行,有一队不太像士兵的中国士兵在天津站的站台上等候我们检阅, 还有一个不错的军乐队。我们于五点零几分到达了北京,从离船起,整个行程,总共花费了七个小时,因为我们不得不在海边沙洲处等待潮水涨到一定高度时才能经过。在北京,我们被指定住在外城的两家旅馆里,我和代表团的大部分男性成员,以及部分成员的妻室一起被安排住在北方旅馆。这些人大部分都是军官。旅馆的正门很不起眼,但其内部却像一个迷宫,每个人进出自己的房间都需要有一个专门的向导。这儿原来肯定是一座千年古庙。所有的房屋都是单层的,旅馆老板是一名法国人。如果哪位火星来客落在此处,他肯定会搞不清这儿到底是德国、法国、俄国、英国、美国,还是其他哪个国家,因为这儿有那么多的外国旗帜和外国士兵。代表团中只有少数人可以见到慈禧太后,我想大概是十个人。②

弗朗西斯

---

① 手稿中的以下部分被划掉了:"我亲爱的家人们,我可能没机会再在这封信上多写了,所以就得说再见了。我非常爱你们大家,我一切安好。"

② 下面这句话在手稿中被划掉了:"我以后再写。"

CH1702　中国大沽,在火车站附近

1905 年 9 月 24 日,星期二

我亲爱的父亲:

今天凌晨,我从北京返回日本的路上到达了这儿。我们认为上次五六天走马观花的日本之旅是不够过瘾,因此打算返回日本,在那儿再待上两到三个星期。想要离开北京很不容易,因为那儿的轮船来往时间毫无规律,而且大沽那个海峡的状况也很糟糕。伍兹和我上个星期二就从长城返回了北京,但直到星期天早上才有从天津出发的轮船,我们在北京已经参观了所有想去的地方,因此我们面临着要很不情愿地在旅馆里再呆上三四天的处境,幸好我们的朋友,美国公使馆警卫队的军官们及时将我们带到了他们的军营中,而等到要走的时候,我们甚至都不愿意离开了。现在的美国公使馆警卫队是一个连的海军陆战队员,他们是从马尼拉跟我们同乘"洛根

CH1801　从北京到大沽火车上的三等舱

CH1802　从大沽去北京的专列

号"运输船前来接替第九步兵团属下一个连的，自美国公使馆于1900年被解围之后，这一连步兵一直驻守在北京。现在的这个警卫队是经过精心挑选的一个连，队员们都长得高大英俊，事实上，他们在任何方面都要比其他公使馆的警卫队要强得多。

CH1804　中国天津火车站

他们全都是高挑瘦削、年轻聪慧的士兵，身着洁净贴身的卡其布制服，这与那些脏兮兮和呆头呆脑的德国士兵、俄国士兵、奥地利士兵等形成了强烈的反差。指挥这个警卫队的军官包括李上尉、霍尔库姆中尉、海军的泰勒医生以及另外一位即将卸任的拉尼德中尉，即那位著名网球手的哥哥。美国公使馆警

CH1803　爱丽丝·罗斯福小姐站在去北京专列的车厢踏板上

卫队是东交民巷使馆区西端的最后一支卫队,管辖区域涵盖从前门至水门的这段城墙。租界西端处还有一堵高约8英尺的坚固混凝土墙可以用来防御城墙,而且它的结构特殊,只需搬掉几英寸的水泥或是移去几块砖,就可以在墙上敲出几个枪眼来,此外城墙上还有一个带枪眼的石碉堡,如果在这儿架起野战炮,也可以向各个方向开火。这些防御工事都是由美国人负责的,弹药库就设在碉堡下面的城墙里,在城墙的内部建有一个垂直的铁制梯子从位于地平面的弹药库直达碉堡,这样一来,一旦遇到特殊情况,就无需从外部登上城墙。自从1900年的义和团事件之后,使馆区周围就建造了这些和其他的防御设施。租界东端的城墙是由德国人负责的一座碉堡来守卫。租界的东面和北面没有城墙的保护,所以留有一两百码的空旷地带,此前这儿

CH1901　在天津火车站准备去北京的一群旅客

盖有低矮的中式木屋。租界西边仍然还有很多这样的小屋,但它们都将被迁走。为了不让1900年那样的事件再次发生,人们采取了各种预防措施。柔克义①先生等一些外国公使们不赞成炫耀武力,但另一些人,主要是德国人,经常以几个连士兵的规模、携大炮及马车在大街上游行。柔克义先生甚至不愿意在美国公使馆门前设立卫兵的哨位,但显然是由于有条文规定,这些哨位还是保留了下来。李上尉对他的辖区做了很大的改进工作,那儿之前由陆军管辖时曾疏于治理。李上尉到达后不久后就引入了自来水,此前用水是需要人工来运送的。警卫队兵营所在地看起来也要比我们刚到达时要干净有序得多。目前的美国公使馆还位于离兵营一英里之外的一个庭院里,但隔

①　柔克义(William Woodville Rockhill)是1905年4月至1906年12月在任的美国驻华公使。

CH2201　北京的街景

CH2204　北京一座著名的牌坊

CH2203　北京内城一条主要街道的街景

CH2301　北京的克林德纪念牌坊。1900年6月20日,德国公使克林德在此遇袭身亡

CH3202　北京国子监的琉璃牌坊

CH3203　北京国子监辟雍

CH2901　进入北京的国子监

CH3102　北京国子监内的一个庭院

CH3103　北京国子监辟雍前水池的汉白玉雕栏

CH3104　参观北京国子监辟雍的大殿

壁漂亮的新公使馆大楼的石头建筑群已经接近完工。有一天我们在建筑师的带领下参观了这些新建筑群，我认为美利坚合众国应该为这个新的驻华公使馆感到骄傲，新馆建筑的风格简洁而体面，所用花岗岩均来自北京城外30英里处的采石场，共有五座楼，分别建在长方形庭院的三个方面。公使的官邸正对着城墙，在庭院的深处，离街道最近。它的左侧分别是一秘和二秘的住宅，按照同样风格设计，但其面积却小了很多。右侧是办公楼和中文秘书的住宅。中间的庭院面积有400平方英尺，东侧与荷兰公使馆相邻，右侧则是公使馆警卫队驻地。整个公使馆驻地要略大于公使馆大楼、五座两层楼高的军官住宅，还有一些作为办公室的零散建筑，以及北部的一所医院。西部是男宿舍，南部是厕所、厨房、食堂和警卫队队部，有一条街道将其与城墙隔开了。东面部分是军需官办公室及储藏室。公使馆院子里面还有一个操练场，另一侧有一座蒸馏水厂，以提供所有的饮用水，旁边一间小房子里存放着十门野战炮，包括两挺二至三英寸口径的加特林机枪、三挺维克斯-马克沁重机枪，三把科尔特连发左轮手枪，以及一些机关枪，因此，除了拥有部队之外，这儿还有一个相当可观的武器库。公使馆驻地还有一个网球场。靠荷兰公使馆的那一侧是个马棚，里面圈养有马匹，马车也放置在那里面。

但是我已经弄乱了事件的时间顺序。正如我在上一封信中所说，我们于11号，即星期天的夜里抵达了大沽，由于一些意外，星期一全天我们都在海湾处等待。然而我们很高兴地能在"威斯康辛"主力舰上喝茶，并于星期二早上乘坐快艇抵达塘沽。在塘沽，一位直隶总督代表率领着许多中国士兵迎接了我们代表团，一个主要由慈禧太后专用车厢组成的私人专列在码头上等待我们，并随即出发前往北京。在去北京的途中，我们在天津稍作停留，火车站里聚集了很多人群，有一支很棒的中国军乐队和两个连的中国士兵。我们在天津享用了一顿很丰盛的午餐，并于五点零几分到达了北京。从天津去北京的旅途很是无趣，平坦的土地很像是在内布拉斯加州，田里种着大片的高粱，那是一种长得颇像玉米的甘蔗。还有大片尚未开发的土地，上面耸立着大大小小的土丘——那是祖先的坟墓。即使在田野中，这些坟墓也是很常见的，农民们只是小心地在其周围耕作，不愿惊动它们。

当我们抵达北京时，站台上已经有了很多人，科尔宾将军的一位副官也于前一天到达了北京,以便为代表团做好安排,他发给了我们每人一张卡片,上面写着各人被安排入住的旅馆名称。有些人住进了六国饭店,这是水门旁边的一座新旅馆,其他人,包括我自己在内,去了租界东段对面哈德门路上的东方客栈。我们入住的那个旅馆更老一些,在六国饭店建成之前,它一直是北京最好的旅馆,但要是在美国的话,它们连二流酒店都算不上。六国饭店是追求时髦的一次失败尝试,由一名德国人掌管。东方客栈的优点就在于并不追求时髦。每次你走出房间后都会迷失方向。所有的房间都是单层平房,有许多古老的中式建筑像迷宫一样混杂在一起,所以从旅馆办公室回到自己房间时,我得穿过两个狭窄弯曲的走廊和三个庭院。这座旅馆经常有各种各样的欧洲人光顾,它由一位瑞士人兼职管理,后者在极为不利的条件下尽了最大的努力。当我们到达北京之后,代表团成员挤满了旅馆的每个角落,其他后来者都被拒之门外了。六国饭店的优势就在于它是个夜总会。代表团在北京期间,每天晚饭过后(那儿的晚饭八点开始),我们就会坐轿子去六国饭店玩上一两个小时。

CH2802　北京,通往颐和园那条路所经过的城门

CH2501　从鼓楼上朝东远眺北京景色

CH2502　从鼓楼远眺北京景色，朝南看景山

CH2503　从鼓楼远眺北京景色，朝北看钟楼

星期三早上，我们开始出去观光。我们这组有4个人——来自原先那一组的卡里、伍兹和我，以及来自马尼拉菲律宾地质部的埃夫兰，他是来此度假的。我们雇了一名平庸的导游，乘着轿子在高低不平的路上从哈德门大街一直颠簸到雍和宫。途中我们经过了中国人为纪念在去总理衙门途中被义和团打死的德国公使而建造的克林德牌坊。这座花岗岩中式牌坊是义和团被镇压之后，按照和约规定建造的。雍和宫几年前刚刚开始对游客开放，里面非常有趣。宫内有一个约8英尺高、3英尺宽的石碑，四面分别用汉、满、蒙、藏等四种不同的语言介绍了喇嘛教的历史。那儿还有转经筒和古代的地图。在一个大殿内有一尊70英尺高的佛像，全身用漆器和景泰蓝装饰，其神情雕刻得惟妙惟肖。和北京的其他寺庙宫殿一样，庙里的很多奇珍异宝都在1900年被联军掠夺一空。离开雍和宫之后，我们又来到了孔庙，孔庙的台阶是汉白玉的，楠木圆柱高达40英尺，大殿里面摆放着孔子、孟子和其他中国古代圣贤的牌位。庙里约有五棵古代的柏树，据说是一千年前宋朝时期种下的。但庙里最有趣的还是一套石鼓，源自公元前1170年的周朝。在这十个石鼓上面雕刻着汉字，据说这是为了纪念古代君王外出狩猎和捕鱼，至今这些石鼓仍非常受人尊崇。

下一站我们去了国子监，那儿收藏了刻有九经文本的两百块石碑。之所以这样做，是为了倘若有一天这些典籍被毁（后来果然发生了此事），那些古代圣贤的伟大著作仍然能得以保全。随后我们去了鼓楼，它是典型的中式建筑，但与其他景点一样，年久失修，破败不堪。鼓楼高达100英尺，全城景色尽收眼底。午饭后我们还参观了天坛和先农坛。那儿有大片的空地，孤零零地矗立着几座建筑，如果维修得好的话，这些建筑还是很漂亮的。汉白玉构件上雕刻着精美的图案，建筑物屋顶盖着蓝色、绿色和黄色的琉璃瓦。但无论到哪里，都是一片疏于管理和杂草丛生的景象，茂密的野草覆盖了原本宏伟壮观的石板大道和赏心悦目的花园。当八国联军攻入北京时，英国人占领了天坛，美国人则占领了先农坛。皇帝一年只会驾临这些地方三次，每当御驾即将降临时，这些寺庙内外的野草很快会被拔得干干净净，整个地方也会显得干净有序，但在其他时间段里，用以维护这些地方的经费就会被人贪污。

我们来北京的第一天就这么过去了，归途中我们在一处稍作停留，那儿有很多江湖艺人正在耍杂技。接着我们挤入人群到店铺里参观了一下，我们还穿过了前

CH3204　北京城墙外黄寺内埋葬六世班禅衣冠
的清静化域塔

CH3301　北京黄寺六世班禅衣冠塔的底座

门,那儿的城门在北京沦陷时遭到损坏,现在正在修复。这儿使用的脚手架很像是
英国人在建造房子时使用的捆绑在一起的木棍,但这儿的脚手架搭起来之后,人们
便从顶端开始工作。现在的前门在大约一百英尺的高处可以看到一个雕梁画栋的
横梁,当修复工作完成之后,那儿将是整个城门的最高点。

　　第二天我们这组人同样乘轿子出游,但我们没有带导游,只拿了埃夫兰随身带
来的一本小册子,我们去了北京市往北一英里处的黄寺。这地方过去很美,但现在
却破败不堪,在这方面中国的寺庙与日本的很不一样。黄寺最吸引人的地方是为六
世班禅巴丹益西所建的汉白玉衣冠塔。在西藏,班禅的地位仅次于达赖喇嘛。六世
班禅在访问北京时不幸死于天花。他的尸体被运回了西藏,但衣冠却埋在了黄寺。
这个寺庙从前以那儿铸造的镀金青铜佛像而闻名,这些佛像主要是卖给蒙古人和
西藏人的。黄寺里面现在住着一些汉人,跟其他寺庙里的僧人一样,他们都习惯于
伸手乞讨,且从不屦足。雕刻精美的汉白玉班禅塔确实美轮美奂,但不幸的是,该塔

CH3302　北京黄寺的六世班禅衣冠塔

的每一面几乎都被日本兵给凿坏了。北京市内和周边的许多寺庙和建筑物的这种颓败状态都是因为 1900 年八国联军占领北京所引起的。

从黄寺出来后，我们费力地穿越荒野，沿着破旧的道路来到了大钟寺。这个寺庙建于 1734 年，但里面的大钟可以追溯到 1403 年。大钟周长 34 英尺，厚 8 英寸，重 87 000 磅，钟身内外密密麻麻地刻满了很小的汉字。此处的喇嘛们给我们端来了茶，显然我们的到来让他们很开心。轿夫们在寺外吃了便饭，然后我们继续朝五塔寺进发。在到达那儿之前，我们经过许多著名的小村庄，沿途不断地向人问路。到了下午 3 点左

CH3401　北京北面五塔寺附近奇特的墓碑

右,轿夫们似乎累得走不动了,但大部分时间我们下轿步行,因为那儿的路很狭窄,我们最终到达了目的地,而且这番辛苦也确实有所回报,因为五塔寺别有特色,跟北京的其他景点很不相同。从寺内的雕塑佛像上我们一下子就认出该寺具有印度风格,而非传统中国风格。五塔寺是近500年前来访北京的一位印度和尚建造的,寺院里有一石头建筑,高约50英尺,上面刻满了动物和神祇的形象,在该建筑顶部还有5座小宝塔,每座塔都有11层高。

意大利士兵曾经在此驻扎,临近的寺庙几乎被完全毁坏了,整个地方只剩下一堆废墟。我们随后返回了旅馆,有很长一段路是沿着一条从北京的冬宫通向城北约15英里外颐和园的大道。位于城墙西侧的这条道路是由石头砌成或用石板铺成的,筑路的年代已经久远,石头的边缘已经被磨得圆滑,而且大部分石板之间已经有了两到三英寸的缝隙,但是王公贵族们通常是坐人抬或是马、驴驮的轿子中去颐和园的,他们不可能像我这样被颠簸得浑身青一块紫一块。

在继续介绍我的旅行之前,我得先说明,光绪皇帝和慈禧太后今天在颐和园接见了罗斯福小姐。受接见的美国代表团成员包括罗斯福小姐,纽兰兹参议员和夫人,沃伦参议员,珀欣将军和妻女,吉勒特众议员,科克伦和朗沃思,罗克希尔夫妇,美国公使馆一秘、二秘及其夫人们,美国驻科西嘉公使摩根先生、科尔宾将军及副官们,特雷恩海军司令及其参谋部成员,科尔宾夫人、艾德小姐,以及另外一些官员们和他们的妻女们。我们沮丧地得知,假如早点把我们的名单从香港发过来了的话,我们本来也是可以一同前往的,可是就连艾德副总督,也因为名字被略掉而不能前往,参加谒见的人员名册一旦定下来了,就无法修改。这一次受接见人员是历来人数最多的,所以此次接见在许多方面都是史无前例的。事实上,我们来北京的主要原因就是慈禧太后给罗斯福小姐发函邀请她前来北京,而美方认为这是派海军陆战队来北京的绝好时机。"洛根号"运输船送代表团来北京花费了美国政府近25 000美元,在马尼拉就有人直言不讳地反对如此高价送人来旅游。一个连的军队通常是用运煤船或其他廉价船来运送的。但无论如何,对于我这样的受惠者而言,是决不会对此挑剔的。我们乘坐了一艘有40个客舱的远洋轮船,外加一支很棒的乐队,和精美的食物,而这一切每天只需花费我们每个人1.5美元。罗斯福小姐和另一个人,我不记得具

CH3403 五塔寺

CH3402 北京城墙外的五塔寺

CH3501 在北京的大钟寺

CH3101　弗罗斯特在天坛的圜丘坛
　　　　入口处摄影留念

CH2904　进入北京的天坛

CH3002　天坛的圜丘坛　CH3001　北京天坛的祈年殿　　　CH2903　弗罗斯特在北京天坛

CH2902　在北京的天坛　CH3003 天坛的皇穹宇　　　CH3004　天坛的斋宫

体是谁，在谒见的前一天被邀请到颐和园内过夜——这样的事闻所未闻——其他人则是在第二天早上5点钟乘坐轿子和马车从北京城里出发的。路上尘埃很大，他们都随身携带了礼服和制服，等到了夏宫内再穿起来。

　　这是一件大事，全中国都听说了。据说他们到达以后，就按性别分到了宫内不同的地方更衣，而且在回北京之前，再也没有相互见面。每个人都穿了大礼服，文官们身穿西装都让人感到好笑。他们按等级鱼贯进入谒见大殿，由前中国驻美公使伍廷芳先生充当翻译。进殿时，他们每走几步便需要鞠一次躬，最后站立在御座的两侧，慈禧太后坐在御座上，主宰一切，而皇帝坐在边上，像顽皮的孩子那样皱着眉。他们说，太后是一个脸部轮廓鲜明和做事干练的女人，和几乎所有的中国人一样，她指甲很长，而且还在每只手的第四、五个手指指甲上套了4英寸长的金甲套，甲套略微弯曲并很锋利，看上去就像翡翠和钻石的手镯，这样罗斯福小姐可说是不虚此行。男士们没有收到任何礼物。总的说来，这是个令人难忘的重要事件。

晚上，我们都收到了直隶总督袁世凯的邀请函，邀请我们于星期六晚上到他在天津的豪华官邸参加为罗斯福小姐准备的接风晚宴。邀请函装在红色和金色相间的长信封里，里面夹了一张大红纸，上面写有袁世凯的姓名，这是他的名帖。另外还有一张饰有金边的厚纸是中文请柬。可惜我未能出席这次晚宴，因为我们星期六早上要出发去长城，不敢耽搁两天的时间。星期五那天，代表团的部分成员搭乘8点半的火车赶往"洛根号"运输船，因为它将于星期六早上起航。我们其他人留下来参观了紫禁城里的冬宫。这也是一件令人难忘的重要事件，因为迄今为止，还从未有过像这样邀请一个大型外国代表团进入紫禁城的。整个队伍大概有二三十人，很多都是居住在北京的外国人，他们抓住这唯一的机会想参观一下紫禁城。

我们早上10点钟从六国饭店出发，由一队骑兵领头，乘坐美国公使馆警卫队的大车和轿子，行进在北京素来闻名的那些难以形容的道路上。在紫禁城入口处有几队士兵及一群官员在迎接我们，这群官员按帽子上组

CH3502　北京雍和宫

CH3503　北京的孔庙

CH3702　北京雍和宫的天王殿

CH3602　美国代表团成员们在参观北京雍和宫

CH3504　北京雍和宫

CH3601　北京雍和宫的喇嘛

CH3703　美国人在雍和宫内参观

扣的颜色可分为不同的等级。伍廷芳先生也在其中，并且起了主要的作用，尽管这些官员中有很多等级比他高的王公贵族。我们首先被护送上了游船，船被撑着渡过了荷花池，然后我们又被领着穿过了一个个庭院和许多宫殿建筑，那里面堆放着最精美的艺术品——雕刻品、玉器和珊瑚石，以及大量的钟表。几乎每个房间都有一股芬芳的香味，那是屋内放置在大碟子中的成堆苹果散发出来的。中国人使用大量苹果来达到装饰目的，同时又可以享受其香味。我

CH3603　凯利、弗罗斯特和伊夫兰在北京雍和宫

们所经过的那些建筑大部分都是新建的，因为1900年的大火烧毁了不少房屋。

　　简便的午餐之后，我们参观了紫禁城内更为古老的建筑，它们的历史可以追溯到几百年前，那些耀眼亮丽的颜色，由于时间的推移，看起来比崭新时更为赏心悦目。这儿还摆放着大量的青铜器、木雕、纸张、景泰蓝、瓷器、丝绸等，这些东西在其他地方都是见不到的，沃尔廷能否找到这样的物品拍卖是很值得怀疑的事。所有的地方都开放了，我们参观了一个又一个宫殿，从私人房间直到御花园，看得我眼花缭乱。伍先生很是健谈，我和他聊过几分钟，他大概是气量最大的一位中国人，有些人认为他的观念过于自由化。我询问他对慈禧太后的印象，他回答说太后是个很聪明

CH3604　北京内城东南角角楼

的人,但遗憾的是她和总理大臣庆亲王都未能出过国,因此眼界狭窄,尽管他们自以为无所不知。伍先生并不像大多数美国人所想象的那样,在中国很有影响力,但无论如何,这儿有人认为,伍廷芳是肉中的一根刺,如果他能掌权,肯定会使现状发生一些改变。另一方面,这儿还有很多美国人认为,他应该对民众抵制美国货的运动负主要责任。离开冬宫之后,我们的队伍就解散了,这也是最后一次我看到除伍兹之外的其他所有人,只有3个人是例外。①

星期六早上,代表团成员除了6个人之外,其他的人都去天津参加袁世凯举办的招待会了,之后他们又乘坐炮艇前往朝鲜,因为朝鲜国王也给他们发了请柬,我想他们随后会到日本乘坐"高丽号"远洋轮船回美国。星期六早上6点钟,我和伍兹便开始了为期4天的长城之行,但我们也因此错过了一艘去日本的轮船,只能闷闷不乐地待在芝罘,最近两三天能够离开的希望甚微。由于考虑到这些麻烦以及从天津出发的轮船航班的不确定性,我们本来已经放弃去长城的念头了。想要搭乘"洛根号"船的人只能在北京停留两天,另外只有小部分人想去汉城,如果搭乘"洛根号"

① 手稿中的以下部分被划去了:"我想我和爱丽丝公主的相识也到此为止,但这并不是什么令人难过的事,因为我发现她身上并无吸引人的品质。"

CH3801　美国政府代表团成员们乘轿椅进入紫禁城

CH3803　紫禁城内的宫廷庭院

CH3802　紫禁城的城门之一

的话,那我们就没有机会参观冬宫了。一想到我们不会每年夏天都来这儿,我们就下定决心要前往长城,北方旅馆的人帮我们做了相关的安排。他们帮我们请了一位好导游,并向我们提供了寝具和旅途的食物。接着我们又得到了两匹马和一辆北京骡车来运送行李,所以出发时,我们有两匹自己骑的马或小矮马,一名导游,一个骑驴的马夫,以及一辆有两匹马和两个马夫的大车,马夫们一前一后地坐在车上。

我们出发的那天早晨冷峭而美丽,那天我们总共赶了整整36英里难以描述的路程。有些地方是任你随便走的开阔沙土地,另一些地方则是仅能供驴行走的羊肠小道,有些路引向深谷,还有两三条在不同高度平行向前伸展的道路,路上布满了深深的车辙,或是大石块,或是齐腰深的水坑。我们经过了几个村庄,也碰到了一些步行、骑驴或骑马的路人。在离北京数英里远的地方,我们还看到了一长串的骆驼队。走了20英里左右之后,我们便只能见到田园风光了,这儿大部分地方都风景如画。在开阔的泥地打谷场上,男男女女挥舞着连枷击打谷物,并把它们抛向空中,以便"将麦粒与谷壳分离",让风吹走瘪的谷壳,而饱满的谷粒则会掉在地面上。男人们用最原始的工具在田里耕耘,并碾磨玉米或其他谷物,他们把谷粒撒在一个圆形石磨上,一头被蒙住眼睛的驴子默默地拉动一个石碾子,一圈又一圈地转。农夫们跟城里人相比似乎是一个不同的种族,他们比城里人更快乐,吃得也更好些,这儿的村庄跟我在英国看到的一些小村庄差不多,房子都是单层的泥屋,并用茅草作为屋顶。稍大一点的城镇就有高大的城墙和笨重的城门。这儿和北京一样,也能看到过去御道的痕迹。我们走过了几座长桥,精雕细琢的汉白玉护栏部分已经部分坍塌,御道上有许多石牌坊,铺路的石板长达8英尺、宽3到4英尺,厚8英寸。

这是一次美好的旅行,尽管有些艰苦,但途中总有很多值得观赏的事物。我们乘坐的矮马品种不太优良,只能快步行走,却不能慢跑或疾驰。由于路况以及马匹的原因,我们大部分时间都是在步行。我们的海军陆战队朋友们给我们装备了骑马服,并借给我们两个折叠床,若非如此,我们会很不舒服的。但是天气很好,如此晴朗无云的连续四个九月天之后再也遇不上了。我们通常都在吃完晚饭后伴着皎洁的月光入睡,第二天则在大清早醒来,太阳初升时,月亮像是块悬在空中的大银币,此时从三条毯子底下钻出来呼吸凉飕飕的山间清新空气,感觉好极了。它会让你忘

CH4101　去长城时途经沙河,一个客栈的院子

CH4102　沙河一个客栈的院子

CH4104　去长城时途经沙河,客栈的一个房间

却自己浑身酸痛,手脚冻僵。

　　第一天我们在一个名叫沙河的小镇歇脚,住在一个小客栈里的最好房间内,我们的导游关先生给我们准备了午餐。我们在各处都只能在中国客栈投宿,当一位马夫照料马匹时,导游和另外两个就去铺床和准备食物。再好的中国客栈也不适合用作避暑旅馆。这些客栈通常都是单层,厨房里散发着恶臭,其他住房都在客栈的前院,马棚是在内院的一侧。格子状的窗户上糊着窗纸,很容易被戳破。室内是石板地面,通常房间内会有一张方桌,桌边会放一张椅子,有时桌子两边各有一张椅子,另外还有一种分层的架子,架子上带有一面靠墙的镜子。另外还有一些瓶子,几盏纸灯笼,两对锡制烛架,墙上还有一个敬神拜佛的神龛,以及几张中国画。作为床的土炕是筑在房间一角的一块平台,宽约 7 英尺,高出地面约 3 英尺,上面铺着席子,但没有床单,因为旅行者通常得自己携带铺盖。冬天时,地板或炕底下会生炭火取暖。

CH4601　去长城途中看到的一群农民

CH4602　去长城途中拍摄到的一群鹅和放鹅人

CH4501　去长城途中经过的一座石桥

在沙河休息了约两小时后,我们重新上马,继续前行,时而步行,时而骑马疾走,在接近群山以后,所见到的乡间也变得越来越贫瘠荒凉了。有时为了改变一下旅行方式,我们也会下马步行一两英里。有一次,我们经过了一大群来自满洲里的羊群,关先生告诉我们,这些牧羊人两个月前就出发来北京了。所有味道鲜美的好羊肉都是来自满洲里的。我们还碰到了一群群的大黑猪和大批的鹅和鸭子。山路非常难走,我不明白,跟在我们后面一段距离处的马车是怎么走过来的。每到春天,从山上和田里流下来的水会淹没许多道路,并形成四五英尺的积水,有些地方的泥土被洪水冲走之后,会形成峡谷和深沟。天黑时,我们在南口镇里歇下了脚,这个四周被城墙围住的古镇坐落在山口,街道都是用大鹅卵石铺成,这儿曾经是一个重要的关隘。镇外15英里处就是蒙古,但我们留在南口最好的客栈里过夜,这儿要比沙河的客栈规模更大些,当我们到达客栈时,正巧四个朋友赶上了我们,其旅程跟我们一样。他们分别是年轻的沃伦、戈德肖夫妇和霍巴特,最后那三位现在跟我们在一起。客栈内院是个大场地,客栈老板显然跟外国人时有接触,墙上用洋泾浜英语写的几个大字就颇具传奇性——"The Shop Here Sale Wine(此店售酒)"。临街的客栈入口处有个牌坊,靠近街面的一侧和街对面的一部分是厨房和仆人们的住处。院子里正对大门的那一侧有五间客房,我们把它们全包下来了。院子的一侧有一个敞开的马棚,另一个马棚就在我们房间后面,因为我们闻到了驴子的味道,并听见了响亮的驴叫声。然而,除了前面提到的英文标志外,整个客栈都是典型东方式的。它将古代的农业耕作方法很和谐地结合在一起。这种情景在古代的朱迪亚①也能够见到,跟中国没有什么区别,只是它已经受到了现代文明的影响。

早上当我走出客栈时,来自大西北内地的一支骆驼队正慢悠悠地从客栈门前经过,那些骆驼身上装满了成箱成袋的货物,走在曲折而多石的街道上,这更增添了我的幻觉。在我们吃完早饭之前,又有几支骆驼队从门前经过,但在白天旅行时我们再也没有见到这样正在行进中的驼队,尽管我们见到成百上千只骆驼在山间吃草或在路边的客栈里休息。其原因是这样的驼队都是晚上行动,白天休息的,到了晚上时,这一点就变得越来越明显。几乎整晚都可以听到领头骆驼的驼铃声,因为不断地有

---

① 朱迪亚(Judea)是古代巴勒斯坦的南部地区。

CH4403　南口客栈前的通道

CH4304　南口一家客栈的大门

CH4202　南口客栈内一个小店的窗口

CH4401　沃伦、霍巴特和戈德肖在去长城的路上与伍兹和弗罗斯特巧遇

CH4804　美国人在南口客栈门前摄影留念

CH4301 南口客栈里的炕

CH4305 南口客栈院落内赌博的场景

CH4402 在南口这家客栈门口的商队

CH4201 南口的客栈

CH4204 南口客栈的院落

CH4303　在去长城途中经过一个村庄

CH4205　一支经过南口的骆驼队

CH4302　在去长城的途中

CH4701　长城附近的南口镇

CH4803　南口一家客栈的院子

CH4406　在沙河客栈凉棚下歇息的旅客们

CH4405　去长城途中的一条村中小路

CH4704　去长城途中经过一个农家的打谷场

CH4903　去长城途中岔道口的一个中式茶馆

驼队从北京过来，或是赶往北京。早饭过后，我们便赶往15英里外的长城。马车没有同行，我们把食物和水装在篮子里，并驮在驴背上，因为我们要在长城上吃午饭，并赶回客栈吃晚饭。通往长城的道路要经过南口关隘，这个古道是连接北京和北方的一条重要通道。我们沿途没有遇见驼队，但赶上或遇见了许多驮着货物的骡子，及一些载满重负的齐腰小毛驴。这是一条多沙和多石的道路，但是路标清晰，而且一些地方还受到挡土墙的保护。在一些用石块铺就的路段，道路两侧都留下了一英尺半或两英尺深的车辙印，就如不断流动的水冲蚀了石块一般，从这点上，我们大致可以推断出这条路所经历的年代久远。

　　我们经过了两个筑有城墙的城镇，以及明朝皇帝所建的一些横穿山谷的小城墙。大约11点左右，我们到达了如画般的长城，它像一条巨蟒绵延在丘陵峡谷之中，并向各个方向伸展。整个景色极其壮观和独特。更巧的是，当我们到达时，上百头骆驼正在长城脚下吃草或睡觉，这让整个场景令人更为印象深刻。我们立即向近处的最高峰攀登，虽然只有半英里左右，但攀登起来却并不容易，因为在高处有的地方坡度很陡，即使有台阶，也是破损不堪或长满野草的。长城约有2 200年的历史，全长1 500英里。其城墙高约50至60英尺，城墙顶上的道宽约25英尺。长城的芯似乎是用大大小小的石块与灰泥混合而成的，整体表面铺设有大而非常坚硬的灰色砖块。在元朝和清朝之前，长城每隔一段时期就会被修复，但近几百年来却没有被动过。我们登上了烽火台，从那儿看下去，整个景色非常壮观，从烽火台的一侧望过去，几英里外就是蒙古，我们早上7点钟出发，前往15英里外的十三陵，这段路是我

CH4502　沃伦和弗罗斯特在去长城的途中与骆驼队相遇

CH4603　去长城路上经过的一个小村庄

CH4902　在南口

CH4703　在长城附近的南口关隘　　　　　　CH4702　　前往长城的路上

们所遇到的最难走的道路。马车绕道前往我们将去吃午饭处的昌平州村庄，而导游则领着我们穿过田野前往明陵。有时我们得下马牵着马步行，有时马不得不爬上陡峭的山路，或用胯部滑下山坡。明陵共有13处，是明朝皇帝的葬身之处，散布在一个风景秀丽的山谷之中。这些陵墓是中国古建筑的丰碑，每一处都被五片树林、果园、大庙宇或宝塔所环绕。我们只去了最大的那处皇陵，因为这些皇陵相差无几，而且相互隔着一段距离。但此处已经逝去的辉煌要比其他任何地方都更让我感到震惊。五条宽阔的石板路上长满了杂草，年久失修的辉煌汉白玉桥都已经倒塌，被河水冲刷得只剩下零零散散的桥拱。皇陵中给我印象最深刻的是一条长长的用石板铺成的神道，那条大道略微有些弯曲，两侧分别列有古代将军、文官，以及真实和神话动物的石雕像，每座石像都是用单独的一块岩石雕刻而成，惟妙惟肖，由于当地气候干燥和岩石质地坚硬，这些石像都保存完好。石像中有大约20英尺高的大象、骆驼、狮子、驴子和其他我不知道名字的动物。

　　前往昌平州的其余路程穿越了贫瘠的沙地，我们很高兴能来到城墙之内，洗净灰尘并吃了午饭。这儿的客栈和其他地方的没什么区别，整个漫长的下午，我们穿越

CH5001　八达岭长城

CH5301　长城脚下的一支像蚂蚁般爬行的商队

CH5101　长城脚下的骆驼队

CH5004　长城的大门, 南口关隘

CH5002　长城一瞥

CH5201　长城烽火台的景色

CH5304　穿越长城的圆拱形大门

CH5202　雄伟壮观的长城景色

CH5203　长城在山脊上逶迤盘旋,像一条腾飞的巨龙

CH5103　长城脚下的一个美国人

CH5104　戈德肖夫人在长城上

CH5401　壮观的长城景色

了炎热和多尘的平原和绵延不断的玉米地,直到晚上才到达汤山,最后我们在一处既像佛寺又像客栈的地方歇了脚。汤山最吸引人的地方是它的天然温泉,几百年前,某个明朝皇帝在此处建了一个行宫,并为相隔仅几英尺的温泉和冷泉处分别建造了汉白玉浴池,四周围有雕刻着精美花纹的护栏,你可以望见泉水从两侧的泉眼中不断地涌出。伍兹和我泡了一下温泉,顿时感觉神清气爽,然后我们才回到寺庙客栈吃晚饭。

9月30日,星期六
"镇华号"轮船上,从芝罘前往上海

我得在此稍稍叙述一下已经发生的事情。我们昨天下午乘坐这艘1 200吨的轮船出发了,因为我们在芝罘等船已经等得不耐烦,那儿的轮船公司代理似乎并不了解自己公司的航班。我们从天津乘"盛京号"顺流而下,打算从这儿乘船经朝鲜的港口去日本,有一艘船原定上个星期四出发,但是直到昨天它仍未到达这儿。我们从非官方途径了解到,这艘船在日本已经被哈里曼先生及其随行人员所租下,船当时已经到了大沽,但位于神户的轮船公司总部却没有将此事告知他们在芝罘的代理人。昨天上午11点钟,我们得知"镇华号"轮船将前往上海,于是便收拾行李登上了这条船。就膳宿方面而言,这艘船还算不错,但速度实在太慢。另外有一艘小点的轮船,是华商轮船公司的,名为"协和号",它在我们之前3小时就出发了,这艘船就是我要插述的事。今天早上7点钟,我正在睡回笼觉时被船上的铃声和汽笛声所惊醒,我从船舷窗口往外望去,看到有一艘救生船正向我们的船靠拢,一段距离之外还有另一艘救生船,它的四周满是船的残骸。伍兹和我套上大衣,穿着拖鞋冲到甲板上时,第一艘救生船刚好靠到我们船边。我们的船这时已经停了下来,救生船上有两个穿着睡衣的白人,还有一群在号啕和呻吟的中国人。他们沿着悬梯爬上船来,其中一位白人是个英语说得很好的德国人,当他来到了甲板上之后,我问他发生了什么事,他告诉我们,两个小时之前"协和号"轮船被漂浮的水雷击中并引起了爆炸,仅7分钟后,轮船就沉没了。另外一位白人是船上的大副。另一艘救生船很快也过

CH5403　长城顶上有些段落因年久失修而显得一片狼藉

CH5404　戈德肖夫妇、沃伦、弗罗斯特和霍巴特在中国长城上摄影留念

CH5701　明十三陵神道上的汉白玉华表

CH5504　定陵陵寝建筑群的二门

CH5503　定陵陵寝建筑群的大门

CH5502　明十三陵的定陵明楼

CH5702　明十三陵神道上的汉白玉文官雕像

CH5703　明十三陵神道上的汉白玉文官雕像

CH5704　明十三陵神道上的汉白玉武官雕像

CH5802　明十三陵神道上的汉白玉马雕像

CH5803　明十三陵神道上的汉白玉象雕像

CH5802　明十三陵神道上的汉白玉骆驼雕像

CH5801　明十三陵神道两侧用整块汉白玉石雕刻而成的人像和神兽

来了，带来了只穿着内衣内裤的船长、轮机长、另一名英国乘客，以及更多的中国人。

我们靠近了轮船的残骸，看见每根木头和翻转的小船上都攀附着许多求生的中国人。救生船再次被放下去救这些幸存者，二副这次也被救了上来。这些人都筋疲力尽，很多人都是用绳子拉上来的，刚登上甲板便砰地趴下了。唯独没找到的两位白人分别是第二和第三轮机员。那艘船上没有白人妇女，但有17名中国人，包括妇女，都被淹死了。有些中国人在爆炸中受了重伤，他们躺在甲板上不断呻吟着，其他的中国人则像被斩掉了头的小鸡一样尖叫着跑来跑去，口里吐着白沫。所有人都失去了随身携带的财物，但值班的轮机长是个例外，他口袋里还有25美元。这位挺不错的英国人大概有35岁，已经在东方游历了一年多，他因为丢了钞票和文件而感到恼怒，称这整个事件"麻烦透顶"。大副是个苏格兰人，为失去自己那只带金链子的银表和

CH5601　北京附近的小汤山温泉寺院内景

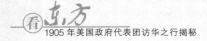

CH5602　小汤山温泉寺院

CH5603　从十三陵回北京的路上

CH5604　小汤山温泉寺院

房间抽屉里的 8 美元而懊丧不已。但那位德国人却认为,能和这么一群不错的人同在一个甲板上,而且有足够的吃喝,自己已经是很幸运了。那位英国人和德国人是"协和号"船上的仅有两名外国乘客,船上的高级船员就是那 5 名白人,其余的船员都是中国人。那两名乘客抱怨说整个事件都处理失当。在那短短的几分钟时间内,所有人只顾自己逃生,除轮机长之外的所有高级船员都惊慌失措,对乱成一片的船员失去了控制。那位德国人的手在放下一艘救生艇时被严重拉伤,而大副却在这时跳上了救生船并把它划走了,德国人不得不跳进水里,朝救生艇游过去。那英国人也只能跳进水里,游向救生船,要不是轮机长强迫人们把救生船停下来的话,他可能也葬身大海了。我们立即给那两位乘客提供了衣物,他们随后坐下与我们共进早餐。

　　爆炸发生的地方大概离海岸线有 90 海里,离山东半岛往南有一夜的航程。上海与芝罘之间有很多来往的船只,如果不是我们正好经过,这些人也会被其他船救起。随后不久,我们就遇上了一艘德国船,我们跟他们打了招呼,今晚它就会把"协和号"轮船遇难的消息报告给芝罘方面。我们所乘的轮船相对要好得多,属于一家名为太古商行的大型伦敦公司,在东方各条航线上均有贸易轮船,人员配备也更优良,"协和号"轮船被救的乘客认为我们这艘船在各方面都要略高一筹。我们预期明天下午1点到达上海——假如不碰上水雷的话。那位德国人负责管理上海江南制造局的某个部门,但一些重要文件却在这次海难中弄丢了。他说前几个星期前经过此地时,他所乘的轮船差点被台风击成碎片。现在他想要等铁路通车后再回北京了。我们船上搭载的乘客包括一名法国军官、一位英语口音很重的美国妇女、戈德肖夫妇、沃伦、伍兹和我。

下面还是接着讲我们在北京的经历,我们在汤山的喇嘛庙投宿,寺内有两位剃光头和神情悲哀的僧人对我们甚是好奇,当我们吃东西时,他们饶有兴趣地盯着我们看。有人告诉我们,这两位僧人是两个月前从蒙古的某个地方来到汤山温泉的。我们的导游不会说那两位僧人的语言,所以大部分时间都是我们这拨人自己在交谈。日落时分,一位长者在一个小寺庙里敲了三下钟,同样也在院子另一侧的寺庙里敲了三下,然后就在每尊佛像前摆放了一碗茶,一块脏乎乎的面包以及一个苹果。作为儒生的关先生对佛教徒很是不屑,但他告诉我们,敲钟是为了请神进食。

第二天一早,趁着早饭还在准备的时候,我在寺庙内逛了一下,看到管理寺庙的一对老年夫妇正在跟那两位神情默哀的喇嘛中的一位一起吃早饭。他们请我也一起加入,那位老年男子还把杯子递给我。因为怕拒绝他们会显得很不礼貌,所以我就啜了一口油腻腻的奶茶,其他的食物没有再碰,只拿了一些大饼,后来我把这些大饼给了跟我们一起来的马夫们。这位老年男子身材高大,神色威严,留着长而稀疏的胡须,而那位老年妇女要比大多数中国妇女都更眉清目秀,头戴最令人惊叹的精美头饰,圆锥形的头饰紧贴着头部,上面有很多珍贵的大颗粒红玉。我真希望自己能买下那个头饰。我本想给他们拍照,但被有礼貌地拒绝了。

吃完早饭后不久我们便上路了,下午1点就回到了北京,就这样结束了全长为125英里的马背旅行。回到北京后,我们直接去了美国公使馆警卫队的军官住宿楼,幸亏我们这样做了,否则我们就只能在旅馆里打发剩余时间了,因为我们得在北京城里从星期二下午一直待到星期六早上,而我们想参观的地方也全都去过了。楼里光秃秃的,还没有布置和装饰过,因为目前这支警卫队还没时间将他们的东西全都搬进来。伍兹和李上尉住在一起,我则和霍尔库姆中尉同住一个房间。泰勒医生住在我们隔壁,我们都在他房间内吃饭。泰勒医生正在等他的妻子和孩子们10月份来北京。这儿的一切都很愉快——有许多一流的仆人,食物也很精美。每天早上5点半军号吹响时,士兵们就会起床,7点钟,李上尉就会出去领着士兵们操练一小时。作为军需官,霍尔库姆中尉每天都很忙,我们其他人则每天早上去骑马,或下午到城墙上面去散步。有一天下午,柔克义先生过来了,给士兵们致了简短的欢迎辞,给了他们一些劝告,他视察了李上尉对于军营所做的改进工作,并花了约一个小时来跟我们聊天。柔克义先生说,对于士兵们而言,驻扎在北京是一项艰苦的任务,因为这儿的诱惑很多,但可做的事却很少。他希望美国警卫队能给其他国家的警卫队做个榜样,他说有很多外国公使馆卫兵因此酗酒,并犯下了谋杀、抢劫等罪行。而他会尽其所能,让士兵们生活得更好一些。李上尉没有告诉他,有两名士兵因为酗酒和行为不当正在被关禁闭。这两人几天之后被送回了舰队,并又派来两人顶替他们的位置。据说李上尉是位好军官,尽管很严厉,但海军陆战队员们都很喜欢他,而且在他指挥警卫队的短时间内,公使馆的环境已经有了很大的改进,这是陆军官兵们在北京驻扎的五年中都没有做到的。这些军官们都很年轻——李上尉35岁,霍尔库姆25岁,泰勒30至35岁之间。

有一天下午,我们拜访了隔壁的荷兰公使馆武官韦纳兹上尉。还有一次,我们跟柔克义先生一起喝下午茶。就这样,我们愉快地度过了这段时光。我们之所以在北京待了这么长时间,是因为一直没有去日本的船,直到9月28号才有一艘船从芝罘出发去日本,但我们23号就得前往天津,再从那儿乘船赶往芝罘。我们星期六上午离开北京,中午就到了天津,我们定了当天晚上出发的“盛京号”船票。从天津到芝罘轮船需要开24小时,离大沽不远有一处沙洲,中国人侈谈疏浚整整50年,但却一直没开挖,如果轮船不幸在退潮时搁浅在此的话,那就只能等到有合适的风向和潮水时再起航了。

天津这座城市的建设规划得很好,跟上海一样,天津最大的旅馆是利顺德饭店——我不清楚为什么取这个名称——我们在那儿碰到了戈德肖夫妇和沃伦,在我们访问北京的时候,他们正绞尽脑汁想要离开天津。星期六晚上我们登上了"盛京号"轮船,星期天早上 8 点,轮船起锚沿着浑浊、浮浅和弯曲的白河缓缓出发了,船上有人整天不间断地在测量水位,一面叫喊着:"9.5、11、10、13……"下午 3 点左右我们到达大沽,此前白河的水位一直在 9.5 英尺至 15 英尺之间徘徊。我们的船停靠在一个偏僻的码头,一大群苦力挑着篮筐,把煤运上了船。9 点钟,我们再次出发,但却在沙洲内侧搁浅了,我们在那儿一等就等到了下午 3 点钟,之后的航行便一路顺畅,星期二上午 7 点钟,我们到达了芝罘。

我们五个人乘坐一条舢板上岸,行李则用另一条舢板运送,由十二个搬运工将其送到了海滨饭店,当时饭店里住满了美国海军舰队军官的家属,这支舰队星期四才离去。假如轮船公司的代理们对航班了解更清楚一些的话,我们就应该留在"盛京号"轮船上,直接去上海,那么我们现在就已经在日本了。但我们被告知有一艘名叫"俄亥俄州三号"的轮船定期往返于神户和烟台之间,它将于星期四到达芝罘,并从芝罘出发去日本,于是我们便留在了芝罘等这艘船,因为这样我们就有机会看一下汉城和朝鲜的其他地方。然而我们并没有等到"俄亥俄州三号",而代理们也不能解释原因,如果不是我在酒店碰到了琼斯夫人,我们很可能还在继续等待。琼斯夫人的丈夫是"俄亥俄州三号"的船长,她告诉我们,"俄亥俄州三号"轮船被哈里曼及其随行人员包租下了,现在已经到了大沽。当我将这一消息告知轮船公司的代理们时,他们都很吃惊,因为他们对此一无所知。我们随后打听到了"镇华号"轮船的消息,接下来的事你都知道了。在芝罘停留的那几天,除了去轮船公司办公室打听消息之外,我们就在海滩上散步,或绕着建有各国领事官邸的那座小山闲逛,或是几个人在一起打桥牌。沃伦不幸患上了严重的扁桃体炎,只能卧床休息,并请了医生。伍兹和我被我们遇到的一位年轻英国人安顿在芝罘俱乐部,于是就在那儿看报纸。一天下午,我们前往签订《芝罘条约》①的地点东海关参观,太平军叛乱失败之后,李鸿章与西方列强的代表在此签订了《芝罘条约》。我们必须穿过内城才能到达东海关,但我相信那儿的污秽垃圾比广州和北京还要多,根本没有什么吸引人之处。

北京外国租界之外的地方都很脏,刺鼻的味道要比广州更浓一些。街道一般都

---

① 即 1876 年的《中英烟台条约》,烟台原称芝罘。

CH1603　从海滨旅馆看中国的芝罘，
　　　　山上的建筑是美国领事馆

CH1501　芝罘(烟台)的海滨旅馆

CH1601　中国芝罘的景观

185

很宽,但坑洼不平。中间部分大概有20英尺宽,但两边却各有两英尺是向下倾斜的,有时甚至有三至四英尺,道旁还各有一条三至八英尺宽的水沟,然后才是人行道(如果可以这么称呼的话),人行道上摆着零售食摊和货摊,再边上才是房屋,通常都是单层的。没有排水系统,雨水直接流入水沟,沟内是漫溢或半满的臭水。但在另外一些地方,建有几条很好的碎石路,路两旁有近一尺宽的砖砌排水槽。这样的路很少,但从冬宫至颐和园有一条很不错的路正在建造中,这是一条供皇家来往通行的道路。除非为了参观或研究,一

CH1602　芝罘一个寺庙的大门

CH1604　中国芝罘一个寺庙内的景色

CH4003　北京街上的行人

CH4004　北京街道上的脏乱景象

CH2401　北京街头的两位小贩

CH3701　北京德胜门附近的一名囚犯

CH2303　北京街上的一辆黄包车

CH4002　北京街上的一群小孩和两名满族女子

CH2402　北京的一群中国儿童

个人在北京待两天就足够了，他会很高兴离开，并憧憬日本那些干净的道路和人民。

各种深浅不同的蓝颜色是北京的主色调。站在哈德门朝弯曲的哈德门大街瞭望时，这一点尤为明显。假如不是仔细地盯着某物看，那放眼望去，无论是人还是车篷，给人的整体印象就是许多在街上穿梭的蓝色斑点。女人们也穿蓝色的衣服，但也有不少是穿黑衣，而且戴着非常特别的头饰，它看上去像是一块扁平的木梳，宽约两英寸，长约一英尺多，头发很巧妙地从其中穿过，再装饰以亮簪、发卡及花饰。她们脸上也涂着脂粉，抹着口红。这些女人都穿长裤子，而且汉族女子都裹脚，走起来跌跌撞撞，模样很怪，也很不舒服。满族女子都不裹脚。

上海礼查饭店，
1905 年 10 月 3 日 星期二

我们星期天下午就到了这儿，但必须在黄浦江下游几英里处等待汽艇来接我们进城。大一点的轮船无法沿着黄浦江到达上海，只能停泊在离城市 15 英里处的下游，小型船只却可以在黄浦江上来去自如。礼查饭店是上海最大最好的旅馆，尽管有缺点，但在许多方面都是我们所见最好的。上海没有什么特别的参观之处，大部分景观在其他中国城市也能看到。但是外国租界是个例外，后者是上海最漂亮的地方。上海无疑称得上是世界上最都市化的城市。礼查饭店旁的花园桥①位于浦江路和百老汇大厦②的拐角处，站在桥上，你几乎可以看到世界上每一个国家的代表从早到晚川流不息地从那儿通过，他们乘坐的车辆既有维多利亚时代的马车，也有汽车和中国的手推独轮车。这儿有来自各国的士兵和水手，随处可见用各种语言印刷的标语和报纸。黄浦江上排列着长达数英里，飘扬着欧洲各国国旗的商船，而美国星条旗却显然不在其中，后者只见于正在上海访问的一支美国舰队。上海这个东方大都市集外国各城市的特征于一体，拥有许多砖石建筑和生机勃勃的雄伟大街。

黄浦江畔的上海外滩是一条美丽大道，街道一旁是一些主要的银行、俱乐部和轮船公司，另一旁，即街道与黄浦江之间，是一个狭长的公园。这些建筑大部分都是英式风格——气势恢宏，坚固庄严。这儿的最通行语言是英语，因为长期以来，英国在扬子江流域的势力很大，但近来德国人也开始渗入。外滩的另一端有一块法国租界，那是一座城中城，里面所有东西都是法国风格的。从旁观者的角度看，这该是中国秩序最好的城市。在印度锡克教信徒、中国人及英国人的共同管制下，上海显得井井有条。锡克教徒们是尽职的警察和保安，他们高大帅气，很有贵族相，表情傲慢，裹着艳丽的头巾，蓄着长长的卷须，外形很吸引人眼球。他们从不微笑，总是一副很威严的样子，手上拿着一根沉重的警棍，挥舞起来毫不犹豫，中国的苦力们对他们怕得要死。

我们今天下午坐车到静安寺路上兜风，那是上海最漂亮的一条道路，路上有很多漂亮的马车和汽车。马车夫和脚夫穿着常规的中国仆人制服，但我们有一次见过他们穿西洋制服，可是这衣服加上他们脑后垂下来的辫子看起来非常不相称。在碎石路上兜风令人心旷神怡，两旁建有美丽的房屋，整体看起来更像是英国乡村。据说这儿是冒险家的乐园，一些声名狼藉的西方男女在故乡待不下去时，最终都来到

---

① 即现在的外白渡桥。
② 即现在的上海大厦。

CH0902　上海外滩的道路和行人

CH0903　停泊在上海外滩的客轮

CH0901　1905年上海外滩最常见的交通工具是黄包车

CH1002　上海外滩公园内供乐队演奏的亭子

CH1003　上海外滩的楼房景观

CH1001　上海外滩一家医院的大门

CH1101　上海南京路的一个十字路口

CH1102　上海南京路的沿街店面

CH1201　上海街道上的黄包车和独轮车

了东方,在所有的东方大城市里都可以看到这样一些家伙,但上海尤其以江湖骗子出没而闻名。我在船上时患了感冒,身体一直有点不舒服,但没什么严重的问题,而且今天也感觉好多了,只是还有些轻微的咳嗽,声音嘶哑,有时听起来就像一台破留声机那样。

在中国旅行,最麻烦的事就是兑换钱币。几乎每个城市的钱币都不一样,你在北京不能用广东的钱,在上海不能用北京的钱,这样每换一个地方就会有损失,因此你得尽可能精确地算出你在每一处所需的花费。这儿的标准货币是鹰洋,因为我们的美钞有限,我们只能随身携带着重达几磅的这种大型硬币。因为有很多假币,钱庄的伙计收取银元时会一块块地验别真假,一小堆银元往往要让这些人花一两个小时。这儿的"零钱"是带孔的铜钱,中间用长绳穿着,在北京,我有一次看到一辆满载这种铜钱的卡车从街上路过。八至十五个铜钱约合一美分,每次我们收到这样的找零时,我们会丢给小孩或乞丐。

我试图拜访卡勒先生,克兰先生给我写了一封介绍信,但我去的时候他正巧出门了。于是我为罗伊·萨费恩去拜访了一些人。明天如果我感觉好一点的话,我将去拜访我们的一位老客户——容廷佑(Jeune Tin Yow)。我们星期四离开上海。从遇难船救上来的那位德国人贝斯先生在中国还是个挺了不起的角色,已经为清政府工作了20年,现在负责主管这儿的江南制造局。他是在谒见

CH1202　上海南京路

CH1203　上海港

CH1103　上海景色,德国领事馆和外白渡桥

CH1204　上海人运送生活用品的方式

CH1205　上海外滩的堤岸和停泊的船只

CH1301　上海的锡克族警察

CH1302　上海人乘坐的独轮车

CH1303　上海礼查饭店的门口

CH1304　在上海礼查饭店的门口等候顾客的黄包车夫们

皇帝归来的途中遇上水雷爆炸的。他原本想邀请我们共进午餐，但随后又告知他还没从海难后遗症中恢复过来，仍在卧床。那位英国人名叫多兹沃斯，是位上尉，原先在军队服役，后来转到印度、南非和苏丹等地的殖民地政府工作，清军和义和团攻打英国驻华公使馆时，他正在南非的莱迪斯密斯。他此行的主要目的是旅游，但同时也得帮维克斯-马克沁公司记录有关中国军队的情况，但他的笔记连同战争勋章、信用证及其他所有东西都在海难中丢失了。他今天过来拜访我们，归还了我们借给他的钱及衣物，他将我们安顿在上海俱乐部，并答应帮我们写介绍信给他在印度的朋友。他现在正试图向"协和号"轮船所属的华商公司索赔。我今天早上和"俄亥俄州号"军舰上的威尔斯指挥官和巴伯医生共进了早餐，他们告诉我，已经去了朝鲜的罗斯福小姐及其随员们跟我们在芝罘一样，也被困在了那儿，美国驻朝鲜公使摩根还拍电报给海军司令特雷恩要船，但后来获知不必这么做，我想他们肯定是租了一艘船前往日本的。我很高兴我们没去朝鲜，威尔斯告诉我们，那儿很肮脏，汉城很无趣，而且外国人在那儿根本找不到旅馆。他和其他一些军官去过旅顺口，参观了那儿和大连的建筑。当我们星期天到达这儿时，正好从"阿斯科尔德号"的边上经过，这艘俄国军舰葬身此地已经有很长一段时间了。

CH1305　中国上海的吴淞口

CH1402　上海吴淞口装载着木料的中式平底帆船

CH1403　上海吴淞口的中式平底帆船

CH1401　小号的中式平底帆船

"利比里亚号"轮船上，

1905 年 10 月 5 日 星期四

我们今天下午登上这艘船前往长崎，它是在凌晨涨潮时启程的。我相信罗斯福小姐及其随行人员也将在横滨登船，这艘船将进行一次破记录的航行，即走北线前往旧金山，中途不停靠檀香山。伍兹和我所订的票只是到长崎，在那儿我们将领取"洛根号"留给美国兵站军需官处的行李。随后我们会去神户，可能乘这艘船，也可能乘火车，我很不乐意乘长途火车去日本，但那却是最快的方式，由于在北京等船耽搁了时间，我们现在已经落后于原计划，只能尽可能地补回时间。我们可能会在日本待上两个星期左右，然后乘船去缅甸和印度。我很抱歉不能提前告知我到达各处的具体时间，要不然你就可以给我写信，而我也可以在去印度的途中在香港停留时收到你的信，但是我想不会那么晚才到那儿，因此我还是把加尔各答作为我的下一站停靠点，我将在那儿收取邮件。埃德温在一份来信中说，可以去克罗克连锁店那儿收信件，我想这是指在加尔各答、孟买和开罗等大城市的克罗克连锁店。我在上海时去找过布朗森·雷将军，在马尼拉时我听说他将在上海待好几个月，但是他几个星期前就回马尼拉了。我还去拜访了容廷佑，但他现在已在北京了。我还遇见了克兰先生的朋友卡勒先生，但是我们没聊多久，因为他很忙，而我嗓子十分沙哑。我的感冒今天痊愈了，声音也不再那么沙哑了。我十分期盼你的来信，但我得近一个月后才能到达加尔各答。我希望你整个夏天身体都很好，生意也兴隆。对于一直在各地奔波的旅行者而言，我的身体已经相当好了，唯一的烦恼就是这次的小感冒以及身上的痱子。摆到我面前的食物，只要不是生蔬菜，我会全都食用，但我不喝非蒸馏水或非瓶装水。这儿的瓶装水有很多牌子，大部分是当地产的，也有进口的。对于旅行者而言，生活费用都很高，所谓最好的旅馆一点也不好，而二等旅馆就和我们那儿最差的旅馆差不多了。总的说来，离开中国我很高兴，对于不是专门研究它的人而言，中国是个令人沮丧的地方，但整个中国之行给了我很多有用的经验，我很高兴我到访过那儿。如果很不幸我得住在中国,那我希望住在上海,上海是我在中国见到的唯一一座新型城市,城市很干净,里面的外国租界很大,如果没有必要,你完全可以不去租界外的中国城。

这艘轮船在任何方面都比"满洲里号"远洋轮要优越,虽然尺寸不及"满洲里号"那么大,但也已经足够大了。就船舱和甲板上的供给装备及规划安排上看,这艘船都与我在大西洋上见到的轮船不相上下。我们几个人都很好,即戈德肖夫妇,沃伦先生,伍兹以及我。伍兹和我离开后其他几位可能会继续待在船上。我会在甲板上把这封信寄出,这样信就会和船一起返回了。除了和平谈判外,这儿的报纸几乎没什么来自美国的消息,但是我见过九月份的《哈珀斯杂志》、《科利尔杂志》和《莱斯利杂志》,上面都刊载了我们的一些照片,这儿唯一提供的日报是旧金山的报纸,但却没有纽约的报纸。我希望您已经搜集了报纸上所有关于我们这次出行的消息。代我向我家乡的朋友、杨克斯的朋友及办公室的同事问好,祝你们一切安好。

爱您的儿子
弗朗西斯

塔夫脱在访问中国期间写给妻子的一封信

沈 弘 译

1905 年 9 月 24 日

海伦①·塔夫脱：

当我们回到马尼拉时，我们没有住在马拉卡费恩的赖特家里，而是邀请了罗斯福小姐和梅布尔·博德曼跟我一起去了贝尼托·洛加达的家。你也许还记得，我曾经告诉过你，说我给洛加达拍了电报，说我会去他那儿拜访几天，并让他跟赖特一起做好安排。我之所以这么做，是因为我希望他们充分明白，我想住在一个能直接跟菲律宾人交流，同时又不会让旁观者尴尬的地方。我也知道爱丽丝·罗斯福并不喜欢赖特家，因为她发觉赖特夫人和卡特里娜都很让人讨厌。她对卡特里娜的印象准能逗乐你。我以前写信告诉过你，赖特夫人缺乏变通能力，厌恶菲律宾妇女，轻视所有菲律宾人，这使她在招待客人时会遇上麻烦。所以我只能带爱丽丝一起去做菲律宾人首脑的客人，以表示我们对排除菲律宾东道主接待我们代表团这一明显倾向并不赞同。我猜想科尔宾与此事也有牵连，因为有人听说他曾表示菲律宾人的家庭等级不够，没资格接待美国参议员和众议员。科尔宾夫人和赖特夫人均为天主教徒，我确信她俩都不会对菲律宾人有任何同情心。洛加达已经为我们去他家作了周到的安排。我想他肯定安装了新的水管设施。他们给我提供的浴室很漂亮，卧室很舒适，而爱丽丝和梅布尔的住宿也是如此。洛加达房屋的一侧有个花园，我们离开的前一天晚上他给我们举办了一场气派的舞会，每次在他家用餐，他们都会精心准备丰富的食物。在洛加达家里，有许多菲律宾人前来拜访我，如果是在赖特家中，这些人是肯定不会来的。从他们口中，我听到了对殖民地当局采取反菲律宾人政策的抱怨。我感到很遗憾，但事实真相是，自从我离开以后，殖民地当局对于菲律宾人的态度发生了本质性的变化，我们的那些殖民地首领们已经偏离了原先的政策，即旨在与菲律宾人长期为友、使菲律宾人理解我们来岛上是为了他们的利益，我们只为他们的利益而担忧，并愿尽一切可能按照他们的意愿来实现他们的目标。我认为赖特是喜欢菲律宾人的，他迫切希望能建立一个成功的政府，但我想他首先缺乏做这些事所需的精力；其次他缺乏反对艾达法官即将实施的那些拙劣措施所需的坚强

---

① 前面出现过的塔夫脱夫人名字"内莉(Nellie)"是"海伦(Helen)"的昵称。本书中出现的塔夫脱写给妻子的信收藏在英国国会图书馆的塔夫脱总统个人档案之中(目录编号：E660.T11 2001)。

PH2204 伊洛伊洛城为迎接塔夫脱代表团来访而建的码头和凯旋门

PH2203 市政厅前的广场上挤满了人群

性格；第三，他并不像我这样坚信安抚政策，如今他已把殖民地政府拖入了一种不受任何政党拥护的尴尬局面，而马尼拉那些有着社会抱负的菲律宾人也都坚定不移地反对他。卡特里娜很让人讨厌。她把头发染成了一看就很假的金黄色，成为了大家的笑料。她对父亲的工作丝毫不感兴趣，整天思念着已经跟她订婚的一位年轻的随军医生。她此刻就在我所在的这艘船上，在环游群岛的旅程中她与我们同行，而她跟克拉夫·安德森过于亲密的往来惹来了漫天的流言蜚语。起初我不得不拒绝让克拉夫与我们同乘一条船返回，但后来我认为，既然她并非由我照管，我也没必要对我可能听到的那些关于她不检点行为的传闻负责。而且当我跟安德森谈及此事时，他矢口否认，自此之后，我就再也不过问此事了。她是全船旅客们的笑柄，走起路来像个应召女郎，行为举止处处招人反感。

我发现有很多菲律宾人以各种方式表达了对我们的喜爱之情，我确信，如果你和我返回马尼拉并待上两三年，我们能把一切恢复到原状。每到一处，人们都向我问候你，各处都在传颂着你的美德。你的成功和赖特夫人的失败形成截然反差。我真的很遗憾你没跟我一起来，不仅是为了我的缘故，更是为了那些你若来了就能受到的热情欢迎。

在上一封信中，我详述了马尼拉在物质层面上的改进，主要是街道、住房、港口以及公共设施方面的改善。我确信，殖民地政府的管理是有效的，不良和贫困的人群正在逐步减少，国家税收机制以及政府秩序维护机制正在稳步提升。我发现赖特已经对当地警察局局长艾伦感到厌倦了，这让我感到很好笑。我告诉赖特，如果他愿意，我可以立马解雇艾伦，但他不愿为了井然的秩序而损害感情，他告诉我，如果我能跟艾伦谈谈，事情也许会有转机。我当着赖特和福布斯的面很坦诚地与艾伦进行了谈话。我跟艾伦所讲的内容正是赖特告诉我的，即艾伦以一位陆军准将带一支新建军队的方式来领导着他的警队，并因此索要陆军准将军衔，他的部下因此不能本分地顺从于殖民地的那些省长；在这种军事思想指导之下，他们对于殖民地各省份的官员和民众敬而远之，但警察要维护治安恰恰需依赖这些官员和民众。有人提出议案，要把警队成员从6 500人削减到5 000人，这样就可以削减相应的开支，当有紧急事件发生时，可适当多依靠预备役官兵和军队。赖特认为，把艾伦捧得像陆军

PH1403　马尼拉街道上的有轨电车

PH1404　马尼拉街道上有轨电车的轨道

准将一样高,这是他从一开始就犯下的大错。我不清楚你还记不记得,但我记得赖特返回时我就写信向他指出,过高的军衔会招致军队的敌意,而且也不会带来任何实质性的好处,但他当时坚信抬高地位完全有必要,他现在才意识到降低军衔大有好处。我想此事使艾伦深受震惊。但是艾伦的毛病就在于他表面上优雅绅士,但骨子里却颇为自傲,这使得我们几乎不可能让他感受到警觉和改变的必要性。

福布斯很让人失望。对于菲律宾事务他从来都没有自己的主见,只是完全依从赖特的观点。关于我前面告诉你的殖民地政府失去菲律宾人拥戴一事,福布斯居然无礼或无知地告知我:有一些菲律宾人策划了一起反对赖特将军的阴谋,但就整体而言,赖特将军仍是菲律宾人的偶像。我告诉福布斯,我来菲律宾时间虽然不长,但却足以使我了解菲律宾公众舆论,我的看法跟他完全不同。我还告诉他,我认为他(福布斯)不培养菲律宾人是一个极大的错误,我曾经让他这么做,但他丝毫没将这

PH2701   巴科洛德市欢迎美国代表团的管弦乐队

些话放在心上。他告诉我说,他一直太忙,实在没有时间,等他到那儿一年或18个月之后,再打算对这件事给予关注。这难道不是典型的波士顿人的恶习吗?仿佛在他到达那儿两年之后就自然能应对菲律宾人的需求,并且只要他动手,便能实现自己的每一个意图。福布斯的缺点就是自负透顶,听不见别人的意见,这让我对他失望之极。关于他的能力,我听到了自相矛盾的说法。他工作勤奋,但缺乏治理的经验,一直以有轨电车公司经理的角度来看问题。显然他不理解,一个需要对广大民众负责的政府,其审计方式和所负的责任与诸如有轨电车公司这样的私营企业是大相径庭的。但我仍然不能完全确定,在简化政府办事方式这一方面他是否没有做好,我会等到他与劳希的商谈结果出来后再做结论。我只知道,他与赖特和艾德在委员会中形成了多数派,而在我看来,在安抚菲律宾人这方面,他们完全缺乏正确的态度。他们似乎认为能不能得到菲律宾人的支持都无关紧要,但如你所知,我认

PH3505　霍洛市港口的当地船舶

为殖民地政府能否成功与此大有关系。

正如我信中所述，这次的环岛旅行十分成功。"洛根号"船上挤满了乘客，我们住得比较狭窄和拥挤，但总的来说过得还不错。我认为，在同一条船上的科尔宾夫人和赖特夫人给我们添了些麻烦，科尔宾夫人不认识船上的一些太太们，所以试图按小圈子的原则行事。我试图消除这一矛盾，使得大家都能相处愉快，但我发现仍有些地方做得不够好，而科尔宾夫人却未做任何努力去消除不满。正如你肯定已经见识过的，在教会等级制度的影响下，伯克·科克伦在处理菲律宾人事务方面已经改变了态度，转而热心地在各方面尽力帮助我们。科克伦和科尔宾夫人是好朋友，科克伦在菲律宾发表了两次演说，对我们大有裨益，他们显示了民主党已逐渐认同我们对形势的看法，并准备以一种可行的方式继续实施我们的政策，以继续履行我们的职责。菲律宾本地人认为，在诸多不同政治见解的影响下，我们应该让每一个当地人听众都能够得到一个24K足金戒指，而非只是一味地告诉他们，在未来几年之内他们无需奢望能够独立。我想这样做会对岛内民众有积极的影响。科克伦作了两次演说，肯塔基的雪利（一位民主党人士）也作了类似的演讲——其他的民主党人士则保持了沉默，所以我代表殖民政府所作的演说多少也被视为是代表了整个代表团的观点。随后委员会有一天的时间来听取菲律宾人对殖民地政府的抱怨。可是固执己见的殖民地首脑的那些最激烈的死对头们的表现实在是糟糕透顶，委员会整整一天都在讨论立即独立的必要性，但是发言者的言论中显示出了对执政及其责任和困难的极端无知。我手头正好有一份这样的发

PH4902　建于索索贡水上平台之上的塔夫脱纪念亭

PH5401　菲律宾黎牙实比市的警察仪仗队

言稿,我想让你仔细阅读一下,看看那些自我感觉良好的人有多么愚蠢。

离开菲律宾时,我感觉有些沮丧,因为摆在面前的事实是,我们有必要将赖特和艾达,甚至福布斯,最终淘汰出殖民地政府。赖特想在 6 个月休假结束后回国,赖特夫人亦是如此。当我刚到那儿时,就告诉赖特,我认为总统的态度是,赖特愿意在菲律宾待多久就待多久,尽管他自己认为他不会待太久。我不知道总统听了我的汇报之后,是否还会保持原先的想法。

野心勃勃想要进入委员会的舒斯特也发表了一次演讲,其结果就是使所有赖特的追随者都强烈地反对他,而他在菲律宾人眼中却威信大增。你应该记得克鲁斯·费拉拉,即市政委员会的主席,或兼有司法权的市长,当我们在马尼拉的期间,他邀请了三四位国会议员去他家赴一次非正式的晚宴,舒斯特、勒罗伊和其他一些人都在场,席间克鲁斯·费拉拉滔滔不绝地描述了菲律宾人的苦恼(或至少是不对地回到这个话题),他指责赖特总督对待菲律宾人不够友好,并且直接指控赖特夫

PH0804　塔夫脱与代表团部分成员在轮船上合影

人在迎接代表团的到来和在马尼拉招待他们时，似乎想要阻止国会议员们接触菲律宾人，并从他们那儿了解真相。当然，克鲁斯·费拉拉这种做法很不符合菲律宾人的友好形象，也有失绅士风范，我想他肯定是喝得很醉才会这样点出一位女士的姓名，但迄今为止我所了解到的情况都清楚地显示：他对于赖特夫人的指责是完全有事实根据的。如果赖特离职，总督职位的候选人只有史密斯一个人，我想你不会看好他，但他掌管公共教育部的工作却很出色，尽管这一部门受到了美国官僚们的强烈反对和抱怨。虽然经费一直很紧张，但是学校的教学质量仍在不断提升，这是我在菲律宾所遇到的最鼓舞人心的一件事。有一天早上，我应邀去给一个师范学校的学生们演讲，那是我经历过的最愉快的一个早晨，大概有四百多名学生即将从学校毕业，并准备去教其他年轻人，他们听得很认真，似乎能听懂我所说的每个词。这是一群非常令人振奋的听众。我本允诺要用速记法写下我的演讲稿，但我现在已经失去了灵感，发现很难做到这一点。在马尼拉的逗留期间，我后来还访问了耶稣会的学校和圣多马大学，他们都向我赠送了纪念册。

我们从马尼拉登上"洛根号"船起航驶向香港，船上的代表团成员有所改变，但

CH0701　美国代表团成员们在香港跑马场

CH0703　美国代表团成员们在香港跑马场

科尔宾一家和他的参谋部人员都还在。我本来以为轮船在穿越海峡时会遇上恶劣的天气，但我们很高兴地发现，只有在出航的第一天遇上了台风的尾巴，使天气变得有些糟糕，但第二天和第三天的天气却好得不能再好。到达香港之后，我们把船停泊在了海军舰队司令部的附近，这个停泊处离珠江出海口大约有一英里半的距离。

在我写完这封信之前，我打算回顾一下我们代表团中各式各样的人，透露一些你可能感兴趣的闲谈碎语，也让你了解一下我的旅行同伴究竟是怎样的一群人。

香港的官员们很热情地接待了我们。海军舰队司令亲自登船迎接，上校指挥官也赶来了，香港总督派了他的助手前来迎接，总督与我们在山顶酒店里共进了午餐，并提出要为我们代表团一行61人设宴洗尘。星期天晚上，我在位于市区的总督官邸进了晚餐。当天晚上，我们坐船前往广州访问。有人威胁要阻止我们前去广州，两广总督为此颁发了一份布告，但他是邀请我们前去广州的八旗会馆与他共进晚餐。我们曾对代表团是否应该前往广州赴宴来进行过一些讨论，我和大部分都认为应该前往，而总统随后拍来一封电报也支持了这一决定，电报指示我前去就正在进行的抵制美国货运动进行谈判。我们决定不带女眷前往，不过有一艘美国炮艇带上了纽兰兹夫人、爱丽丝、梅布尔·博德曼和埃米·麦克米伦。她们于第二天清早晨到达，前往领事馆稍事作了休息，但谁也没能进城。我们先从广州坐火车向北行驶，后又从城市的一端来到位于珠江边的另一端，因为总督抱病，我们跟广东省的布政司共进了午餐。我们享用了一席丰盛的中式佳肴，味道确实还不错，而且整个过程是一次很有意思的经历。我依据总统电报的指示发表了演说，希望这个演说能起到好的作用，尽管其效果我现在还不能确定。我们从广州返回之后，又在香港停留了一天，忙于赴午餐和进行其他的礼节性拜访，最后还参加了在总督府邸举办的晚宴。这一次我们代表团的某些成员因疏忽而没有收到请帖，让总督着实感到十分尴尬，但是他给我们举办了一场非常盛大的宴会，我们参加了晚宴和在位于码头的香港俱乐部举办的舞会，第二天就起航离开了。"洛根号"船将前往北京给公使馆警卫队换防，它将运送一连海军陆战队官兵去北京，并带回属于第九步兵团的原警卫队官兵。科尔宾一家想乘此机会继续去北京旅行，我把爱丽丝·罗斯福和其他28名想一同前往的代表团成员送上了船。与此同时，代表团剩下的大约60名成员将随我们一同前往韩国。由于代表团中我最喜欢的成员都乘坐了"洛根号"船去了北京，而且我可以说他们是整个代表团中最具活力的成员，剩下的旅行就显得有点索然无趣和无关紧要了。我们去了上海，我在那儿和几位重要的官员讨论了中国抵制美国货的运动，就像我在香港所讨论的问题那样，我想现在可以向总统汇报一些关于此事的内情了。如果我愿意的话，总统本来会要求我前往北京调查此事的，但我迫切想要回家，因此我决定放弃这次新奇而又诱人的北京之行。纽兰兹夫人成了爱丽丝的监护女伴，她与参议员们，加上梅布尔·博德曼和埃米·麦克米伦，组成了爱丽丝团队的核心成员。

在上海的时候，我们获知东京有人因对罗斯福所提出的和平停战方案感到不满而发生了暴乱，起初人们以为暴乱是针对外国人的，但是调查清楚地显示，暴乱所针对的目标是当权的政府，是由于政府派警察对人民因不满和抗议而举行的正当集会进行了不明智的干涉而引起的。日本当局很担心我们会因此对日本及他们对美国的态度产生错误的印象，但我必须承认，我们未发现任何有反美情绪的证据。对于我们的欢迎并不像前一次那般狂热，但我们也没指望他们如此，而是选择了低调出行，并未带爱丽丝与我们同行，而且我们几乎是微服而行。日本国防部长派来了他的副官，首相也派来他的国务卿前来进行解释。东京省省长、东京市知事，以及东京都知事、神奈川县知事和横滨市知事都前来表明了他们的态度，我也给总统发去了一封电报，你也许已经看到了。他们都显得非常友好，并使我们在横滨的短暂停留过得很愉快。当然，我们按常规路线顺访了长崎、神户和横滨。与哈里斯在长崎共进了晚餐，并出席了长崎省政府在横滨大酒店为我和代表团成员举办的一场非正式午餐。茶业行会会长也在当天邀请我们参加了一场非正式晚宴，但是不知道是什么原因，我们随后都生病了，第二天早上，我们当中有十二人说夜里受到腹泻的困扰，其中少数人还发生了痉挛和绞痛。我猜想，应该是食用了有毒性的食物而引起的，也许是菜单上那道受到我们偏爱的马里兰州水龟肉。长崎县知事对于我写给他的感谢信似乎特别满意，他告诉我，他把信读给国王和皇后听，皇后对于我们的活动很感兴趣，花了整整一个小时来听他详述我们在日本的行程，当我们此次刚到达时，长崎县知事告诉我们，他是直接从国王那边赶来的，国王对我们的再次到来表示欣喜，并祝我们行程愉快等等。

自从我们离开横滨之后——此刻是9月24日，星期天，我们希望轮船能于9月

27日星期三到达旧金山——我没有做任何重要的事情,除了给你写信和打桥牌。我很喜欢打桥牌这个游戏,尽管每扣一点就要输掉半美分。我的手气很差,牌技也不好,但我却非常喜欢这种游戏,很不情愿放下牌,去做那些我原先计划需要在旅程中完成的事情。女士们在此次旅行中都购物甚多,船上的人现在都为过海关而担忧。我也多少有些顾虑,因为收到了大量礼品,我不清楚这些礼品的价值,在大部分情况下,它们毫无价值。我想对于这些需要付税的礼品,我应该进行处理。事实是,作为一名官员是享有特权的,此前当我被认出是总督时,他们会允许所有行李通检。我想如果我要求,他们这次也会如此,但此次随行的国会议员身上都带有一些需要报税的货物,如果把海关的优待适用到这么一大群人身上,可能会引来政治丑闻,到时候我和其他许多人就得出面澄清了。如果我们在27号到达,我希望我们能赶上火车和28号的专列,并于10月4日到达华盛顿,这样阿瑟就能抽时间为你准

JP0201   美国代表团下榻的东京帝国酒店外景

JP1605　箱根的佐藤石雕佛像

备好住房。我们原先所做的安排会有所改变,我希望改动之后会更好。这样我就可以赶到纽约,并在纽约港口迎接你。我打算在到达旧金山之后就发电报告诉你到达华盛顿的日期,这样你就清楚我有没有可能会去纽约接你。在横滨时我给你发过电报,告诉你我们有望于9月27日抵达旧金山,我希望你已经收到了电报。

你在信中称,如果我没去菲律宾当总督,本来会成为国务卿。我对此表示怀疑。特此附上一封总统的来信供你阅读,这封来信很具总统特色。我不知道鲁特为什么会接受这一职位,我见过他写给科尔宾的一封信,他在信中坦诚地表达了他对此事的看法,称鲁特夫人将他重回国务院视作重回监狱。我想,鲁特改变的原因是因为鲁特夫人改变了对华盛顿的看法。可以肯定的是伊迪丝·鲁特很不喜欢纽约,社交方面也未能如她所愿那么成功。我是从爱丽丝那儿听说这些的。爱丽丝还告诉我,罗斯福夫人不喜欢鲁特,宁愿我去担任国务卿的,当然,她最后还是顺从了总统的意见。她不喜欢鲁特的理由很可笑。正如你记得,总统常常和鲁特外出进行长距离步行,总统喜欢攀岩,他带着年迈可怜的鲁特老是去那些相同的那些地方,使得鲁特最后失去了耐心。有一次鲁特没有跟总统同去,总统在其冒险运动中重重摔了一跤,并因此跛了脚。当罗斯福夫人将此消息告诉鲁特时,鲁特哈哈大笑,并称自己很开心。罗斯福夫人对此很气愤,不明白为什么他会这么冷酷无礼。

爱丽丝是个奇特的女孩,几乎跟她父亲一样坦诚直率。但我担心,她跟尼克·朗沃斯和一些行为放荡的女生交往会使自己变坏,至少是在交谈上。我知道她与尼克常常讨论一些比他们年纪大得多的男女之间所禁忌的话题,这类话题通常仅限于夫妻之间讨论。我并不认为她爱尼克,也不觉得尼克爱她。我觉得,尼克对爱丽丝的关注很大程度上是为了给自己带来他所喜欢的威望和坏名声。我认为他以一种机智敏捷的方式来讲述机智新颖事物的能力很吸引爱丽丝,但爱丽丝似乎完全意识到了他的冷漠和自私的个性及粗俗气质,每当说到是否会与其结婚一事时她的口气都很不肯定。真要是这样的话,她说她无论如何都要去欧洲待上一年,以看看尼克的吸引力对她能否持久。她称自己还没写信告诉家人这件事,也不会在抵家之前透露只言片语或是做任何最后而彻底的表态。爱丽丝是个诚实的姑娘,当然也十分专注自我。想让她改变个性很困难。当事情跟她说清楚之后,她不是个自私的姑娘,但她似乎具有两面性或双重人格。每到一处,她都会给人留下很好的印象,因为她显得很阳光。她性格活泼,当她心情不错的时候,她会在公众面前表现得动人而优雅。我认为她给菲律宾人留下了一个极好的印象,我知道洛加达和塔维拉对此很满意,但在某些情况下,我得很小心翼翼地护着她,以防她在用餐期间会惊吓到我们的菲律宾兄弟,但总的来说,她做得不错。我觉得爱丽丝这个姑娘只要经过训练,就可以拥有坚强的个性,但我确信她目前跟尼克的交往对她有害,而且我担心她在纽约也跟一些同样道德败坏的人有往来。爱丽丝对我很友善,乐意接纳我的任何提议,迄今为止,我俩的私人关系还没有什么可抱怨的。但她有时似乎确实会怠慢他人或不顾及他人,但就整体而言,考虑到她的年纪、经历和身份,我觉得她不应该受到严重批评。当然,她在我们的代表团中很受欢迎,人们对她的行为举止及对于事物的关注表示十分满意。她对于在日本所必需履行的那些繁琐礼节很是厌倦,曾扬言要与我们一起回国而不去往北京,因为她害怕在北京会遇上同样的事。我怀疑她是否会像在日本那样受到那么多的关注,但我肯定她在那儿会有一次愉快的经历。

在我的参谋部成员中,你认识爱德华上校,他为这次旅行付出了很多的精力,这次访问的成功在很大程度上得归功于他。正如你所知,他有些癖性,而且想当然地认为别人会不失耐心地对此感到习惯。

布利斯将军也跟我们一起来了,他是个沉默寡言和很有能力的人,但他在代表团中所起的作用甚小。

汤普森上尉是我的副官之一,他工作认真,也很有效率,但他的嗓门和个性都有些粗,会把笑话重复讲两三遍,以便人们能欣赏它们,他的行动有些笨拙迟缓,但是为人很不错。

凯利上尉,我把他带出来是因为他会西班牙语,他个性安静,有绅士风度,而且很勤奋,把自己的工作完成得很好。

伊迪少校被我们视作是随团医生,他工作做得十分出色,因为他清楚我们的身体不适究竟是来自于食物还是饮酒,在他的照顾下,代表团成员的身体都很健康。

在我的身边还有爱丽丝·罗斯福、梅布尔·博德曼和埃米·麦克米伦。梅布尔·博德曼,如你所知,她是个品德高尚的姑娘,很有个人魅力,穿着比代表团的其他任何其他人都更有品味。埃米·麦克米伦也是个不错的姑娘,她在任何场合都穿着得体、举止优雅,但有时会有一些自我专注,会显露出一些不合年纪的小女生气,但她确实人很不错,我很高兴能对她了解更深。

怀俄明州的沃伦参议员是寡妇珀欣夫人的父亲,脾气很好、乐于助人。我觉得他在完成任务这方面的能力很强。但他并不是一个个性有趣的人,但在一次模拟审判中,他让自己扮演了被告,对人们向他提出的那些本应引起他愤怒的控诉报以了分寸把握很好的幽默,并因此赢得了大家的尊重。

内森·E. 斯科特参议员和夫人。斯科特参议员来自西弗吉尼亚州,我想你应该认识他。他说话嗓门很大,粗俗,有点炫富。他白手起家,靠自己的努力从一个社会地位卑微的人变为了一位百万富翁和参议员。他脾气很好,也很慷慨,尽管有时在要求别人迁就他这方面显得有点粗鄙。如果他认为自己没有被合理对待,他会为很细微的挑衅而大吵大闹,但他直率的性格还是值得赞赏的。他是一个强烈反对文官制度的改革者和一名正统的共和党人士。但他又是个保守分子,参议院讨论拨款时他总是在站在国家利益这一边。他的妻子斯科特夫人在没有受到刺激的情况下,脸上总是带着平和的表情。她声音低沉,特别喜欢抱怨她所不喜欢的大海,但她也很慷慨,与她性格相类似的人很容易激起她的同情。有一天,参议员在扬言要去投靠费尔邦斯①或福勒克②之后,带着我在船上转悠,并对我说,他想带领西弗吉尼亚州代表团支持我,并会为我参加初期总统竞选赞助 5000 美元,但如果我将此事泄露给别人,他就会称我为骗子。我谢过他之后,告诉他我并不打算组织初期竞选。

杜波依斯参议员和夫人。我不知道你是否认识杜波依斯参议员,他是 73 届耶鲁大学本科生,毕业后他去了爱达荷,在那儿投身政界,随后作为众议员回到了华盛顿,当该地区升格为州时,③他变成了参议员。在担任了一、两届之后他又再次当选参议员。四年前,他与现任的妻子结婚了,我不知道他之前是否结过婚,他现在的夫人在学校当老师,很胖,但相貌端庄,说话时有女教师的说教口吻,能言善辩,就连

---

① 费尔邦斯(Charles Warren Fairbanks, 1852–1918)是美国的一位共和党政治家,曾经担任副总统。
② 福勒克(Joseph B. Foraker, 1846–1917)是俄亥俄州的一位共和党参议院。
③ 爱达荷(Idaho)于 1863 年 3 月 3 日成为了美利坚合众国的一个准州(Territory)。1890 年 7 月 3 日,美国国会通过决议,将爱达荷的地位提升为一个正式的州(State)。

死人也能给说活了。此外她还有癔病患者的症状。她的神经似乎一直受到刺激,喜欢有人前来倾听她诉苦,并对她表示同情,但是她的个性实在让人受不了。当男士在她面前展示某件东西时,她就会将其理解为他们想要把该物品作为礼物赠与她,她因此获得了四五件别人根本无意赠送的礼物。她有一半的时间都在生病,并跟丈夫弗雷德吵架,致使他不得不喝闷酒喝得酩酊大醉,近乎癫狂,这对夫妻的关系很僵。杜波依斯夫人在马尼拉曾被抛出马车车厢,受了严重的惊吓。但我怀疑事情并没有她自己所描述的那么严重。按她所述,在马车翻倒时她英勇地救下了一个婴

JP3701　东京的小学生们夹道欢迎塔夫脱一行

JP3702　表演歌舞的女学生离京都不远的三宝院附近准备欢迎美国代表团

JP0104　东京的街道上挂上了日本和美国的国旗

儿,但斯塔福德夫人告诉我,那婴儿跌出车厢处距离杜布瓦夫人约有三四十英尺,她根本没有可能救起婴儿。我想你在华盛顿市一定是见过她的,她提到过此事。这个不知道什么时候该闭嘴的女人几乎是所有代表团成员取笑的对象。

在某种程度上,斯科特夫妇显得过分刺眼,尤其是斯科特参议员,因为他们处处强调级别森严。有一次我们乘汽艇穿越拉瑠湖时,斯科特夫人强烈反对用油灯为来自阿拉巴马州的众议员威利上校照明,致使他从舷梯上摔了下来。此事传到威利耳中后,使受伤之中的威利对她很反感,但此后的说法是,斯科特夫妇并不在意威利是否会从舷梯处摔下,他们所在意的是他居然会抢先走在美国参议员的前面。但不管怎么说,我还是蛮喜欢斯科特夫人的,我觉得她是位好女人,她对斯科特参议员的管束也都是为了他好。

来自路易斯安那州的福斯特参议员是整个代表团中最和蔼可亲和讨人喜欢的绅士之一。他具有真正的绅士精神,这次和他同行的两位朋友分别是戈德肖夫妇。你应该记得印第安纳州的戈德肖家族。我们上次并没有遇到这位戈德肖及其夫人。她性格温柔,而他则是一位很安静的绅士。他们跟沃伦参议员一起去了北京。

来自科罗拉多州的帕特森参议员是个性格奇特的男人。他在科罗拉多州以采用各种不道德的恐吓手段而出名。当我第一次从菲律宾回国时,他在参议院主持了对我的盘问,并随后在参议员席位上对我进行了辱骂,称我未如实反映菲律宾的情况,但他后来对此向我道了歉。他现在是科罗拉多民主党的一员,但民主党声称会对他的蔑视加以惩罚。他的能力确实很强,但却不可靠,你永远不知道他会从哪儿冒出来。但就我个人而言,在本次旅行中他还是个不错的成员,我想正是他影响了其他的民主党人士,使他们保持了沉默,没有影响我们在菲律宾巡回旅行中的愉快情调。他的妻子已经过世。

你认识弗朗西斯·G.纽兰兹参议员和他的妻子,你也知道,纽兰兹夫人是我最欣赏的人之一,她是个很温柔的女士,此次旅程中发生的任何一件事都没有改变我对她的这一看法。

我得指出,有一位《华盛顿邮报》的记者报道说杜波依斯夫人本是爱丽丝的正式监护女伴,杜波依斯夫人若有其事地回应了此事,声称她没有坐在爱丽丝所出席的官方宴席上是因为丈夫弗雷德每晚都拒绝穿上晚礼服。由于除《华盛顿邮报》的记者之外，并没有任何人任命她为正式女伴，所以这使她的行为显得相当可笑。

切斯特·I. 朗参议员是一位严肃的参议员，来自堪萨斯州，此次没有带上他的妻子。我们指望他能在参议院助我们一臂之力。他是菲律宾委员会中的一员，相当了解菲律宾的事务。纽兰兹夫人、麦克米伦小姐和博德曼小姐许诺将会给塔夫脱代表团成员们举办一些招待会，她们希望你也能参加，这样一来你就得准备好结识我信中所提及的这些人了。

塞雷诺·E. 佩恩夫妇在很多方面都堪称整艘船上最让人愉悦的团员。佩恩先生是众议院筹款委员会的主席，这使他成为了一位领袖人物，佩恩夫人非常友善，很有幽默感，对身边的事物很感兴趣。

我想对格罗夫纳将军和夫人做同样的描述也不为过，尽管佩恩先生的行为举止可能要比格罗夫纳将军更文雅些，格罗夫纳将军有时会发怨言，但随后会道歉。

来自爱荷华州的霍普伯恩上校和夫人属于同一政党，他是州际贸易委员会的主席，佩恩、格罗夫纳和霍普伯恩代表了共和党中的强势力量。按比例而言，他们的级别要比我们代表团中的其他参议员要高得多。

乔治·W. 史密斯众议员和夫人。史密斯是一个另类人物，他曾六次在伊利诺伊州南部的选区被选上众议员。他喜好酗酒。只要有威士忌酒，他便会笑逐颜开，他私下里曾喝醉过好几次，但从未在公开场合喝醉过。每一期国会他都会参加，而他家乡的人民也都支持他。尽管他资历很老，有资格担任邮政委员会主席，伫坎农议长还是不肯给他任命。

德阿蒙德众议员和夫人。有迹象表明，德阿蒙德夫人曾经是一位乡间美女，她聪明伶俐，有点爱抱怨，很喜欢跟人交谈。有一些人并不喜欢她，但我倒觉得她是个挺不错的女士。德阿蒙德是美国众议员中实力最强的一位民主党人士。他是我所见过的最出色演说家之一。他所吐出的言辞铿锵有力、顺畅流利，我未见过可以与之相匹敌的，就连伯克·科克伦也不及他。德阿蒙德对于我作为总统候选人很感兴趣，他在甲板上散步走了好几英里，也弄不明白我为什么不出手抓住这注定会到来的大好时机。

JP5601   日本长崎港口的繁忙景象

威廉·A.琼斯和夫人来自弗吉尼亚州。作为民主党人士,他强烈地反对我们的政策。他的夫人是一位活泼的弗吉尼亚人,尽管已有三十六七岁了,但与他相比,还是显得比较年轻。她会稍施胭脂,但身材很匀称,很活泼、跳舞也很好,对所见的一切都很感兴趣,具有一种在有些女士看来很吸引男性的美。她的丈夫很和蔼,但顽固不化。据我所知,他是一位最难将提案向其解释清楚的人。如果琼斯跟夫人有相似的性格,见识也与她一样广,那他会成为一位更有用、更进步的众议员。琼斯夫人告诉我,她曾拜访过你,并称你待人很亲切。

亨利·库伯众议员把妻子留在了家中。他是菲律宾委员会的主席,你认识他。他是一个在某些方面胆小如鼠的人,害怕危险,很容易被劝阻,因为他轻信那些实际上还很远的危险已经迫在眉睫。

F.H.吉勒特众议员来自马萨诸塞州。他吃饭时与我们同桌,是一个讨人喜欢的伙伴,他是我所遇到过的为人处世最保守和最胆小的人。遇事总是唯唯诺诺的。他对于菲律宾人的表现及其他一些事情感到很沮丧。他来自《斯普林菲尔德共和报》报社所在的地区,尽管他不认同该报的观点,但其观念却受到了该报的影响。

来自堪萨斯州的查尔斯·柯蒂斯众议员希望能够成为一名参议员。他有印第安人的血统,我认为他当不上参议员,但他和其他很多人一样对参议院的席位心向往之。

乔治·E.福克斯众议员是海军事务委员会的主席,刚当上众议员时就曾经在国会发表过一篇关于这个专题的演说。他外表俊朗、口若悬河,其效果还不错。

E.J.希尔众议员和夫人。希尔众议员来自康涅狄格州,是我所认识的人中最爱打听消息的人。在这一点上,他妻子与他十分相似。我喜欢希尔夫人,但她有一缺点,即说话的声音似乎被调制过,无论何时都保持着同一个腔调,其后果就是,不管她在说什么,别人听来都是对耳朵的一种折磨,因此大家都有意避着她。

来自乔治亚州的威廉·H. 霍华德众议员个性安静,但他却是整艘船上人品最好的人之一。

H. E. 德里斯科尔众议员和夫人是一对性格很开朗的夫妇。众议员的生平很奇特,他的父母是爱尔兰人,他们移民到了锡拉丘兹后不就便生下了他。随后他们一家移民去了乡下,他一直住在农场里,直到他大学毕业,并专攻法律。他参加过一两次国会,人们喜欢派他去,因为他是爱尔兰人。他写过一封关于爱丽丝的信,并将它发表在报纸上,总统因此发电报询问是否共和党成员都准备将私人信件在报纸上发表出来。他对此感到很难过,向总统道了歉,总统也表示接受。这件事是他是不应该这么做的。

查理士·F. 斯科特众议员是位记者,来自堪萨斯州。他负责报道此次行程的结果。他是整个代表团中头脑最清醒的人之一,我也得依赖于他的协助。

威利众议员是来自佐治亚州的一名上校和一个彻头彻尾的扩张主义者。他不想与反帝国主义有任何瓜葛,他说自己只是因为来自南方,便成了民主党人。回国后,他会向其同胞们解释我

JP3004 京都一条两边竹林成荫的道路

们在菲律宾拥有多大的一笔财富。

你可能不认识 W. 伯克·科克伦众议员。他是一位个性很奇特的人，明年冬天你就能见到他。他父母是爱尔兰人，他与被送到法国做神父的兄弟一起接受了教育，因此他的法语说得和英语一样好。他在演讲方面很有天赋，但却缺乏人品，在很长一段时间内，他都是塔门尼的傀儡，后来通过讹诈公司获得了一笔钱，但也因此受到了纽约民众的谴责。你应该记得 1896 年麦金利参加大选时，他发表了支持麦金利的演说，因而名声大振。然而，1900 年时，当局政府无法再支付他 1896 年为竞选做演讲时所收取的昂贵费用时，他在反帝国主义这件事情上转而支持布赖恩。而现在他又站到了我们这边。他态度和蔼，试图取悦众人。在讨论问题时，他摆出一副伪哲学家的姿态，把一切都演绎为三段推论法，但正如许多伪哲学家那样，他得出结论并非是为了追求普遍原则，而是另有目的，出于私人原因，他排除了结论所必须依据的普遍原则。他在华盛顿建造了一座很雅致的别墅，现在被鲁特一家所租用。他是华盛顿市巴顿一家的好朋友，也是科尔宾夫人的好友。他佯装对爱丽丝·罗斯福很感兴趣的样子。但爱丽丝很讨厌他，因为他在上一次选举中曾以下三烂的手段对她父亲进行过恶意中伤。因而有一次，当他不设防时，她措辞激烈地抨击了他，其语气过于尖锐，以至于我后来提醒她不能再那样做了。她称他在公共场合表现得像个仇英者，但私下里却是一个亲英者，他像个脱口秀演员，一直在毫无原则地哗众取宠，但却伪装成很有原则的人。他肯定脾气还不错，这些批评并没有使他发怒，尽管他对科尔宾进行了抱怨——但我提醒爱丽丝以后不能这样做了。他的社会抱负十分可笑。他随身带着一位贴身英国男仆，喜欢谈论他与玛丽夫人、格雷维斯夫人等女士的通信往来。我本来还可以多讲点关于伯克的逸事，但我得给我们的对话留下点谈资。

乔治·A. 劳德众议员和夫人。这对夫妇来自密歇根州。劳德是一家族木材商，靠木材生意赚钱。他看起来并不是十分高雅，但却受过良好的教育。劳德夫人与他刚结婚，她脸蛋娇小，初看很动人。因为担心身体衰弱，她把三个月大的婴儿留在了家中，与丈夫一起参加了此次的旅行。此次旅行对她很有益处，她是个不错的女士。

来自路易斯维尔的雪利众议员，及其妻子和母亲。雪利长着一双罗圈腿，但却是个能力很强的好人。我见过他在上诉法院为人辩护,而且他做得很好。他爱玩桥牌,并对自己的桥牌技术颇为自负。他具有肯塔基人的暴躁脾气,但总的来说,我觉得他的政治生涯前景相当光明。他的母亲是一个典型的肯塔基女主人,热爱自己的儿子,整天跟别人谈论他,但她系出名门,是位良家妇女。

诺顿·W.吉尔伯特众议员是一位来自印第安那州的国会新成员,很有绅士风度,其政治生涯相当成功。他曾私下向我透露过,如果必须要支持费尔邦斯的话,他会审时度势,不会因过于热心而伤及自身。

来自伊利诺伊州的众议员麦金利是名有轨电车制造商和老板。在给代表团的女士们赠送礼物方面他显得最为慷慨。

我很期望你能认识赫伯特·帕森斯和夫人。他是约翰·N.帕森斯的儿子,而她的母亲是一名漂亮的纽约交际花,嫁给了纽约银行家克卢斯。他们在"满洲里"号船上与我们分在同一组,给我们带来了很多乐趣。帕森斯夫人聪明伶俐,在某些方面有点像一位哥伦比亚大学的女教师。她从小在时尚圈中长大,但现在却似乎对其有些反叛。他们很富裕,打算在华盛顿买栋房子。

在代表团的非官方成员中,你认识克拉夫·安德森。他的行为举止我觉得有点不合时宜和不够检点,但这是他自己的事。

阿瑟顿·布劳内尔是一位报社记者,我对他不了解,也对他没有感觉。

托马斯·卡里来自布法罗一个十分显赫的家族,是经爱德华兹介绍加入代表团的。他人还不错,乐于取悦每个人,但我对他并是特别感兴趣。

路易斯·蔡平是位刚从耶鲁毕业的年轻人,他是约翰·霍普金斯大学校长吉尔曼的堂弟。

查尔斯·克拉克是《哈特福德新闻报》的编辑,是我在耶鲁的老朋友,是博恩的属下。他很享受这次的旅行。他的女儿克拉克小姐是位很温柔和讨人喜欢的姑娘。

沃德·E.科普利是应阿尔杰参议员的请求被加入到代表团中来的。他也很有绅士风度。

A.G.库里奇教授在离开菲律宾时便与我们分道扬镳,另择路线环游世界,他是哈佛大学的俄语教授,性格很随和。

米诺·克里滕小姐是杰克·施米德拉普女儿的伴侣,雪利(Sherley)对她追得很紧,我获悉他们已经订婚了。

小斯蒂夫桑特·菲什是我们今年冬天在华盛顿见过斯蒂夫桑特·菲什的儿子。

弗朗西斯·W.弗洛斯特是代表团的另外一名记者,我对他知之甚少。

戈德肖一家我前面已经提到过了。

詹姆斯·D.希尔上校参加这个代表团则是代表路易斯安那州种植甘蔗的庄园主利益的,他想调查有关甘蔗在中国受到抵制这一事件的真相。他是个很好的伙伴。

R.B.霍巴特是库里奇教授的朋友,他俩正在环游世界。

G.T.乔布斯的父亲与岛屿事务管理局有生意上的往来。乔布斯年轻很轻,我对他了解甚少。

W.J.约翰逊是行业杂志《美国出口商》派来的代表。

JP1702　箱根乐乐园旅馆的花园

对弗朗西斯·W. 弗罗斯特后代和
美国历史学家们的采访

（2009 年 4-5 月）
采访者　马戈·斯蒂弗
受访者　埃里克·贝奇　韩德　斯泰茜·科德里
中文翻译　沈　弘

2009年4月马戈·斯蒂弗对于埃里克·贝奇①的采访

斯蒂弗：我想进一步了解F. W. 弗罗斯特。我知道您已经跟我讲了有关他的一些事迹，但你是否还可以介绍一下他的生平。

贝奇：他是乔治·H. 弗罗斯特的幼子。乔治是整个弗罗斯特家族中的第一位发迹者。他原先是位自耕农，后来一跃成为了一名建筑和出版行业的专业人士。他的父亲来自佛蒙特，祖父参加过独立战争，并在邦克山战役中由下士晋升为中士。曾祖父丹尼尔·弗罗斯特也曾在邦克山参加过独立战争，最后娶了指挥官摩西·史密斯的女儿。弗朗西斯的父亲是乔治，乔治的父亲是埃比尼泽，而埃比尼泽的父亲是丹尼尔，丹尼尔的岳父则是摩西·史密斯。

独立战争期间，摩西·史密斯担任上尉，参加过包括萨拉托加战役在内的多场战役。丹尼尔·弗罗斯特的妻子名叫莉迪娅·史密斯。她与摩门教创始人约瑟夫·史密斯拥有同一个祖先，摩门教徒很注重家谱，因此对于史密斯家族的研究做得已经

---

① 埃里克·贝奇(Eric Besch)是 F. W. 弗罗斯特家族中的一个后代。

非常到位。家谱研究现在确实很火。莉迪娅有好几个孩子，最大的孩子名叫丹尼尔，是以他的父亲命名的，显然他性格蛮横，经常欺负最小的弟弟埃比尼泽，因而埃比尼泽后来匆匆离家出走，去了其他地方。

当时，埃比尼泽去了纽约州，位于他们原先所住地佛蒙特州格洛弗市的正西面。13岁时，正逢1812年美英战争，他便开始为美国军队照料马匹。他先是做蹄铁工，后来成了一名铁匠，还在纽约州结了婚，有两个孩子。妻子去世后不到一个月，他便带着两个年幼的孩子再次结婚。他并没有在求爱上浪费时间，而是跟他的第二任妻子一连生了四个男孩。随后他穿越圣劳伦斯河来到了安大略省的北部，但并非十分靠北，正好位于蒙特利尔的南面。他在那儿开了一个铁匠铺，并运营了一段时间，之后，连接渥太华和金斯敦的里多运河便开始挖掘了。

1812年战争之后，加拿大人意识到他们沿着圣劳伦斯河的航运路线太容易受到敌人的攻击，所以想要再建一条替代航线，于是他们在渥太华挖了一条运河，连接渥太华河与金斯敦的安大略湖，目的是为了保护航运。运河渠道途经史密斯瀑布小镇。这让那地方有了更大的发展前途，但那儿仍然有大片的荒原，而且与当地的印第安部落比邻而居。这是一种一触即发的危险状态。表面上，大部分时间每个人都挺开心的，但实际情况却并非一直如此。我们现在居住的地方叫做丽塔渡口，但以前是称奥利弗渡口。奥利弗杀过一个印第安人，作为报复，他最后也被印第安人整死。尽管当时已经是19世纪20年代，但仍有大量土地处于荒芜状态。

运河还给这一地区带去了黄热病等一些疾病。但是埃比尼泽在那儿开办了铁匠铺，并开始在当地农民使用的木犁上安装铁犁头，因为当地为多岩石的土壤，所以这种铁犁头的运用大获成功。当地大多数农民都是从爱尔兰或苏格兰移民过来的，他们的部分劳作是挖掘运河或是从事类似的工作。运河工程师是一个名叫拜伊的家伙，曾经在印度的英国皇家工兵部队中服役，运河中有一道称作蓬达马利的水闸显然是以他曾待过的一座印度小镇命名的。但他的士兵和工程师们同时也将疟疾从印度带入了加拿大北部。

埃比尼泽善于发明创造，他性格腼腆，但很勤劳。他沿河而居，控制了一段可用于提取饮用水的河道，但是他没有用这片水域来发电。当时，想要开工干活的农民就会来到镇上,而他则帮助这些农民给他们的马套上销轮,用来拉动他的风箱或是其他机械装置。他与结发妻子生的女儿嫁给了当地的一位木匠,这位木匠给镇上的人做了很多家具,他和这位木匠一起给镇上的孩子们创办了一所学校,他所有的儿子都在这所学校就读,到了一定年龄之后再前往渥太华求学。他显然很相信教育,他第二任妻子所生的大儿子考了麦吉尔大学并在那儿研读工程学。美国内战剑拔弩张之时,他刚好毕业,等他工作两年之后,美国内战已经全面开战。作为一名经验丰富的加拿大工程师,他很受欢迎,因为当时几乎所有的美国工程师都参加了内战或是忙于为联邦军队建造要塞。

由于联邦军队对牛肉的需求,芝加哥在当时得到了迅速发展。他前往芝加哥,在那儿当了一名土木工程师。根据规划,当地要建设大批铁路。他就像普通人一样参与了铁路建设,但是当时明显缺少专业技术人员,他就找来一些有才能的非专业人员,给他们分发一些廉价的讲义,上面写有如何勘察铁路路基、如何搭便桥,以及如何做好其他杂务事的提示。他还到处巡视,检查那些人的工作。这些提示讲义十分管用,其他工程师也前来向他索要,他复制了一大堆这样的讲义,开始要求收点费用,以弥补他的印刷成本,不久之后,印制这些讲义便占据了他的大部分时间,也让他赚了一笔不菲的钱。他意识到自己可以靠刊印工程技术信息为业。当他把这些小册子分发出去之后,那些受益者会写回信感谢他,同时也会向他指出:如第七页上的第五步骤,你真的应该在中间再加上一个辅助的步骤,情况便能进一步改善。他也会撰文记述一些改进和工程技术上的重要变化。于是他的事业在当时获得了突飞猛进的发展。

北美的许多金属桥都是在这一时期建成的。这确实是个创新的时期,结果他首次记录了北美工程学界的诸多创新,开始是很随意的,后来便是很正式的。最后他迎娶了一位五金器具代理商的女儿,这位代理商名叫亨特,来自英国一家不错的公司,在英国属于中产阶级,其代理的英国金属器具公司在纽约和芝加哥都设有专卖店。他妻子的家族中有很多艺术家,还曾经上过由不少来自牛津或剑桥的国教牧师所教授的学校。埃比尼泽通过努力赢得了他的社会地位,从一名铁匠的儿子一跃成为了一名职业工程师,事实上,在晚年时,他已经成为一名知识渊博、见多识广的人。当时,他和妻子路易莎·亨特有了一个儿子,他决心要大干一场,于是便花了200

美金，把妻儿送到了他在加拿大的父亲那里，他的兄弟们在那儿继承了父亲的行业，已经成功地将其发展成为一个制造工业中心，并取得了制造业的一些重大创造发明。他第三个兄弟成为了一名加拿大国会议员，随后又进了参议院。

将妻儿送走之后，他便前往纽约市，想在那儿创办一家出版公司，以刊行自己撰写的工程学新闻。他创办了公司，小心经营，随后又将其迁到了新泽西州的普兰恩菲尔德。他原先住在百老汇大街，我还有他在那儿的地址。后来他迁到普兰恩菲尔德，并把家人也从加拿大迁到了那儿。他跟加拿大的熟人一直保持着联系，尽管我们家族中只有一代人是在那儿出生的，其余的人都是在美国出生。当时弗兰西斯还没有出生，但他母亲已经怀了孕。埃比尼泽的儿子们都太年轻，还不能直接接手他的生意，但他们都在父亲的公司里工作。

埃比尼泽退休以后把他的公司卖给了一个名叫希尔的人，希尔后来又跟别人合伙。他与希尔刚开始是合伙，但后来就把公司全部卖给了希尔，希尔后来又跟一个名叫麦格劳的人合伙，到如今，就像我上次在电话里所说的那样，麦格劳–希尔已成为一家大型出版社。他们将旗下的另一份工程学报纸，我想应该是《工程学评论》，与《工程新闻》合并，因此他们现在就有了合并后的《工程学新闻评论》。但在早先那两份报纸中，我曾祖父的那份报纸要更好一些。即使在今天，《工程学新闻评论》仍被公认为是美国最好的工程技术类报纸。出版界的人脉很重要，这在我们家族中是件很重要的事，他们都很看重这件事。

他的兄弟弗朗西斯是一位参议员。他们位于史密斯瀑布镇上的弗罗斯特与伍德公司生意兴隆，其部分原因是因为他博闻强记，能用英语和法语这两种文字写作，出书质量很高，也有一些创新的市场营销手段，例如他们会跟当地的其他生产商评分决胜，以显示他们产品的优越性。他能以简单易懂，又富有技术含量的方式写作，所以很能激起那些农民的兴趣，使他们前来购买产品。弗罗斯特与伍德公司最终成为了一家世界一流的制造公司。我母亲记得曾看到过一份俄罗斯沙皇政府部长们定制犁和收割机的订单，她还记得看过来自俄国的新闻片，他们可能是在乌克兰收割小麦时在小麦收割机的剪板上有弗罗斯特与伍德公司的图案标志，这种收割机能收割小麦，并可以将麦粒和麦秆分开。

斯蒂弗:在他父亲把公司卖给希尔之前,弗兰西斯·W.弗罗斯特是否还太年轻,还不能在他父亲的公司里工作?

贝奇:是的,尽管我不记得具体的时机,但我认为事实确实是这样。现在他们仍然有着密切的联系。他的大儿子查尔斯是我的曾祖父。查尔斯·哈密尔顿·弗罗斯特是乔治的儿子,也是弗朗西斯的大哥。他受过新式报纸的训练,在耶鲁念过书,并与一位加拿大姑娘结了婚,那位姑娘曾在约翰·霍普金斯大学读书,是第二批从该大学毕业的女学生,她来自加拿大一个的名门望族——与来自亨明福特镇的亨明们属于同一个家族,亨明福特镇就是以她的家族来命名的。查尔斯在农业部工作过,也代表魁北克担任过国会议员。他资产不菲,家境殷实。他的一个儿子,加拿大籍的 T. L. B. 亨明,是英国陆军的一名三星上将,亲自参加过一战的征兵和培训。这个家族的人社会地位都很高,而且好多人都是虔诚的教徒——从事着牧师这一类职业。亨明很有创新的意识,在魁北克拥有一个模范农场。他喜欢尝试新鲜事物。所以说这种创新意识并不一定是宗教狂热,而是加尔文式的或是清教徒式的,但这并非指伦理道德上的清教徒。尽管我确信他们都是维多利亚时代的人,但他们那几代人有一种根深蒂固的思想,即认为只有经过艰苦的辛劳和努力才能尝到生活的甜蜜。

他们并不具有倾向性——我觉得他们依然跟朴素的民众靠得很近——至少弗罗斯特一家就看重勤劳工作,他们认为人生有升必有降,只有靠勤勉与毅力才能保持自己的社会地位——这想法有点像"打拼才能赢"。这一点也体现在他的几个儿子身上,尽管查尔斯上了耶鲁大学。兄弟之间的通信很温馨,有时也不乏幽默,但是他们每人都有一个明确的人生目标。没有人酗酒,这在他们身上是不可能发生的事,也从未有过丑闻或绯闻——他们全都很正直。想要嫁进弗罗斯特家门的女子们也都很能干,多才多艺。爱德华迎娶了一位斯克里布纳,芭芭拉·斯克里布纳。

斯蒂弗:爱德华是弗朗西斯的另一位兄弟吗?

贝奇:是的,他是弗朗西斯的兄弟,排行第三。

斯蒂弗:他比弗朗西斯年轻吗?

贝奇:弗朗西斯是最小的,他们都受到这种家庭背景的熏陶,这从他给父亲写的信中也可以大致看出。他的父亲喜欢旅游,乐于学习新事物。在旅行途中,他总喜欢关注当地的工程建筑，说自己可以看出这些建筑是怎么盖起来的，这样他就可以不断有创新的观念。在工程实践方面，他于芝加哥大火之后被聘为重建城市的工程师之一。他参与了对贯穿芝加哥城的那条河流的改道……

斯蒂弗：芝加哥大火是在哪一年？

贝奇：我想应该是在1879年，我得核实一下。我们有一张带有焦痕的亨特肖像画。他们当时把所有值钱的物品都从建筑楼里搬出来，准备移到市内，但当时距一座已经被火苗吞噬的大楼太近了，我们的肖像画中有一幅被烧着了，留下了焦痕。芝加哥重建的那段时间，乔治再次把家人送到了加拿大，自己则参与了城市重建工作。他参加了芝加哥重建中的西部扩张。当搬到普兰菲尔德镇时，他还设计了当地的污水管道系统。每当看到一个工程项目时，乔治都想要把它弄懂。所以他的儿子查尔斯便进入了自己叔叔的弗罗斯特与伍德公司工作。我想查尔斯还曾担任过一段时期该公司在纽约的代理人。

跟其他兄弟一样，他也在《工程学新闻评论》报社工作过一段时间。后来，乔治买下了普兰菲尔德当地三大报社中的其中两家。由我的曾祖父查尔斯拥有并管理了这两家报社，最后又将两家报社合并为一家。我知道弗朗西斯也曾在这家报社工作。人们总是想随时加入家族企业，而且最后还会成为企业在各地的代理人，不仅加拿大的弗罗斯特制造商是这样，新泽西和纽约当地的报社、工程建筑业和出版社也是如此，就连家族中的亨特那一分支也都成了五金行业的铁贩子。

斯蒂弗：铁贩子？

贝奇：铁贩子。在英国人们就是这样称呼五金商的。家族中还有一个叫埃德温·弗罗斯特的儿子1917年死于流感。

斯蒂弗：我想弗朗西斯在信中曾提到过一个叫埃德温的人。

贝奇：埃比尼泽的儿子包括：乔治、查尔斯、哈伍德、埃德温和弗朗西斯·威洛比。回头再说乔治·弗洛斯特，他是6个儿子之一，埃德温是他的兄弟，18岁就夭折了，所以他不应该是死于流感的那一位。其他有人死于流感，而乔治的孩子们则都在美国的不同企业中就职。弗朗西斯有过一个女儿，但死了。因此在加拿大的这些兄弟们最终没有后代来继承弗罗斯特与伍德公司。他们最终将这个公司卖给了另一家制造公司(272 Cotrick Plows?),后者兼并了弗罗斯特与伍德公司。到了1958年或1960年,他们最终关闭了这家公司。直到如今,我去年夏天跟一个人聊天时,他还说他们都记得见过我的叔祖母经常乘坐一辆有四匹马拉的马车,还有穿制服的仆人们帮她开车门。弗朗西斯是位参议员。

斯蒂弗:哪一个弗朗西斯?

贝奇:弗朗西斯·弗罗斯特,乔治的小弟。他与妻子乘坐那辆马车,他是弗朗西斯·W.弗罗斯特的叔叔,是加拿大议会的联邦参议员。所以来自英格兰的英国皇族从渥太华来到史斯密斯瀑布镇时,他们召见了前来迎驾的弗朗西斯·弗洛斯特。当安德鲁·卡内基来到加拿大时,也来到史密斯瀑布镇,并会见了他认识的一位工程师之子——乔治·弗罗斯特。在史密斯瀑布镇还建有一座卡内基图书馆,我想建图书馆的经费应该是由弗罗斯特家族捐赠的,弗罗斯特家族可以算得上是小池塘里的大鱼。但可惜的是他们没有孩子,查尔斯·弗罗斯特也没有,因此他们的公司最终只能卖给别人。

乔治·弗罗斯特一家迁到了美国,但他们也碰到类似的事情。我曾祖父的两个女儿嫁给了美国铝业公司的两名基层管理人员,这两名管理人员后来做得很成功,拥有了自己的职业生涯和企业,而且他们没有参与出版生意。所以他们后来离开了普兰菲尔德,前往加利福尼亚,其中一位去了纽约州,因此,当我的曾祖父查尔斯,也就是弗朗西斯的哥哥,于1926年去世时,无人继承他的公司。整个家族又坚持了几年,但最后还是把公司卖给了加尼特家族,后者当时拥有《尤蒂卡星报》,也许还有《锡拉丘兹先驱报》之类的。我不太清楚报纸的具体名称,但他们当时在纽约州确实拥有两或三份报纸,这是他们首次购买非纽约州本地的报纸。加尼特报业如今已经是一家非常强大的出版集团了,那次的收购是他们的转折点,之后他们便从地方性报业转向了全国性报业。

斯蒂弗:参加旅行的这位弗朗西斯是什么时候出生和去世的?

贝奇:他出生于1876年3月23日,死于1935年12月14日。

斯蒂弗:但他不愿意接管家族生意,或是他不能够?

贝奇:他拥有一个自己的进出口公司,他很喜欢旅行,所以他的兴趣与众不同。他的进出口公司以自己的名字命名,位于纽约华尔街60号。

斯蒂弗：他上过大学吗？

贝奇：我不知道。我没听说过他在哪儿上过大学，我没看到过这方面的记载。

斯蒂弗：哈里·福勒·伍兹也没上过大学。我想他当时有一个机会，要么去周游世界，要么去上大学，他选择了周游世界。

贝奇：我没见过任何有关弗朗西斯上大学的记载。但这并没有影响他的发展。

斯蒂弗：1905年之前，他还有过其他旅行吗？

贝奇：我想他肯定去过英国，很可能还去过欧洲大陆。不过要拿出确切证据来证明这一点，我又很难做到。在1905年那次旅行之后，他又去过东方好几次。因为他从事进出口业务，经常前往中国、日本，以及东印度群岛。在去世之前，他又环游过世界两次。

斯蒂弗：他死于什么病？

贝奇：他死于心脏病发作。在此前的好几年，他身体一直不好。他很年轻就死于心脏病，我不清楚为什么，因为他的兄弟也是夭折的，在正常情况下，我们这个家族的人都很长寿。

斯蒂弗：他平时身体都好吗？

贝奇：我觉得是。他俩四处旅行，有些旅行损坏了他们的健康，这一点我并不感到奇怪。他们不太注意公共卫生和预防传染病。

斯蒂弗：他为什么要参加1905年的旅行？

贝奇：他是作为家族报纸的采访记者前往的，但这只是个借口，真实的原因就是，乔治·弗罗斯特是共和党的捐助人，他参与政治，因此可以靠关系让他儿子加入这个代表团。我想他父亲可能认为这次旅行是个绝好的机会，可以使他游览世界，并与一队高官同行。我这样说可能有些过分。他们在普兰菲尔德和史密斯瀑布镇都属于上流社会，但这两个地方毕竟不是纽约或华盛顿市……大萧条时期，我们家族中的这一分支遇上了麻烦。进口税最后压垮了弗朗西斯的公司。

斯蒂弗：这是在他生前发生的事吗？

贝奇：是的，他是1935年才过世的。

斯蒂弗：弗朗西斯主要做哪些进出口生意？

贝奇：我想他做的应该是原材料的生意，我知道乔治有段时间也做过进出口生

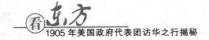

意,但他做的是珍贵艺术品的进出口生意。

斯蒂弗:这个乔治就是他的儿子吗?

贝奇:是的,是他的儿子。弗朗西斯去过很多地方,1905年,弗朗西斯与他哥哥爱德华一起周游了世界,爱德华是文献出口商,经营古地图、对开本的善本书,以及科普特语的圣经译文。他还发现了我们今天称之为诺斯替教派的文本,另外他还收藏了一些非常古老的西班牙和葡萄牙地图,他所做的就是这些文献的生意。大萧条时期,他以这种方式维持了生计。他和妻子斯克里布纳的日子过得很简朴,这样他们就有钱去购入这些文献或类似物品。弗罗斯特家的孩子都从事过国际性的套利活动。

我知道1905年之后,弗朗西斯就一直在纽约忙碌,后来又去了日内瓦和巴黎。他并不参加经常举行的家族成员聚会活动。无论他有何志向,我推测都要比华盛顿的权贵们更加务实,也许是他认为做进出口商更有利可图。

斯蒂弗:你认为大萧条之前他们的生活很富足吗?

贝奇:是的,我有他们位于罗尔维路753号住宅的照片,当时还没有现在的这些高楼大厦,但对于一个三口之家而言,那样的住房的确很豪华。

斯蒂弗:那座房子在什么地方?

贝奇:在普兰菲尔德镇外的罗尔维路。我还知道他常捐钱,因为做生意的缘故,他经常前往日本和中国,因而赞助了许多中国和日本学生前来美国留学。我有他和妻子在日本出席宴会的照片,那宴会是为答谢他的资助而举办的,我还有一些受资助人寄给他的信件和照片,其中有一位从二战中幸存了下来,移民到了法国,还娶了一位名人的女儿,他们的女儿后来嫁给了一位法国贵族,其后代如今在法国也算是一位公爵。我还有一些美国受资助人的照片,他的资助支持他们完成了学业。我认为,1905年的那次旅行对于他后来的生活影响极大,这不仅体现在他的进出口事业上,也体现在他的慈善活动中,此外还有他的诸多社会抱负。他无疑对远东地区深感兴趣,并且一生都与之关系密切。

斯蒂弗:我读过一篇文章,上面记载说在弗罗斯特的婚礼上,哈里·福勒·伍兹是他的伴郎,但我想知道他们之间的友谊此后是否一直延续下去了,有没有关于这方面的记载?

贝奇:我查过资料,但只查到弗罗斯特与家族中布莱克韦尔这一分支的关系和其他一些事……在生前最后五年当中，他很少外出旅游，他很可能就待在空荡荡的大房子里，很少有机会跟朋友们聚会。但在此之前，他是一个国际化家族的成员。他叔叔的法语口语和书写都很流利，能够用法文给报纸写文章，还能在法国议会里发表演讲。他们这一代跟祖先当蹄铁工那时候已经有了天壤之别……弗洛斯特兄弟们见过世面，有一种成为世界公民的真正使命感。

斯蒂弗：这很有趣。我正在读北卡罗来纳大学历史教授韩德(Michael Hunt)寄给我的一篇关于1905年旅行的文章。我想那是他的一位研究生写的文章。作者认为，20世纪美国人所做的国外旅行其本质都是帝国主义性质的，在我看来，这似乎也是看问题的一个角度，可能确实有人是以此目的而去国外旅游的。但我认为，出国旅游的原因应该有很多种，其中包括你刚才提到的对创新方法的求知欲，尤其是当美国人意识到欧洲人的文化素养和学问更高时，他们肯定想去那儿学习欧洲文化和文明，这就跟帝国主义没有太多关联了。

贝奇：我有一张我曾曾祖母跟一位侄女的照片，后者来自家族的亨特那一支。照片显示她们在码头上，身旁还坐着一位皮肤黝黑，一丝不挂的埃及小男孩，四周是埃及帆船，是那种埃及人用来在尼罗河上来回航行的单桅三角帆帆船。她身穿带有多层衬裙的齐踝长裙，拿着伞和诸如此类的小玩意。我不禁想到，她要么是从震惊中缓了过来，要么就是跟男人一样坚强。她们都是见过世面的女性，去过很多地方，对于她们而言，这样的经历算不了什么。想起来真是很有趣。

当弗朗西斯于50岁去世时，他的几个儿子情况都还不错，只有乔治在普林斯顿大学出了点意外(他因携带私酒而被学校开除)——这也许是最初的迹象，表明并非一切都很顺利。他的另一个儿子发展得不错，1935年4月刚结婚，弗朗西斯于当年12月过世。弗朗西斯一生都过得相当体面，只是晚年因大萧条而略显不如意。但是他的儿子上了埃克塞特大学，我有很多资料表明，弗罗斯特家的男孩们曾参加纽约和普兰菲尔德的中学毕业舞会，他们性格活泼，富有魅力，还会骑马……

斯蒂弗：几年前，我们初次见到耶鲁大学的史景迁(Jonathan Spence)教授，他是中国史领域的权威，当他第一次看到这些照片时，他认为问题在于怎样使用这些照片。照片中包含了很多东西，有很多东西值得仔细观察——建筑物就是其中之一，可以有很多不同的研究角度。

贝奇：我记得见过那些石虎、石狮等雕像。我看到过一些照片，显示北京现在还有这些石雕，那些照片是在空旷的原野上拍的，四周都是贫瘠的乡村。而在1905年拍摄的照片中，这些石雕都立在一条人口稠密街道的一侧。

斯蒂弗：我们在《看东方》的小册子中做过一点这方面的介绍，我们有位朋友，他的兄弟是上海的一位摄影师，他拍过一组新旧对比的照片，也就是到当年拍过老照片的原址再去拍那儿的现状。也许当我们在北京举行老照片展览时，我们可以稍作修改，在哈里·福勒·伍兹的名字上再加上弗洛斯特，并加入后者的个人传记。事实上，如果你有一张弗罗斯特的照片——我知道有一张弗洛斯特在长城上用餐的照片，但是如果你有他所拍摄的照片，那可能就是我们需要的⋯⋯

贝奇：我觉得最有趣的是他们不断探索的个性和他们拍摄这些照片的动机。

斯蒂弗：的确如此。

贝奇：我经常把过去100年或是150年的历史跟家族中从事机械制造业，或是跟弗朗西斯所从事各项职业沾边的成员联系起来——弗朗西斯能够安排分期付款，就像手持人们的钞票，农民的钞票，而又能够按时把钱付给他们。这里说的是弗朗西斯·W.弗罗斯特的叔叔。所以当我向11岁的儿子讲解信贷崩溃、眼下发生的事情，及其对商业的影响时，我把弗罗斯特与伍兹公司作为一个例子，如果你想要人们买你的产品，你必须确保购买这些产品会很方便，你还得帮顾客筹划贷款，以及诸如此类的事情。这跟历史有关，也把历史真真切切地带回了家，我很高兴能为我的孩子们这么做。

斯蒂弗：弗朗西斯在信中确实反映了当时人们对中国的看法。他在信的开头就说，当他们到达中国时，旅行中最愉快的一段就已经结束了，但他的信中关于中国的描述却很吸引人，而且他描写了很多细节。但他确实把中国视为一个破落不堪的国家，应属于第三世界⋯⋯

贝奇：当时中国的最上层确实有一个收敛了中国大部分财富的小集团，他们闭关自守，不能容纳外国人，外国人无计可施，只好带着某种嫉妒的心情进行旁观，而中国的其他群体则生活在赤贫之中——就像如今的朝鲜。

斯蒂弗：而且，他们刚刚经过了美国发展，你可以联想弗朗西丝·特罗洛普，她访问辛辛那提之后写了本书严厉批评了美国可怕的礼仪文化,以及在短短50年间,美国人怎样变得越来越进步,而在这儿,他们前往中国,也碰上了令人厌恶的环境以及受压制的人类处境。

贝奇:有趣的是,弗朗西斯却想体验更多,他自己又和包括哈里·福勒·伍兹在内的几个朋友组成一个小团队,前往了更加偏远的地方,而他后半生也在不断重复这种做法。他以此为乐。

斯蒂弗:他在后几份信中说没有人会自愿前往中国,能够离开中国前往日本他感到很高兴,但有趣的是,他后来又回到中国,还因那样的旅行而开创了自己的生意。

附:整理出来的弗罗斯特家族成员之间的关系

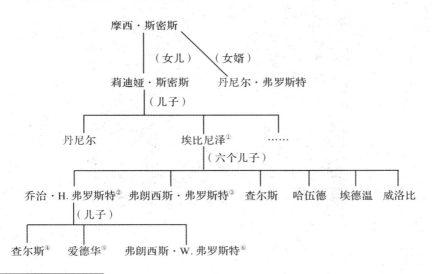

① 原先是铁匠,后来创办锻工厂,即弗罗斯特与伍德公司的前身。

② 大儿子,工程师,创办报社,娶五金商亨利之女为妻,弗朗西斯·W. 弗罗斯特的父亲。受访问者埃里克·贝奇的曾曾祖父,退休后把工程信息出版公司卖给了希尔,在普兰菲尔德也买下了两家报社。

③ 参议员,开创弗罗斯特与伍德公司,弗朗西斯·W. 弗罗斯特的叔叔,有一个女儿后来早逝,弗罗斯特与伍德公司后继无人,便转卖给了272 Cotrick Plows制造公司。

④ 受访问者埃里克·贝奇的曾祖父,迎娶了加拿大一个出身名门的女子,继承了父亲乔治买下的在普兰菲尔德的报社,但死后报社无人继承,转卖给了甘尼特家族。

⑤ 迎娶了芭芭拉·斯克里布纳,做过文件进出口生意。

⑥ 参与了1905年中国之行。

2009年4月27日马戈·斯蒂弗对韩德①的采访

韩德教授

　　斯蒂弗：韩德教授，请你介绍一下学术界对于美国政府向中国退还庚子赔款这一问题的最新看法。

　　韩德：关于庚子赔款的问题，学术界的看法已经发生了一些变化，有些变化跟政策相关，比如美国对华政策及其对日政策等，历史学家们虽然对此依旧给予关注，虽然没有太多新成果出来，但却有不少研究项目正在进行之中，其中有些主题正是我

---

　　① 韩德(Michael Hunt)目前是美国北卡罗来纳大学历史系的退休教授，是美国对华外交史领域的权威。

在《美国的崛起》(*American Ascendancy*)这本书中所强调过的,也就是美国不仅作为一个大国,而且还作为文化典范和经济强国的作用正在与日俱增。如今我们在写19世纪末20世纪初这段历史时较少从大国崛起的角度,而是越来越多地从早期全球化背景下的美国这一角度出发,而美国在这一过程中确实发挥了非常重要的作用。换言之,我现在几乎想不起我早前专心研究过的庚子赔款及其政策问题了,而那些是当时的学术界所重视的问题。这种研究的转向就像我在《美国的崛起》一书中所做的那样,书中引入了这样的一些思路。

斯蒂弗:是的,有意思的是你在1972年写了那篇文章。我看到《美国外交的悲剧》(*Tragedy of American Diplomacy*)那本书差不多也写于同一个时期,感觉距离现在已经很遥远了。

韩德:是啊,我不知道是否要对此做评论。(笑声)是的,我想《美国外交的悲剧》第一版写于1959年,我60年代初在巴尔的摩买了一本,从自传的角度回顾往事(我写过一本薄薄的自传),那确实是很久以前——已经有半个世纪过去了。

斯蒂弗:我曾经读过你论述庚子赔款的论文,不知你是否还记得,但是你提到过,美国对于把赔款还给中国人以用于自强这件事持保留态度,其原因之一就是1905年教案中屠杀了基督教传教士这件事。

韩德:我不记得了。这里面有许多线索同时出现或相互交织在一起。其中之一就是你刚才提到的传教士的存在,他们刚从1900年的惨案中恢复过来,而且实际上在19世纪90年代就已经在华盛顿发展成为一个相当重要的声音。我跟那些强调经济作用的人看法不同,我觉得传教士在华盛顿的影响力更为强大,这种影响力始于19世纪90年代,可能一直持续到20世纪20年代前后。当然,你提到美国排华法案至少在19世纪70年代和80年代就已经在中国人当中引起了愤慨,后者尤其是在1905年得以爆发。你也提到了中国保护美国在华利益的政策,以及在一定程度上与该政策利益相关的贸易问题,以防其他列强在中国划分势力范围,损害美国的贸易和投资。这里面有一系列复杂的因素。我不记得自己在解释美国为什么当时会这么做时,是否把其中一个因素置于另外因素之上。但是在我看来,回顾这段历史时最关键的一点就是归还庚子赔款,这确实反映了传教士的一种信念,那就是中国可以被改变，而且这是美国应该担当的责任。传教士们早在海约翰①推出门户开放政策之前就持有这种观点，即认为中国将变成文化的前沿阵地，不仅是亟待美国去开发的经济前沿，而且是文化前沿。我认为这是一种强有力的观点。我觉得罗斯福是一个性格非常复杂的人，在出任总统时他并不认同传教士们的观点，但是我觉得塔夫脱肯定是认同的，还有威尔逊后来也有这种看法。麦金利当然接受人们应该尊重、保护和提升传教士影响力的观点。所谓传教士的影响力，就其实际意义而言，也许体现在他们成为了中国教育的代言人，而且传教士们当时确实对中国教育发挥了极其重要的作用。许多学校至今仍在浙江运转，还有岭南大学、圣约翰大学等，还有更多——这是一个强大的利益集团或影响力，此外还有美国的民族主义思想，即人们广泛地确信美国的影响力可以改造一切，而且具有很好的改造效果。

斯蒂弗：当我读你关于庚子赔款的论文时，发现你曾明确地认为美国有可能把归还庚子赔款当成一种制造美国影响力的手段，而且还不允许中国人把这笔钱用于他们自身的目的。但我也认为，你现在所说的是，有些人可能确实受到了理想主义的影响，因此归还庚子赔款并不仅仅是一种具有帝国主义倾向的、玩世不恭的和任意剥削的策略，而且是……

韩德：当然，两者并非是相互排斥的。如果你回想一下菲律宾这个国家，美国占领菲律宾和后来平定那里的动乱(塔夫脱在其中作出了突出的贡献)——在某种程度上都是因为相信菲律宾人还没有能力来管理他们自己的事务，他们还需要接受辅导和指示，而这就是美国新使命的一部分。美国人并不想把这种做法叫做帝国主义，可是不这样认为很难。从规模和特征上来讲，这很明显就是帝国主义者所干的事情，但是从某种意义上来说，美国人在当时则愿意把这种行为视为是一种"开明的"、"宽宏的"——当时用的词是"升级换代的"。

斯蒂弗：现在回顾这件事真是十分有趣，当时中国人似乎想要不顾一切地保持旧的生活方式。抚今追昔，我们意识到，由于工业革命所带来的全球变暖和其他威胁，其实每个人都是站在一台即将被摧毁的水车踏板上而无法止步。所以，一切都已经如此复杂，我已经再也不能用老眼光来看待任何事了。

① 海约翰(John Hay, John M. Hay, 1838-1905)是当时的美国国务卿。

韩德：事情的确如此。这就是故事一直讲不完的原因，我们总是根据最近的发展来重新评价过去。这是一项永恒的工作。

斯蒂弗：我很想知道，你对1905年美国外交使团出访亚洲这件事的重要性有什么看法？为什么它一直没受到很多关注呢？

韩德：这是你事先提到问题中的一个。我已经把你的邮件和你的问题清单都打印出来了。回顾这次出访的重要性，我很久之前就曾写文章论述过这个问题。重要性就在于旅游业正在发展这一事实，这也是为什么我寄了那篇关于旅游的文章。虽然这不是严格意义上大众旅游业的开端，但却是中产阶级旅游业的发轫。19世纪下半叶，那些相对比较富裕的中产阶级开始旅游。对于许多美国人来说，初露端倪的有关周游世界的想法正变得越来越清晰。你甚至可以联想到像格兰特总特这样的官员在卸任后的旅游方式，他环游了世界。我记得新闻媒体对此给予了很多关注。所以，一方面这是美国人在试图了解一个更广阔的世界，而在另一方面这是美国人在观察这个世界是如何看我们的，还有我们能为世界做什么或者我们能和世界一起做些什么。所以此事部分在于发现他者，部分在于思考我们如何与这个世界对接。因此我认为这样环游世界或去往国外的旅行，是当时比较普遍的旅行方式，马克·吐温也做了相同的旅行。此事之所以重要，是因为它是一件新鲜事，因为你们必须要有轮船，而且官员们必须要有电报机，才能够使旅行变得可靠、快速和安全。而早些时候，很多人不会想去环游世界，因为这样的旅行会花费很长时间，而且非常冒险和不可靠。所以1905年美国政府代表团所做的正是在于突破探索更广阔世界的传统或模式。我认为你所得到的那些照片实际上见证了这一点——我的意思是，他们仿佛捕获了这个世界，这就是客观存在，或试图设法解释这个世界，或试图自己想明白是怎么回事，诸如此类。所以说，这就是美国这一列强崛起的文化影响力。我认为他们跟慈禧太后的会面并没有起到很大的作用，而且我认为这次旅行对抵制美国货运动也没有产生很大的影响。

斯蒂弗：塔夫脱确实在广州进行了谈判，斯泰茜·科德里在她那本关于爱丽丝的书中认为或推测，爱丽丝的冒险前往分化了抵制美国货的运动，因为有人画了一张侮辱她的宣传画，表现她并非由轿夫们抬着，而是被乌龟们驮着。这幅画被认为极具侮辱性,画家们也差点被砍头,但她亲自说情,从而保住了他们的性命。

韩德:我对此说一点都不信。我认为在北京的清廷官员对这次抗议行动,以及20世纪初几乎所有的民族主义运动,都持自相矛盾的态度,因为一方面这些运动响应清政府官员们的要求,那就是增加自治权和对外国人的控制权,以及减少外国干涉;但另一方面,这些运动反映出对清朝当局的一种挑战,因为这些运动并不是由清政权直接控制的。这些运动通常由地方豪绅或甚至地方官员操纵,而且我模糊地记得,清政府最后确定这次运动正变得失去控制,引起太多外国人的抗议,而且让人有过多的疑虑,这可能会导致颠覆性的社会运动或民族政治运动,所以清政府开始对抗议活动施加压力。我认为抗议活动,尤其是抵制美国货的运动,通常是由不同的群体所组成,其中一些人主要关注美国华侨们的福利,其他人则把它视为是诉诸民族主义的手段。那正是一个根本性的分歧。而且我认为这个分歧从一开始就存在——其中有些人比较激进地想要脱离清政府,并准备利用这次抗议活动来削弱清王朝的统治,而另一些人则准备满足于接受美方作出的些许让步,那就足以息事宁人了。我对斯泰茜的解释表示怀疑。

斯蒂弗:我正开始读王教授(Guanhua Wang)的一本书《寻求正义》(*In search of Justice*),我还没有读很多,但作者认为这次抵制美货运动是一场跨国运动,它首先肇始于美国,随即波及中国,而且涉及了不同的社会团体。它显然是一场中国民族主义运动的开端,但它同样也是一场跨国运动。

韩德:那确实是非常重要的一种观点,因为我觉得它再一次说明了全球化运动产生的方式,而且我认为我们开始把华人移民视作是19世纪末20世纪初一系列主要移民活动的一部分,其中之一就是因轮船的应用使其可为成为跨越大西洋移民。第二种形式就是在19世纪末和20世纪初变得热门的中国人向国外移民,他们大部分主要前往东南亚,但也有去美国、北美和南美的其他国家。第三种是航海前往俄国,穿越俄国腹地。当你回顾那个时代的人类迁徙时,就会发现只有上述三次规模最大的移民活动涉及了数百万移动人口。所以在某种程度上,抵制美国货的运动在这大规模移民过程和紧张局势中只是一个很小的因素,因为许多紧张因素存在于东南亚,在那儿,民族主义情绪越来越激烈的政权和对华侨的憎恨,给清政府造成了越来越多的难题,而且还要求清政府提供保护等等。因此,你可以从这儿看到全球化进程是如何影响中美两国关系的。

斯蒂弗:关于1905年旅行的另外一件事是《桂太郎—塔夫脱密约》被认为是为朴次茅斯和平协定开了一个重要的先例。显然还没有人发现罗斯福与塔夫脱之间的信件来往,所以现在还不太清楚整件事是如何突然发生的,而且塔夫脱似乎是以一种让人毫无防备的方式结束谈判的。他的确给罗斯福发电报说:"我希望这样做没什么问题。"而罗斯福回答说这正是他想做的,或诸如此类的话。但无论如何,我想那可能是一次重要的谈判。

韩德:是的,我认为你说得对。我认为那可能是这次旅行中最重要的政治或外交事件。我认为是这是罗斯福的政策,而且我这样说是有理由的。首先,罗斯福在其就职演说、甚至在他信中的言谈都倾向于一种比较温和的亚洲政策,他甚至在1905年以前就说日本将会遏制俄国,而且这两个国家必定会教化中国。美国并不想那样做。所以他实际上正在转向一种更倾向于追求势力范围的政策,所以我认为《桂太郎—塔夫脱密约》和1907年达成的《鲁特—高平协议》是罗斯福推行这种势力范围政策的结果。这对处理菲律宾问题同样有所帮助,这项政策的许多方面也被应用于菲律宾。菲律宾没有自我防御能力,他们也知道这一点。海军一直试图想找到防御菲律宾的方法。可他们就是办不到。菲律宾不但没有成为美国加速扩张的前哨阵地,反而成了罗斯福所说的"阿喀琉斯之踵"。有一件事能支持我认为的事件背后策划者是罗斯福而非塔夫脱的观点,那就是塔夫脱成为总统之后,便与诺克斯①站在一起,采取了咄咄逼人的对华政策,事实上罗斯福还曾质疑过这种作法。罗斯福当时已经下台,但他说:"你做得过分了。你真要为了中国而冒险与日本开战吗?中国不值得我们这样做。"

斯蒂弗:说实话,我只是正在研究1905年的事,而且我不是历史学家,所以应该说我是对此感兴趣。但是我不知道塔夫脱用你所说的那种政策在中国做了些什么。他正在设法扩大中国贸易,不是吗?

---

① 诺克斯(Philander Chase Knox, 1853-1921)是塔夫脱总统的国务卿,曾大力推行所谓的"金元外交",即通过加大对外投资来扩大美国在世界各地的影响。

韩德：嗯，这就是所谓的"金元外交"。大多数人都是通过这个名称来了解此事的，而且我认为这主要归功于诺克斯。我不确定塔夫脱实际上对此热心到何种程度，但至少他是支持此事的。而且这的确导致了塔夫脱和罗斯福之间的摩擦。事实是美国不愿意被踢出中国。这有点像是海约翰政策的延续，假如美国不扮演主要的角色，那么我们就会被挤出去。

斯蒂弗：被挤出中国所代表的惊人市场？

韩德：不仅如此，而且控制市场的关键日益变成（或至少人们认为）给中国的铁路贷款和其他涉及给中国政府贷款或直接投资的特许权，所以美方诺克斯和塔夫脱的立场是，美国必须在这些贷款中扮演一定角色，否则我们对中国的未来就没了发言权。所以他们便选了一堆银行作为美国政府的工具，而罗斯福恰恰认为这是胡来，因为他认为中国并没有多大的市场。他认为不值得为此与日本对抗，而且不值得为了保护我们的在华利益而挑起战争。也就是说美国应停留在外围，而塔夫脱和诺克斯却陷得太深，走得太远，以至于引发太平洋地区的冲突。所以罗斯福并不喜欢他们的观点。而塔夫脱和诺克斯则说，我们在太平洋地区有"门户开放"政策，它使我们有责任维护中国和美国的贸易。所以塔夫脱当上总统之后，与罗斯福在这一问题上的分歧越来越大。因此，那是另一个原因，我们研究《桂太郎—塔夫脱密约》及其背后的人物（无论他是否塔夫脱）就是从此入手的。我猜你和塔夫脱是亲戚关系？

斯蒂弗：他和我曾祖父是堂兄弟。

韩德：你不得不成为亲罗斯福派，真是太糟糕了。（笑声）你周围一定有无数个塔夫脱家族成员在活动。

斯蒂弗：的确如此。

韩德：很久以前，我去辛辛那提参加一个校友讲座，耶鲁校友的讲座，我至今都不敢相信自己会碰到了那么多的塔夫脱家族成员。他们不停地冒出来。所以我说一定还有许多。

斯蒂弗：上个周末我就在辛辛那提。我们昨天才刚回来。我们参加了一场悼念仪式，仅我们家就有6个孩子，所以我认为塔夫脱家族肯定有很多人。我并不认识所有这些人，但是通过这次老照片展览活动，我又跟他们神奇地联络到了一起，我与其中一些人见了面,并与另一些人联系上了,所以说这件事非常有意思。

韩德:你查了国会图书馆里的塔夫脱文件吗?

斯蒂弗:是的,你是否读过威廉·霍华德·塔夫脱的一些书信?

韩德:是的,我是读过,但是现在记不太清楚了。不过我记得这些信并没有太多的爆料。

斯蒂弗:嗯,我读了许多关于那次旅行的信件,实际上我找到了许多他写给内莉①的信,那些信写得极长,我觉得许多信都非常有趣。事实上,我把其中一些信寄给了一位跟我合作写书的中国教授沈弘,他认为其中一封信就像乔叟《坎特伯雷故事集》中的序曲,因为塔夫脱真的把旅途中的每一位成员都描述了一遍。

韩德:我觉得我没有读到那些信,也没有看到过。

斯蒂弗:这些信真的非常有趣。我年轻时是一个激进分子,成长于60年代,我最不愿意做的事就是告诉别人我来自塔夫脱家族,所以对我来说,回过头去读这些信太吸引人了,因为,当然,我对塔夫脱一无所知。我对诗歌感兴趣,在大学时没有学过很多历史知识,所以回头读塔夫脱的一些信,对我来说真的很有趣。

韩德:这些书信当时没有被发表吗?

斯蒂弗:它们只是被放在威廉·霍华德·塔夫脱的档案里了,没有被发表。

韩德:你知道关于那次旅行的新闻报道有多少吗?

斯蒂弗:由于爱丽丝·罗斯福参加了这次旅行,因此有许多新闻报道。大约每一天都会有一篇报道,许多报道的内容是关于爱丽丝以及她是否会嫁给尼古拉·朗沃斯②。有许多关于这次旅行的报道,但是大部分内容都流于表面化,只是讲述他们干了什么。不过我一直很疑惑——当我回顾历史书本时,许多历史书都没有包含任何关于这次旅行的信息,不过我觉得近来人们对这方面的兴趣已经增加了,实际上詹姆斯·布拉德利(James Bradley)正在写一本完整的关于这次旅行的书,预计在十月份发表。小布朗出版社将负责出版这本书。但是我在想你是否知道人们为什么突然对此感兴趣了?

---

① 内莉(Nellie)是塔夫脱妻子的名字。
② 尼古拉·朗沃斯(Nicholas Longworth)是美国参议员,后来成为爱丽丝的丈夫。

韩德：我很想知道詹姆斯·布拉德利将如何描述这次旅行。我的意思是，如果他从美国在文化上想要与世界接轨的新兴趣以及旅游这两方面来处理——我觉得那会相当有意思，而且能吸引很多人。你知道许多这类肤浅的新闻报道，在我们看来这些新闻报道可能非常浅薄，但是我认为对当时的美国人来说，它们可能真的有更多内涵。

斯蒂弗：不久前我们遇到他的时候，他说他打算把注意力放在种族主义上。我还想提的另外一件事就是这些照片是已知的关于那个时期紫禁城仅有的一些照片，因为他们一行人是被允许进入紫禁城的最早的西方人中规模最大的群体，而且他们所有人都有手持照相机。他们就是一大群带着照相机的美国人，而且所有人都在拍照，所以我认为我们可能有一些连中国人自己都没有的、至少在历史的这一特殊时刻紫禁城的照片。

韩德：这也许就是这些照片能使新技术和旅游业发挥作用的另一个方面。我以前确实从没想过这一点，即人们手上这些操作简单的照相机竟然可以再现一系列的历史场景。我的意思是，你知道在此以前的老式照相机拍摄起来很复杂，而且你必须有一群人帮忙才能拍出一张照片，这是一个相当复杂的过程，但如今你却可以信手拈来。所以这促使那些想要出国旅行，并且想讲述或展示自己经历的游客人数倍增。我想把这个看法告诉你。国家地理学会，我想它创立于19世纪的80或90年代，我忘了具体是哪一年，这个学会的成立标志着美国对于世界日益增长的兴趣。它是在美国成立的。但是我在尽量回忆，有一篇关于创建《国家地理杂志》的文章，我正想方设法给你提供这篇文章的出处。如果你想从这方面开始着手，可以先看一本由几个人类学家写成的书《阅读国家地理杂志》(*Reading National Geographic*)，其中的一位作者就是凯瑟琳·卢茨(Katherine Lutz)。该书由芝加哥大学出版社出版。

斯蒂弗：好的，太棒了。

韩德：而且我认为这本书大概是关于该杂志的早期历史，我想书中至少会对该杂志的早期历史有一个梗概的介绍，而且它实际上讨论了种族和外国人视觉的问题，即它在何种程度上被种族化了，无论是以何种方式来拍摄他们，或是当时的人们如何看待他们。对于这个问题的思考可能会是一个有趣的起点。我还想告诉你另外一本书，但是我现在一下子想不起书名，不过作者是克里斯汀·霍根森(Kristin

Hoganson）。这本书写了人们对异国情调的家居装修越来越感兴趣，还对于那些用来装饰家庭的异国物品日益感兴趣。这也说明有一部分美国人在一个更宽广的世界背景中来看待自己，并且开始用国外的纺织面料、家具设计和可以烘托气氛的物品来装饰他们的房间。主要是女人们在做这样的事情，但它反映出一种更大、更广的兴趣和对外部世界的敏感，我认为这些是1905年那次旅行的新颖之处。我和妻子秋天在纽约时曾去拜访了一处名为阿兰娜的住宅，即弗雷德里克·丘奇的家——阿兰娜。这个住宅的最初设计非常传统，然后，大约在同一时期，即十九世纪的80和90年代，也许还要略微更早一点，丘奇开始对地中海沿岸地区的图案设计产生了浓厚的兴趣，并且他也因此专门去地中海一带旅游，还深入到了中东地区的腹地，回来之后便着魔般地重建这座房子，使之再现了所有他曾见到过的建筑设计。我认为这确实是一种触类旁通，这是一种世界被旅行和轮船所打开的感觉，而美国人成为了这一个更广大世界的崭新一员。我认为这才是真正的历史背景，对我来说是最有趣、最重要的部分。你刚才提到了照片，我认为人们对历史图片已有相当大的兴趣，显然中国人对此也很感兴趣。不仅仅只是美国在推动这一趋势。我见过19世纪末和20世纪初出版的一些相册，这些照片在视觉上捕捉到了当时正在发生的事，有许多正是中国人的日常生活。

有一种看法认为这次旅行是美国与世界的一次密切接触，对中国人来说，这次旅行同样也具有它自身的文化吸引力——世界就是以这种方式来吸引我们并且帮助我们重建联系。我认为有许多中国人仍然觉得这是一个屈辱的世纪，但出于更广泛的原因，他们同样也对这个时期非常感兴趣，因为他们自己可以看到，19世纪末实际上标志着他们的国家开始发生了文化和社会的转变。出现了像上海这样的新兴大都市，尤其是人们开始致力于商业贸易和西方教育。你刚才提到科举考试的终结和对西方教育日益增加的兴趣。美国传教士们将他们的主要投资和精力都放在创办相当于美国学院水平的教会大学上了。

斯蒂弗: 而且，传教士们还做了重要的和具有创新意义的医疗工作。

韩德: 是的，所以从这个意义上来说，那是一个复杂的时期。回头去看，那不是屈辱，而是改造，即把中国改造成了如今的样子。

斯蒂弗: 我读了你在《美国的崛起》一书中提到的关于海军力量的发展,而且你谈到了旅游业和轮船,但是我不知道你是否想过,与脆弱的平底帆船和菲律宾人狭窄的小船相比,庞大的轮船和军舰造成了什么样的视觉冲击。

韩德: 你提出了一个关于中国人当时如何对此作出反应的问题,而我怀疑他们在更早以前,当19世纪30至40年代英国海军舰队攻击清军边防炮台的时候就已经作出了反应。正是在当时,他们开始真正认识到自己的力量与外国列强之间的悬殊。我想中国在这个时期已经开始购置海军舰艇,所以我觉得他们看到这些西方船此时不会感到过于震惊。我想他们已经很清楚差距有多大。同样的事情已经发生在19世纪中期的日本,在40至50年代。你知道,有许多精彩的日本版画就是表现佩里远征日本这一内容的。

斯蒂弗: 我在耶鲁的拜内克图书馆刚看到了这些版画的一张印刷品。

韩德: 你看,日本人已经习惯了这些巨炮和大船。所以我认为日本人对此的认识更早,对于外国海军力量的认识已经被消化吸收了,而且已经在推动着当时的人们提出改革甚至革命。你知道,他们认为必须要缩小这个差距,必须要实现现代化,必须要变得更为强大。中国历史学家经常提到的一个术语是"富强",这句话在19世纪末已经成为中国民族主义者所反复提到的一个标准口号——我们必须变得强壮有力、繁荣富强,从而能奋起反抗外国人的侵略。

斯蒂弗: 我刚刚读完了西蒙·温彻斯特(Simon Winchester)写的《一个热爱中国的人》(*The Man Who Loved China*)。我很想知道,你为什么认为当时日本在技术革新和发明方面要超越中国?在那本书的末尾,温彻斯特提到中国人停止了尝试,而且他用理论说明停止尝试的原因。但是我很想知道为什么你觉得中国在这段时期发展如此缓慢,以至于像弗罗斯特(F. W. Frost)这样的人在轮船快要到达中国时竟然会说:"我旅行中最美好的部分现已结束。"

韩德: 我猜想那句评论实际上在许多方面以各种不同的方式透露了真情。我觉得历史学家们过去常常为日本与中国之间的显著差异而困扰,不明白为什么一个做得如此之好,而另外一个却深陷困境。

斯蒂弗: 是的,有一段时期确实如此。

韩德：是的，就是在这一段时期，历史学家们似乎还为此争论过，我认为他们实际上已经不再为这件事而困扰了。我觉得其中一个主要答案非常简单。日本面积相当小，所以控制的规模不如中国那么大，不仅如此，精英阶层能够对彻底改革的必要性达成共识。那就是我们所知的明治维新，他们有能力组织全国推进改革，而且至少就精英阶层而言，这是一个非常强大、果断和达成共识的国家。中国没有任何这样的条件。中国是分裂的，难以控制的，而且是一个被"异族"所统治的国家。在发展模式上也存在着分歧——外国人更多地牵涉到中国这个国家的命运之中，而日本人直至19世纪50年代都在很大程度上把外国人拒之门外，即使是在那之后，日本也远不像中国那样被外国势力入侵很深，所以我认为这两个国家的情况是完全不同的。也许关键的差异就在于清朝政权的效率远不如日本政府。日本人有能力组建起一个近代国家。我的意思是它看上去非常像当时正在崛起的德国和法国。而中国政府却仍然依赖于它的皇族贵胄、儒家正统和对地方的有限控制。

斯蒂弗：你认为义和团运动反映了那种和工业化背道而驰的天人合一观点吗？你认为这种意识在中国要比在日本更强吗？

韩德：不，我并不认为中国人与自然更加和谐，或者更加关注这种看法。事实上，关于义和团运动，约瑟夫·埃谢里克（Joseph Esherick）对于那段时期和那个现象作了最好的描述。他认为引起义和团运动的原因是乡村的瓦解，农民们失去身份和土地等等。那才是问题的核心，然后这次运动引发了朝廷内部关于对外国人是安抚还是抵制的分歧。所以我们在此又一次回到了先前的问题，那就是清政府在如何处置的问题上没有把对地方的控制纳入自己的计划，所以我认为此事的产生有更为具体的原因，而非对自然或世界的普遍看法或心理原因。我认为无论在义和团运动，或是在那一段历史时期中，实际上有许多特定的事物在发挥着作用。

你的问题可以在各种不同的论著和文献中得到解答，其中有些书我非常熟悉，有些书我以前非常熟悉，还有些书我一点都不了解，但是你已经接触到各种各样非常有趣的问题了。你可以花一辈子的时间来阅读关于这些话题的书籍。

斯蒂弗：我知道，我知道。

韩德：在某一特定的时候，你必须要写点什么东西。

斯蒂弗：这些弗罗斯特的信件将会被翻译成中文，这些信的开头和结尾都说，没人愿意回到中国，除非是万不得已。有趣的是，弗罗斯特后来确实成了一个进出口商人并数次回到了中国。弗罗斯特后来就是干这个行当，这些信非常有趣，而且描写得很生动。

韩德：你如何看待这次旅行队伍中其他人的反应？他们是因为中国而滞留的吗？

斯蒂弗：首先，你要知道这个代表团在离开广州后分成了两部分。塔夫脱带了一批人，其中大部分人是代表团中年纪比较大的，而被塔夫脱认为比较有趣的许多年轻人则去了北京，其中包括爱丽丝·罗斯福、尼古拉·朗沃斯、我的曾祖父伍兹、弗罗斯特，以及许多其他人。塔夫脱抱怨说，那些比较有趣的人都离开了。但不管怎样，塔夫脱没有去北京这一事实说明了一些问题。他显然非常劳累，他的妻子没有在身边，而且他急于回国，他必须要竞选总统或做一些他计划好的其他事。事实上爱丽丝·罗斯福在其自传《拥挤的时间》(*Crowded Hours*)里写了她自己的反应，她似乎对这次访问非常感兴趣，有很多引人注目的描写，而且还说她真的很想再回到中国。不过我认为弗罗斯特和伍兹去了广东，而且当时中国是一个典型的第三世界国家，如果你愿意的话，从他的描述来看，仅仅是嗅到那些城市里熏人的臭味都是一种考验。我想美国当时已经是发达国家了。你读过弗朗西丝·特罗洛普的《美国人的家庭生活方式》(*The Domestic Manners of the Americans*) 这本书吗？我来自辛辛那提，而她却憎恨美国。那本书写于20世纪50年代或更早一点，它从一个英国人的视角对美国作了尖锐的批评。我感觉弗罗斯特的描述也与此类似。他们已经习惯了较高的生活水平，而突然间他们被强行推入了这种更为原始落后的生活之中。

韩德：当时的流行语就是"东亚病夫"，我猜测，这个国家正在分崩离析。传教士们可能并不这样认为，但是对于普通美国人来说，这确实是很骇人的。

斯蒂弗：弗罗斯特明确地暗示了中国过去的辉煌，他给出了所有这些例子来证明中国原本该是多么美丽，而当时他所看到的中国却显得十分衰败，他还提及在某些特定的地方，人们每年只会有一次将它们清理干净，以迎接慈禧太后的到来，之后他们又会让那些地方杂草丛生。

韩德：这加深了美国人认为中国已是一团糟的看法，这样的中国将如何被拯救？我不知道代表团的成员们有没有在信中说过这样的话，但那是人们普遍认同的观点——陷入这种混乱的国家需要外来的帮助，从而使中国能够摆脱已经深陷的困境，以避免崩溃。这些照片有助于说明这种情况。你的那些关于城市胡同的照片上，路面泥泞，到处是水洼。

斯蒂弗：是的，弗罗斯特对于道路有许多描写。显然那些路经常会变得很难走。

韩德：城市之间的道路可能很糟糕。当时火车刚刚开始投入使用。

斯蒂弗：弗罗斯特和伍兹与爱丽丝·罗斯福那群人分开之后去了长城。弗罗斯特讲了他们如何在那儿苦苦等候一艘船，他们被告知这艘船马上就到了，于是他们等啊等，最后发现哈里曼（Harryman）征用了这艘船。换言之，人们可以花钱使这艘船不按照时刻表行驶，而这类事情必定会导致秩序混乱。

韩德：让我再一次推荐卢茨的书《阅读国家地理杂志》，因为我认为这本书很好地介绍了我们应当如何理解这些照片，并且给我们一些对于这些照片的看法，因为我觉得我们经常认为照片是不证自明的，所见即所拍，但是事实上照片并非如此，它们是更有趣和更复杂的证据，因为这涉及拍照者的意图，以及其他人可能会如何看待、理解或阐释这些照片的问题。在某种意义上，这就是我们目前正在做的事——谈论这些照片将如何符合较宽泛的预想，或可能强化这种较宽泛的预想，或甚至对这种较宽泛的预想提出挑战。

斯蒂弗：你能推荐几本专门论述海军力量的书籍吗？

韩德：专门关于美国的吗？

斯蒂弗：或者只要关于这个领域的。

韩德：类似于总论的书籍，我还没想到。我们刚才早些时候谈论的正是在海军中开始发挥作用的技术性转变，如口径更大的火炮，种类更多的武器装备，吨位更大的军舰，数量更多的舰艇，以及作为一种竞争形式的海军力量。实际上正是这种以技术性的领先在推动着军事的发展，而且至今仍是如此。

斯蒂弗：你听说最近中国宣布将要发展海军力量了吗？

韩德：是的，我认为那是对的。我认为他们朝那个方向努力已经有一段时间了。作为一个现代化国家的最明显标志之一就是你必须要拥有这种海军力量、火箭、炸弹和所有其他的武器。这有点像回到了从前——只不过并非简单地聚集一支军队或者让一些木船下水,而是变得更加复杂。事实上,美国海军是第一支变得比较专业化的部队,恰好是因为他们一直在研究那些技术性的问题,并且在这一领域中名列前茅。但是我现在想不起任何书名。我刚才提到过的书目中也列举了一些综述性的论著,所以你可能会找到关于19世纪末和20世纪初海上力量的这些内容比较宽泛的书或者文章。

斯蒂弗:这实在太有帮助了。非常感谢你!

2009年5月24日马戈·斯蒂弗对斯泰茜·科德里[①]的采访

斯泰茜·科德里

---

①　斯泰茜·科德里(Stacy Cordery)目前是美国蒙茅斯学院的历史系教授。

斯蒂弗：我知道你采访过我的姑母安杰拉·坎贝尔，而且在你的书中引用了你们当时的谈话。

科德里：是的，在关于保利娜的那一段中。

斯蒂弗：很感谢你接受我的采访。我觉得你的书真的很有趣，而且它已经引起了很多人的兴趣。我首先想知道你是否能告诉我，你认为美国外交使团1905年出访亚洲的重要意义是什么？

科德里：马戈，我要重申，你才是这方面的专家，而不是我。我对爱丽丝·朗沃斯知之甚少，对更大的外交问题了解得也不多。对于一名研究罗斯福总统的学者来说，1905年的出访确实很重要，但我认为它并不是罗斯福对外政策的中心。未来的事件将突显亚洲在国际事务中的重要性，尤其是在跟美国相关的领域。就像西奥多·罗斯福做的其他许多事情那样，我认为历史学家们将会说，从长远的观点看，罗斯福执政期间的所作所为都是非常重要的。它也许把战争的到来往后推迟了好几年，同时也使得美国人有更多的时间来更好地了解世界，使美国外交官能把工作做得更好。因此我认为1905年出访的重要性是和我们所有人都在谈论的远东地区权力制衡是相联系的。罗斯福非常关注不让俄国变得过于强大，而且他肯定很欣赏日本。他从麦金利的身边学到了外交政策，而麦金利正是"门户开放"政策的倡导者。我觉得在罗斯福总统任内这一大背景下，1905年的国会议员代表团出访是外交工作的一项重要内容，而这就是为什么我对于他让爱丽丝随团出行这一事实深感兴趣。

斯蒂弗：有人向我推荐过一本理查德·D. 查利纳写的《海军司令、将军和美国的外交政策》(*Admirals, Generals and American Foreign Policy*)，我在这本书中第一次读到，由于在中国抵制美国货的运动，罗斯福曾经想把大批部队派往中国，打算用美国的军事力量来压制中国。但基于某种原因，他决定不这样做，而是让爱丽丝随团出行。我对于这些事件的顺序安排深感兴趣，因为我在读到这本书之前，对此一无所知。

科德里：是呀，派遣爱丽丝是怀柔政策，而动用军队则是大棒政策。

斯蒂弗：我想知道他为什么没派军队去中国？我猜这是战略决策的变化。

科德里：我想这样做的话就像是杀鸡用牛刀，不必动用那么多武力。正如我在书和文章里所讲过的那样，爱丽丝对于消除这场抵制美国货运动起了重要的作用。

斯蒂弗：不知道你是否引用了她在具体化解抵制美国货运动时所说过的话，因为我觉得那读起来一定很有趣。

科德里：我必须要查一下我的脚注，因为我写完那本书已经有很长时间了。如果你找不到的话，就给我发电子邮件吧。

斯蒂弗：但我很好奇，你是否知道为什么历史书中很少提及美国代表团的这次出访？就好像人们从来都不知道这件事，而现在突然间对此又如此关注。你知道为什么如今这件事会引来这么多的关注吗？

科德里：你知道我是教历史的，所以我可以回答你的第一个问题，那就是我们只有那么短的时间……你知道历史上有许多精彩的事件从来没有被纳入课程，因为我们每学期只有一个15周的课程，而且我认为历史……随着年龄的增长，我越来越相信历史就是对最有卖点和最富刺激性的人或事的记载（笑声），正如你所说，类似于出版商的主题。否则，它怎么能得以出版呢？社会历史要经过一个很长的阶段才能使我们接受其他观点、其他故事和被遗忘的人物等等，但是说到底，至少在我们这个时代，是谁在控制着历史呢？我觉得是"历史频道"和"每月一本历史书俱乐部"，而如果你仔细观察一下的话，就会发现它们全都是军事史。这次出访涉及了社会史和外交史等方面，我认为很重要，但是那些不能拍成大片，因为没有空投炸弹，也没有汽车爆炸等等。所以我认为外交史要想得到中学生、大学生、电视或电影观众的欣赏，讲述起来会非常非常困难。归根结底，这是一项外交使命，在哪里能看见炮火和硝烟呢？这里发生着一些非常微妙的事情。也许布拉德利能理清思路，把注意力集中在抵制美货运动，或聚焦于爱丽丝访问过中国的声名，或注重总统女儿的绯闻。我的意思是虽然我不知道他会做什么，但是我认为其中一个答案就是我们在课堂上只有那么点时间来学习历史，而且人们并不认为这件事重要。其次，想要做到公正地评价这次外交使命需要花费大量时间来解释事件的背景和来龙去脉。那么为什么这次出访如今又变得很重要了呢？我不知道。我想其中部分原因是你的照片和展览。也可能是因为美国和亚洲之间关系的复苏。我真的不知道。我不是外交历史学家,所以对这些事情不太了解。你也许更了解为什么媒体会如此关注此事,以及为什么会造成目前这种情况。

斯蒂弗:我想我是有一些看法,但我不是史学家,所以跟你相比,我的看法可能会站不住脚。

科德里:我并不那么认为。

斯蒂弗:观察权力的平衡和在这一千年来所发生的巨大变化,考虑到大量引起动荡不安的因素,以及对于诸如海上力量及其相关问题等当今人们最为关注,也是当时人们最为关注的事情,是一件很有趣的事情。无论如何,这是一个需要我们设法解答的有趣难题。

科德里:的确如此,而且你知道还有海盗问题。罗斯福当时也同样需要处理海盗问题。他在任时面临的一些问题和现在非常相似,但是如果你回想一下那些最受人们关注的美国总统,就会发现他们基本上都是战时总统。值得赞扬的是,罗斯福设法避免了一场战争。有许多历史书记述了那些建国元勋们,也有许多历史书记载那些战时的总统。但是这并不意味着没人给罗斯福总统写传记。另外一件让我觉得很有趣的事就是,当我回顾那些伟大的美国总统和那些在我课堂上的学生们所熟悉或自认为熟悉的总统们时,罗斯福出任总统①的1901年9月14日百年庆典居然无人问津。因为那正好是"9. 11事件"之后的第三天,因此所有关于罗斯福的学术会议和原定在酋长山和霍夫斯塔拉大学举行的集会都由于"9. 11事件"而被取消了。所以他从来没有真正得到过重大的庆典的荣誉,而这本应该使他的名字出现在报纸的头版头条,而且我想本应使得人们重新关注罗斯福执政期间的方方面面,包括外交政策,而这可能也部分回答了你的问题。我指的是书虽然已经出版,但是当学者们都准备聚集在一起,而且所有著名人物即将前往东海岸时,"9. 11事件"发生了,从此那件事再也没能实现。

斯蒂弗:哦,天哪,太不可思议了。

科德里:啊,还有,我能再说一件事吗?我觉得在学术界,外交史一直被认为是

---

① 1901 年 9 月 11 日,美国第 25 任总统麦金利(William McKinley)在布法罗被人暗杀,当时担任副总统的西奥多·罗斯福接替了他的总统职位。

一个有点呆板守旧的领域，因此大部分历史系的研究生都不会选择外交史，而且事实上也确实很少有人选择这个题目。当你看教职招聘广告时，你会发现外交史总是最没有竞争力的专业之一，所以就业机会很少，而且我认为像鲍勃·迪瓦恩这样大牌的外交史学者似乎越来越少。所以我感觉外交史作为一个研究领域，其地位并不像40年前那么突出了。那可能也是一部分原因。

斯蒂弗：很有意思！我曾经试图联系刘易斯·古尔德，但他说自己已经不再接受采访了。

科德里：是的，他已经退休了。

斯蒂弗：但是你说过他打算写一本关于塔夫脱的书？

科德里：是的，事情就是这样。他已经退休了，但跟我认识的所有退休教授一样，他退休后比教课时还要忙五倍。

斯蒂弗：哦，是的。

科德里：今年他出版了两本关于罗斯福的书，如今正在写一本关于海伦·塔夫脱的传记。

斯蒂弗：有人在几年前刚出版了一本关于内莉·塔夫脱的传记。

科德里：那是卡尔·安东尼。

斯蒂弗：对的。

科德里：这两本书会很不一样。刘易斯·古尔德已经发现了关于她的各种重要事件，以及音乐在她生活中的重要性，还有她在华盛顿这个文化背景下所做的事情，那相当有趣。而且他还在研究一本他们两人之间的书信集，这本书信集还附有注释。塔夫脱十分迷恋他的妻子，他会写长达四五页甚至八至十页的信给她。

斯蒂弗：我们找到了一封关于那次旅行的信，有25页，我觉得那封信真令人惊叹。

科德里：往往会找到这样的东西。我确信那些注释会非常有用，而且会告诉我们许多有趣的事，因为除了像你这样的学者之外，从来没有人会费心去读塔夫脱夫妇之间的书信。

斯蒂弗：在读完他的一些信件后，我感觉他可能真的能成为一个伟大的小说家，因为他的信中提到的对周围人的理解是如此有趣。而且我觉得古尔德教授做这个是件很好的事，因为有很多人解读塔夫脱，却没有意识到他观点的复杂性。我曾经和韩德(Michael Hunt)交谈过，他似乎并不知道塔夫脱在这封信中对菲律宾的看法跟他是一样的。于是我把整封信寄给他，因为他正在写一本关于菲律宾和如何平定菲律宾之乱的书。我认为塔夫脱对许多问题有感同身受的理解，而这些问题人们可能都没意识到。

科德里：我同意你的看法。我觉得他们也喜欢在那里的生活。考虑到那个时代以及她的个人背景，我认为内莉在那里的时候做了一些有意义的事情。不过我觉得他们是带着对菲律宾的美好回忆而离开的。

斯蒂弗：是的，肯定是。

科德里：他们两人肯定都受到当地人的热情款待。内莉其实可以骑着高头大马，但是我所记得的是她没有像一个白人征服者那样在当地作威作福。我一直很喜欢塔夫脱夫妇。

斯蒂弗：如果你愿意这样想，我觉得他们的思想比当时的很多政治家都进步，因为他们相信一切受教育者都是平等的，这很可能是那个时代最进步的观点之一，当时即使连反帝国主义者实际上也是坚定的种族主义者。

科德里：对于罗斯福的社会达尔文主义，我的理解是这样的，任何国家、任何民族在力量上都能够而且将会崛起和衰落，而他恰好生活在白种美国人或白种欧洲人掌控全局的时代。但那并不意味着——我是说这就是为什么他如此关注日本——他知道日本有一段辉煌的过去，当时日本论实力属于世界一流。因此保持日本和俄国之间的力量平衡非常重要，我所知道的是，罗斯福和塔夫脱同样认为，仅仅由于机会在那个时刻青睐欧洲并不意味着以后它不会青睐亚洲或某个具体的国家，所以你必须时刻保持警惕。因此，基本上，如果你相信日本在1年后或10年后将会从一堆国家中脱颖而出，那么你必须相信日本人有能力完成那些当时许多有种族偏见的美国人认为他们不可能完成的事情。

斯蒂弗：令人感到非常惊讶的是日本人在日俄战争中居然打败了俄国人。这使得人们的种族观念有了急剧的转变。在那个时期，人们的种族观念开始发生了巨大的变化，这也许跟为什么发生抵制美国货运动的原因，美国排华法案，以及所有类似的事情都有很大的关联。对于抵制美国货运动,你还有其他看法吗?我会回头去看一下你的文章。

科德里: 我对爱丽丝在这个事件中扮演的角色感兴趣,对那张海报感兴趣,对爱丽丝直到在家中去世时仍然在墙上挂着那张海报这件事感兴趣,对任何可以让我弄清真相或找到证据,以显示爱丽丝被视作美国代言人的引文和事情都感兴趣,因为我想知道在她名声之外的东西。我想知道罗斯福是在何种程度上把她当做一名外交家或准外交家,这正是我寻找的,而且我尝试着看自己是否能为爱丽丝提出论证,说明她虽然不是严格意义上的新女性,但确实是一个与众不同的女子。那时候还没有出现20年代的新女性,但是爱丽丝作为一名外交家,在一个以家庭为重的文化中得到了重视。当有关爱丽丝与英国王族同席而坐的讨论甚嚣尘上时,罗斯福没有让她去英国参加国王加冕礼——罗斯福决不会那样做。但是把她派往亚洲则是另外一码事。

斯蒂弗: 而且她还被允许住在颐和园。

科德里: 是的,但是对此也是有争议的。我认为可怜的塔夫脱每走一步都得小心翼翼,一方面他的决策不能让美国国内把爱丽丝看作是个不讲民主的人,另一方面他的决策不能惹怒东道主或东道国,因为塔夫脱本可以谢绝东道主表示他们如何重视总统女儿的那些友好提议等。所以我认为塔夫脱做的事情显然是最困难的。你可以看见他跟被访问的那些国家的外交家们一起努力试图解决存在的问题。在颐和园,当代表团成员被轿夫们高高抬着在皇家园林里游逛时,你可以想象塔夫脱的心里有个声音在说:"太棒了,这正是西奥多·罗斯福所想要的。这儿美极了!"而同时另一个声音却在说:"哦,不!在纽约我将如何向人们解释呢?"

斯蒂弗: 塔夫脱并没有跟其他代表团成员一起留在中国,而是在为取消抵制美国货运动进行了初步谈判之后,便随代表团的过半数成员一起回到了美国,你对此事有何看法?有意思的是,塔夫脱代表团成员中比较年轻和被塔夫脱称作比较有活力的那些人被派往了中国。

科德里: 我不知道最后罗斯福是否认为那件事并不那么重要。我真的不知道。另外,我不是研究那次抵制美国货运动的专家。你已经从一些引文得知罗斯福曾打算派遣军队去中国,也许你可以从这个消息来源得到更多信息。

斯蒂弗: 或许是因为罗斯福想让塔夫脱竞选总统,又或许是罗斯福想让塔夫脱回到美国,因为他必须开始着手竞选事宜。

科德里: 我确信核对这类时机是有帮助的。我不知道。你是否读过亨利·蔡那本题为《中国与移民美国的华侨》? 亨利·蔡在《历史学家》上也发表了一篇文章,《对于排华法案的反应:1905年的抵制美国货运动和中国的民族觉醒》。

斯蒂弗: 这本书和这篇文章我都没看过。

科德里: 我在写相关章节时除了看罗斯福的书信外,还看了这类资料。

斯蒂弗: 在读到女性的作用,以及那一特定时期由于在华传教士的影响和女性解放运动所带来的变化时,一切都令人感到很有意思。妇女开始不再裹足,教育得以普及,诸如此类,有如此多的事情正在发生着变化。连慈禧太后本人也不裹足。由于当时人们认为女性步履蹒跚更添魅力,所以太后为了保持时尚穿着那种整个鞋底都很高的高帮鞋。

科德里: 在一些照片上,爱丽丝看到的一些女子穿着西洋服装。我不知道该怎么解释这个。你是中国问题专家,我不是。我确实知道在1905年的那次出访中,爱丽丝有时穿着当地人的服装,而当地人却穿着西服。人们或许可以写一点有关这方面的文章。

斯蒂弗: 是的,在哈利·福勒·伍兹所拍摄的1905年照片中,西方男人的外形真是多种多样。他们中有些人看上去像穿着独立战争时期的服装,有的看上去几乎像是20世纪20年代的人。这些照片看上去很奇怪,但是我猜测这主要取决于他们当时在干什么,或是他们从何处获得了这些衣服等。因为我想他们可能在某段时间从一些海军陆战队员们那儿借来了衣服。你见过那张你此前提到过的海报照片吗?

科德里: 我在爱丽丝的孙女家里看到过那张海报。

斯蒂弗: 哦,那你见到她本人了?

科德里: 是的。

斯蒂弗: 我很想弄清楚,因为当我们办照片展览时,我们很希望能找到跟那次出访相关的实物在展览时展出。而且我想她也许正是我们要找的人……

科德里：她有一些衣服，其布料是那位慈禧太后在爱丽丝结婚时作为礼物送给她的。她家里还有几匹那种布料。

爱丽丝·罗斯福的孙女，挂在她身后墙上的就是当年广州那张讽刺爱丽丝的漫画

鸣　谢

　　对于下列所有人员在本书研究、编纂和写作中所提供的宝贵意见、智慧和帮助，作者们深表感谢。首先是唐纳德·W. 斯蒂弗(Donald W. Stever)，他为本项目的策划和本书写作的每一个环节都提供了咨询，没有他的帮助，"看东方"老照片展览和本书的写作不可能成功。霍普·塔夫脱(Hope Taft)对老照片展览的策划也作出了重要的贡献。安娜·里德·杰拉德(Anna Reid Jhirad)对展览也提供了宝贵意见和帮助。安杰丽娜·马克(Angelina Mak)帮助审校了本书的中译文。葆拉·安布鲁斯特(Paula Armbruster)和欧内斯特·布鲁克斯(Ernest Brooks)在读了书稿之后提出了具有洞察力的建议。旺德图片公司的艾拉·旺德将伍兹的老照片进行了数字化处理。史景迁(Jonathan Spence)教授对这批老照片慷慨提供了他的评价。韩德(Michael Hunt)教授和斯泰茜·科德里(Stacey Cordery)教授分别接受了采访，如为1905年这次外交访问的背景提供了丰富而珍贵的材料。埃里克·贝奇(Eric Besch)也接受采访，并提供了有关弗罗斯特(F. W. Frost)家族背景的详细信息和信件、照片、纪念品等实物。司马伦(Martha Smiley)女士在接受采访时介绍了1905年前后西方传教士在中国的情况。华盛顿市国会图书馆手稿部的图书馆员们在长达几年的时间里对于作者查阅塔夫脱家族档案提供了不倦的协助。

　　"看东方"老照片展览和本书的写作涉及数百张照片的数字化处理、印刷和装裱，这些都是跟以下这些单位的资助分不开的：中国杭州的浙江大学、路易丝·塔夫脱·森普尔(Louise Taft Semple)基金会、戴维·G. 塔夫脱(David G. Taft)基金会、森达拉(Thendara)基金会、贝蒂·D. 安德森(Betty D. Anderson)基金、唐纳德和马戈·斯蒂弗(Donald and Margo Stever)基金、雅各布·G. 施米德拉普(Jacob G. Schmidlapp)托拉斯、第五第三银行理事、日本商会基金、俄亥俄州历史学会，以及威廉·P. 安德森(William P. Anderson)基金会。

参考文献

[1] Alden, John D. (Commander, U.S. Navy). *The American Steel Navy: A Photographic History of the U.S. Navy from the Introduction of the Steel Hull in 1833 to the Cruise of the Great White Fleet, 1907 to 1909*. New York: American Heritage Press, 1971.

[2] Anthony, Carl Sferrazza. *Nellie Taft: The Unconventional First Lady of the Ragtime Era*. New York: William Morrow, 2005.

[3] "American Schools Menaced By Boycott," *Atlanta Constitution*. July 14, 1905, 14.

[4] "All Americans Are Under Ban," *Atlanta Constitution*. July 21, 1905, 4.

[5] "Conger to Go to Orient to Fight Chink Boycott," *Atlanta Constitution*. August 19, 1905, 5.

[6] "Imperial Ban Put on Boycott," *Atlanta Constitution*. September 2, 1905, 2.

[7] "American Boycott Forerunner of Cry by the Chinese of Death to Foreigners," *Atlanta Constitution*. September 14, 1905, 1.

[8] Baer, George W. *The U.S. Navy, 1890–1990: One Hundred Years of Sea Power*. Stanford, Calif.: Stanford University Press, 1944.

[9] Bartlett, Mark. *The President's Wife and the Librarian, Letters at an Exhibition*. New York: The New York Society Library, 2009.

[10] Boehle, Rose Angela. *Maria: A Biography of Maria Longworth*. Dayton, Ohio: Landfall Press, Inc., 1990.

[11] Boot, Max. *The Savage Wars of Peace: Small Wars and the Rise of American Power*. New York: Basic Books, 2002.

[12] Brands, H.W., ed. *The Selected Letters of Theodore Roosevelt*, New York: Cooper

Square Press, 2001.

[13] Brough, James. *Princess Alice: A Biography of Alice Roosevelt Longworth*. Boston and Toronto: Little, Brown and Company, 1975.

[14] Burton, David H. *William Howard Taft: Confident Peacemaker*. Philadelphia: St Joseph's University Press and New York: Fordham University Press, 2004.

[15] Challener, Richard D. *Admirals, Generals, & Foreign Policy: 1898–1914*. Princeton, N.J.: Princeton University Press, 1973.

[16] "Harry F. Woods Dies at 95; Formerly Active Paper Executive, Active in Art, Philanthropy," *Cincinnati Enquirer*. February 21, 1955, 26, cols. 7 & 8.

[17] "Just One Ship Sighted by Taft Party in Voyage from Honolulu to Yokahama, Japan," *Cincinnati Times-Star*. Ohio Historical Society, N110, Volume 145, August 19, 1905, 2.

[18] "Retired Firm Head—Funeral Services Set for Harry F. Woods, 95," *Cincinnati Times-Star*. February 21, 1955, 14, cols. 2 & 3.

[19] Cist, Charles. *Sketches and Statistics of Cincinnati in 1851*. Cincinnati: William H. Moore & Co., 1851.

[20] Cordery, Stacy A. *Alice: Alice Roosevelt Longworth from White House Princess to Washington Power Broker*. New York: Viking, 2007.

[21] Dalton, Kathleen. *Theodore Roosevelt: A Strenuous Life*. New York: Random House, 2002.

[22] Dickens, Charles. *American Notes*. New York: St. Martin's Press, 1985.

[23] Duffy, Herbert S. *William Howard Taft: Life of a President*. New York: Minton, Balch & Co., 1930.

[24] "From Nightmare to Dream: An Official Apology for the Past Marks a Success Story," *Economist, The*. August 1, 2009, 28.

[25] Endy, Christopher. "Travel and World Power, Americans in Europe, 1890–1917," *Diplomatic History*. (Malden, Mass. and Oxford: Blackwell Publishers), SHAFR,

Vol. 22, No. 4, Fall, 1998, 567.

[26] Fairbank, John K. *China Reinvented: Images and Policies in Chinese-American Relations*. New York: Vintage Books, 1976.

[27] Fairbank, John King and Merle Goldman. *China: A New History*. Cambridge, Mass.: Harvard University Press, 1992.

[28] Felsenthal, Carol. *Princess Alice: The Life and Times of Alice Roosevelt Longworth*. New York: St. Martin's Press, 1988.

[29] Fish, S. 1600–1914, New York: Privately Printed by J.J. Little & Ives Company, 1942.

[30] F.W. Frost photography albums and letters, Beinecke Rare Book and Manuscript Library, Yale University, New Haven, Conn.

[31] Gamwell, Lynn and Nancy Tomes, *Madness in America*. New York: Cornell University Press, 1995.

[32] Gleeck, Jr., Lewis E. *Nine Years to Make a Difference: The Tragically Short Career of James A. LeRoy in the Philippines*. Manila: Loyal Printing, 1996.

[33] Griswold, Whitney. *The Far Eastern Policy of the United States*. New York: Harcourt, Brace and Company, 1938.

[34] H. F. Woods photography albums, Beinecke Rare Book and Manuscript Library, Yale University, New Haven, Conn.

[35] Hoganson, Kristin. *Consumers' Imperium: The Global Production of American Domesticity, 1865–1920*. Chapel Hill: The University of North Carolina Press, 2007.

[36] Hunt, Michael. "The American Remission of the Boxer Indemnity: A Reappraisal," *The Journal of Asian Studies*, Vol. 31, No. 3 (May, 1972), 539–548.

[37] Hunt, Michael. *Ideology and U.S. Foreign Policy*. New Haven, Conn., and London: Yale University Press, 1987.

[38] Hunt, Michael. *The American Ascendancy: How the United States Gained & Wielded Global Dominance*. Chapel Hill: University of North Carolina Press, 2007.

[39] Hunter, Jane. *The Gospel of Gentility: American Women Missionaries in Turn-of-*

the-Century China. New Haven, Conn.: Yale University Press, 1984.

[40] Isaacson, Walter. *Einstein: His Life and Universe*. New York: Simon & Schuster, 2007.

[41] Ison, Mary M. "Uriah Hunt Painter and the 'Marvelous Kodak Camera,' " *Washington History*. Fall/Winter, 1990–1991, 32–33.

[42] Kennedy, Paul. *The Rise and Fall of the Great Powers*. New York: Random House, 1987.

[43] Kinzer, Stephen. *Overthrow: America's Century of Regime Change from Hawaii to Iraq*. New York: Henry Holt and Company, 2006.

[44] Lind, Michael. *The American Way of Strategy*. New York: Oxford University Press, 2006.

[45] Lloyd Carpenter Griscom Papers, Library of Congress, Manuscript Division, 4.

[46] Longworth, Alice Roosevelt. *Crowded Hours*. New York and London: Charles Scribner's Sons, 1933.

[47] "That Chinese Boycott," *Los Angeles Times*. July 13, 1905, 14.

[48] "Chinese Going for Americans," *Los Angeles Times*. July 20, 1905, 11.

[49] "Chinese Forcing the Boycott Fight," *Los Angeles Times*. July 28, 1905, 12.

[50] "Corbin at Peking," *Los Angeles Times*. September 13, 1905, 11.

[51] "Taft Leaves for America, Found No Hostile Feeling Among Japanese, Chinese Lost Fifteen Millions by the Boycott," *Los Angeles Times*. September 18, 1905, 12.

[52] Lutz, Catherine A. and Jane L. Collins, *Reading National Geographic*. Chicago: University of Chicago Press, 1993.

[53] Mead, Walter Russell. *God and Gold: Britain, America, and the Making of the Modern World*. New York: Alfred A. Knopf, 2007.

[54] Minger, Ralph Eldin. *William Howard Taft and United States Foreign Policy: The Apprenticeship Years, 1900–1908*. Urbana and London and Chicago: University of Illinois Press, 1975.

[55] Musto, David F. *The American Disease: Origins of Narcotics Control*. New York and Oxford: Oxford University Press, 1999.

[56] Needham, Joseph. *Science and Civilization in China*, 24 vols. Cambridge: Cambridge University Press, 1954–2004.

[57] "20,000 Moros in Parade for Taft," *New York Herald*. August 21, 1905, p.9.

[58] "Seeking to Learn Losses in Boycott," *New York Herald*. August 23, 1905, 20.

[59] "Tribes Gather to Greet Taft Party," *New York Herald*. August 24, 1905, p.9.

[60] "Chinese Very Bitter Against This Country," *New York Times, The*. June 28, 1905, 4.

[61] "Chinese in Hawaii Aid the Boycott," *New York Times, The*. July 14, 1905, 6.

[62] "Miss Roosevelt's Ball Closes Manila Visit: Taft Guests at Most Elaborate Affair in City's History," *New York Times, The*. August 13, 1905, p.4.

[63] "Miss Roosevelt May Not Go," *New York Times, The*. August 17, 1905, 1.

[64] "Sultan of Sulu Offers to Wed Miss Roosevelt: Says His Filipino People Wish Her to Remain Among Them," *New York Times, The*. August 22, 1905, p.7.

[65] "Taft Party at Hong Kong," *New York Times, The*. September 3, 1905, 1.

[66] "Canton Cordial to Taft," *New York Times, The*. September 5, 1905, 6.

[67] "Legation Guard Changed, Marine Officer Displaces Infantry Captain at Peking," *New York Times, The*. September 13, 1905, 4.

[68] "Miss Roosevelt at Peking," *New York Times, The*. September 13, 1905, 4.

[69] "Chinese Empress Cordial: Chats Informally with Miss Roosevelt and Other Americans," *New York Times, The*. September 16, 1905, 7.

[70] "Rides on Palanquin," *New York Times, The*. September 20, 1905.

[71] "Empress Dowager and President's Daughter," *New York Times, The*. September 24, 1905, magazine, 1.

[72] "Luck, Says Mrs. Longworth," *New York Times, The*. October 1, 1905, 14.

[73] "Taft Arrives at Capital," *New York Times, The*. October 2, 1905, 6.

[74] "Miss Roosevelt to Pay $25,000 Duty on Gifts," *New York Times, The*. October 18,

1905, 9.

[75] "War Department Gets News," *New York Times, The*. March 10, 1906, p. 4.

[76] "Robert S. McNamara, the Architect of a Futile War, is Dead at 93." *New York Times, The*. July 7, 2009, A20.

[77] Nimmo, William. *The United States, Japan, and the Asia/Pacific Region, 1895 – 1945*. Westport, Connecticut: Praeger Publishers, 2001.

[78] Ninkovich, Frank. *The Wilsonian Century*. Chicago and London: The University of Chicago Press, 1999.

[79] Ninkovich, Frank. *The United States and Imperialism*. Malden Mass: Blackwell, 2001.

[80] Ninkovich, Frank. *The Wilsonian Rise of American Power*. New York: Basic Books, 2002.

[81] Painter, Mark P. *William Howard Taft: President and Chief Justice*. Cincinnati: Jarndyce & Jarndyce Press, 2004.

[82] Pringle, Henry F. *The Life and Times of William Howard Taft*. New York and Toronto: Farrar and Rinehart, Inc, 1993.

[83] *Record of the Yale Class of 1867*. New York: J.G.C. Bonney, 1867.

[84] Rosen, George M. *Madness in Society: Chapters in the Historical Sociology of Mental Illness*. New York: Harper and Row, 1969.

[85] Rosenberg, Emily S. *Financial Missionaries to the World: The Politics and Culture of Dollar Diplomacy, 1900 –1930*. Durham, N.C., and London: Duke University Press, 2003.

[86] Ross, Ishbel. *An American Family: The Tafts—1678 to 1964*. Cleveland and New York: The World Publishing Company, 1964.

[87] Rozik, Stacey A. "The First Daughter of the Land: Alice Roosevelt as Presidential Celebrity, 1902–1906," *Presidential Studies Quarterly*, Winter 1989. Vol.19, No. 1, p.51.

[88] Schaller, Michael. *The United States and China: Into the Twenty-First Century.* 3rd ed. New York: Oxford University Press, 2002.

[89] Simpson, Jeffrey. "Cultural Reflections: Period Photography Richly Documented the Complexity of Chinese Life in the 19th Century," *Architectural Digest*, August, 2008, 147.

[90] Spence, Jonathan. *The Search for Modern China*, New York: W.W. Norton & Co., 1990.

[91] Spence, Jonathan and Annping Chin. *The Chinese Century: A Photographic History.* London: HarperCollins, 1996.

[92] Stever, Margo Taft. Interview with Eric Besch, collateral descendant of F.W. Frost, April 22, 2009.

[93] Stever, Margo Taft. Interview with Michael Hunt on 1905 U.S. Diplomatic Mission to Asia, April 27, 2009.

[94] Stever, Margo Taft. Interview with Stacy Cordery on 1905 U.S. Diplomatic Mission to Asia, May 24, 2009.

[95] Takaki, Ronald. *Iron Cages: Race and Culture in 19th-Century America.* New York: Knopf, 1979; Seattle, University of Washington Press, 1985.

[96] Theodore Roosevelt Papers, Library of Congress, Manuscript Division, Reels 56, 57, 59, Series 1.

[97] Trollope, Frances *Domestic Manners of the Americans.* New York: Alfred A. Knopf, 1949.

[98] Tsai, Shih-shan Henry. *China and the Overseas Chinese in the United States, 1868–1911* Fayetteville: University of Arkansas Press, 1983.

[99] Tuchman, Barbara W. *Sand against the Winds: Sitwell and the American Experience in China, 1911–1945.* London: Macdonald Future Publishers, 1981.

[100] Wang, Guanhua. *In Search of Justice: The 1905–1906 Chinese Anti-American Boycott.* Cambridge, Mass. and London.: Harvard University Asia Center and dis-

tributed by Harvard University Press, 2001.

[101] "Miss Roosevelt's Pluck in Face of Peril in the Orient," *Washington Post*. February 9, 1905, 6.

[102] "Boycott Forbidden," *Washington Post*. July 2, 1905, 5.

[103] "Taft on Exclusion," *Washington Post*. July 9, 1905, 1.

[104] "Extends the Boycott: Anti-American Movement Has Spread to Siam," *Washington Post*. August 11, 1905, 4.

[105] "Chinese Attack Flag," *Washington Post*. August 23, 1905, 4.

[106] "Taft Party's Itinerary," *Washington Post*. August 29, 1905, 1.

[107] "Canton Boycott Checked: Visit of Secretary Taft and Party Has Immediate Effect," *Washington Post*. September 5, 1905, 1.

[108] "Washington Girl Won," *Washington Post*. September 6, 1905, 5.

[109] Whitaker, Robert. *Mad in America: Bad Science, Bad Medicine, and the Mistreatment of the Mentally Ill*. New York: Basic Books, 2002.

[110] William Howard Taft Papers, Manuscript Division, Library of Congress, Reel 25, Series 2; 51, 52, Series 3.

[111] Williams, William Appleman. *The Tragedy of American Diplomacy*. New York: W.W. Norton & Co., 1959.

[112] Winchester, Simon. *The Man Who Loved China: The Fantastic Story of the Eccentric Scientist Who Unlocked the Mysteries of the Middle Kingdom*. New York: HarperCollins, 2008.

[113] Woolman, David S. et al. "Fighting Islam's Moro Warriors-P," *Military History Magazine*, April 2002.

[114] 申报.上海汉口路第十八号:1905年9月3日至9月13日.

图书在版编目（CIP）数据

看东方：1905 年美国政府代表团访华之行揭秘 /
（美）马戈·塔夫脱·斯蒂弗，沈弘，（美）詹姆斯·塔夫
脱·斯蒂弗著. —杭州：浙江大学出版社，2012.2（2012.5 重印）
 ISBN 978-7-308-09233-3

Ⅰ.①看… Ⅱ.①斯…②沈… Ⅲ.①中美关系－史
料－1905 Ⅳ.①D829.712

中国版本图书馆 CIP 数据核字（2011）第 216644 号

看东方

1905 年美国政府代表团访华之行揭秘

（美）马戈·塔夫脱·斯蒂弗　　沈　弘　　（美）詹姆斯·塔夫脱·斯蒂弗 著

责任编辑	张　琛（zerozc@zju.edu.cn）
文字编辑	包灵灵
封面设计	续设计
出版发行	浙江大学出版社
	（杭州市天目山路 148 号　邮政编码 310007）
	（网址：http://www.zjupress.com）
排　　版	杭州中大图文设计有限公司
印　　刷	浙江印刷集团有限公司
开　　本	710mm×1000mm　1/16
印　　张	18.5
字　　数	300 千
版 印 次	2012 年 2 月第 1 版　2012 年 5 月第 2 次印刷
书　　号	ISBN 978-7-308-09233-3
定　　价	46.00 元